第二十二卷

MOOK 悦读

主编 / 褚钰泉

一本关于书的书 阅读趣味尽在其中

22

二十一世纪出版社
21st Century Publishing House
全国百佳出版社

图书在版编目(CIP)数据

悦读. 第二十二卷/褚钰泉主编.–南昌:二十一世纪出版社,2011.6
ISBN 978-7-5391-6538-7
Ⅰ.①悦… Ⅱ.①褚… Ⅲ.①书评–选集 Ⅳ.①G236

中国版本图书馆CIP数据核字(2011)第085406号

悦 读(第二十二卷)

主　　编　褚钰泉
责任编辑　熊　炽　张海虹
特约编辑　林　韵
美术编辑　徐　泓
出版发行　二十一世纪出版社
(江西省南昌市子安路75号　330009)
yuedumook@126.com
出 版 人　张秋林
经　　销　新华书店
印　　刷　南昌市红星印刷有限公司
版　　次　2011年6月第1版　2016年3月第2次印刷
开　　本　730mm×1092mm　1/16
印　　张　13
字　　数　290千字
书　　号　ISBN 978-7-5391-6538-7
定　　价　20.00元

如发现印装质量问题,请寄本社图书发行公司调换　0791-86524997

卷首语

几年前，朋友们聚在一起闲聊，一位对时尚特有兴趣者，摆弄着手中一部上市不久的电子书，兴奋地说：电子媒体真了不起，再过三年，纸质媒体——书籍和报刊都会消亡。此话一出，立即引起一阵激辩。三年过去了，纸质媒体并没有消亡！其实，再过三年、三十年，甚至三百年，纸质的书本依然会存在。这是因为书本有其特殊的魅力，它的装帧设计，它被人捧在手中时特有的感受，是其他媒体所无法取代的。

然而，纸质媒体确实也在走下坡路。尽管出版的数量反增不减，我国一年就有二三十万种新书问世，但许多出版单位步履蹒跚，阅读者愈来愈少。这是电子媒体的冲击造成的吗？并不全然！纸质媒体自身质量的滑坡，不能不说是一个重要的原因。粗制滥造的书籍比比皆是，套话空话连篇的报刊举目可见。读者不喜欢读，怎么能让纸质媒体繁荣起来呢?!

搞笑的是，不时见一些媒体发布“民调”说，我国全民的阅读率在逐年上升，图书销售网点在不断增加……可是环顾左右，谁都会觉察到读书的氛围在日渐淡漠。金钱的诱惑，充斥于屏幕和舞台的一些庸俗节目，改变着许许多多人阅读的兴趣。这是我们民族的悲剧！在这个世界上，任凭GDP有多高，不爱读书的民族，是不会有其地位的。

在编辑这一卷时，不由想到书评，书评是提高阅读兴趣的重要推手。我们反对刊登“广告式”的书评——这是近几十年来一种流行的文体，或是受人所托，或是拿了别人的红包，文章中堆砌着种种溢美之词。这样的书评倒尽了读者的胃口。我们期望能发表一些有好说好，有坏说坏的书评，通过独具慧眼的作者从书籍中给我们传递出一些值得注意的观点和信息。这样或许能激起读者更多的阅读欲望。当然，这并不容易做到，让我们努力吧！

目 录 Contents

被黜的青年

——从一九四九年到世纪末的中国相声

◎ 云也退

接受过良好教育的西方人，大多不容易适应中国民间剧场和茶馆里相声表演的环境：凌乱不堪的场地，歪斜摆放的椅子，楼上楼下吃小食的，闲聊的，情不自禁跟着台上的演员"刨活儿"的，起哄架秧子的，应有尽有。在英语中，"crosstalk"常被拿来与美式二人脱口秀相比：两个人在台上来言去语，逗人发笑。然而实情是，脱口秀台上热闹，台下人多半衣冠楚楚，正襟危坐；而相声，不管演出效果是火还是温的，空气中总有那么一股散不掉的葵花籽味。

中国相声从乍现江湖起就是根正苗红的草根玩意。每一份溯源相声史的资料都会告诉读者，这种曲艺形式起源于清末民间，祖师爷一般被认为是朱绍文（"穷不怕"），后来焦德海、李德钖（"万人迷"）、周德山（"周蛤蟆"）等"八德"之类的人物，各带着非常之草莽的艺名将其影响在京津地区扩张开去。到上世纪三四十年代之交，相声的第一个繁荣期里产生了那些日后我们熟悉的人物：经过在鼓楼前和天桥演出的历练，侯宝林先生的声音已通过天津电台传到了百姓之中；马三立先生从天津汇文中学毕业，在父兄的带领下在天津渐成气候；常连安先生开办启明茶社，一门老少以相声为业，使常派迅速壮大。相声在那时有了第一批固定观众，但也一如侯宝林相声里所夸张地提到过的"戏园子"那样，这种表演以无秩序为秩序，直至今天。

侯宝林　方成 画

相声生而为逗人一乐，它以此在兵连祸结的年月里博得平民百姓之心。不管摆摊撂地，还是去富家演堂会，演员登场后相互抓哏，密集地"抖包袱"（即制造笑料），根据现场情形使个“现挂”，有时候跟观众来个互动，都是表演的常规。这样的相声受限于演员的文化修养，格调参差，有时俗不可耐；不过，早期相声同样积累起一种高扬社会责任感的传统，艺人出身于芸芸民众，能使用民众自己的语言去嘲弄颟顸的当权者，声讨奸商和歹人，调侃自己生息的市井里形形色色的猥琐粗俗。他们留下的资源，后来被汇编成数百件传统相声文本，从中我们可以看到在一个秩序瓦解、道德失范的时代，相声艺人对于伦理重建的深沉关切。

李德钖的弟子张寿臣先生一直活到一九七〇年，作为马三立的同辈、侯宝林的前辈，他说过的许多相声都试图确立是非、匡正人心：

甲　对。所以说您也别小看张寿臣，给个县长都不换！

乙　是你不换还是人家不换哪？人家放着县长不当换你干吗？

甲　唉！咱不当县长，可是县长也说不了咱这相声。

乙　这话倒对。

甲　还别不告诉您，张寿臣看得起做艺这个行道。说相声怎么啦？开通民智，又是民众之喉舌，我压根儿就没想当官儿，前些年就有朋友劝我“弃艺从仕”，可我谢绝了这份好意。

乙　看，要不我怎么说您这骨骼必主大富大贵呢！等着吧，您还有做官的机会。

甲　您放心，我要真做了官也是两袖清风，执法护众，绝不能伤天害理，祸国殃民。

乙　那我真盼着您弃艺从仕。

……

甲　（说完了好人的“骨相”，转而说坏人的“骨相”）您常听说“瞧你这块骨头”！

乙　别往这儿指。您说说都有什么骨头？

甲　那可多啦！有：狠骨头、乏骨头、贪骨头、阴骨头、坏骨头、懒骨头、馋骨头、脏骨头、软骨头、滑骨头、耍骨头、臭骨头、贱骨头、犬骨头、没骨头、大小的横骨头、贼骨头。

乙　噢，这么多哪！也是四字断语，六字评语吗？

甲　对！我说几块骨头您听听：

狠骨头，残害同胞，吸尽民脂民膏。

乏骨头，鸣枪放炮，吓得连哭带叫。

贪骨头，便宜没够，耻于脸皮太厚。

阴骨头，口蜜腹剑，专会脚底下绊。

乙　哼！还真有这种骨头。

甲　坏骨头，表面假笑，暗中放点毒药。

乙　这个更缺德。

甲　往下还有哪！

乙　还是坏骨头？

甲　小坏骨头，信口开河，说话嘴不留德。

乙　嘿！接着说。

甲　懒骨头，空负少年，终日游手好闲。

馋骨头，鸡鸭鱼肉，贪多吃上没够。

脏骨头，有碍卫生，浑身又臭又腥。

乙　吐了！

如《揣骨相》、《洋药方》之类作品，直白、快意地宣泄着传统艺人在语言和思想教化方面的多样追求：县长省长之类在朝之官皆被暗斥为“祸国殃民”之辈；社会上的好骨头和坏骨头，应该弘扬什么，鞭笞什么，演员论起这些坦然无拘，正气凛然。晚至二十世纪八十年代，我们还能在王鸣录先生创作，常宝霆、白全福表演的《道德法庭》里听到这类对白：“有的人嘴上没德，专门煽风捣乱串闲话，造谣生事说瞎话，溜须拍马说假话，骂骂咧咧说脏话”，字字针对一个人心堪忧的社会环境。

中国相声的命运在一九四九年发生了决定性的转折。二十世纪五十年代，普天之下一切幽默的两大永恒题材——性与政治——被全面革出相声题材，而且，相声历来所观照的对象——社会现实——也成了不可任意批评的，人群分为敌友两方，是敌皆恶，是友皆善，再不可泛泛而论“坏骨头”了。作为精神污物，浓缩了整本《笑林广记》精华的性幽默不可能存在于稍稍正式一些的公共场合；政治等同于“政治正确”，休说不能碰领导人的话题，老演员们对自己所属的农民阶级也失去了嘲讽的权利，只皆因农民是革命成功的有功之臣，他们身上粗鄙俚俗的地方被禁止列为讥笑的对象。一场对美好新社会的集体梦想，拖着浑身的禁令，丁零当啷地在掌声和鲜花中登场了。

侯宝林、刘宝瑞、郭启儒等老先生领导了那个按照中国式成立“专案组”习惯组建起来的“相声改革委员会”。侯先生是真诚地希望相声能走一条高雅的路线，被文学界、艺术界、学术界、高校人士所接受，所以，他把《婚姻与迷信》《改行》《三棒鼓》《阴阳五行》等锤炼成无可逾越的经典，他上演郭荣起先生原创的《夜行记》，与孙玉奎、高方正等人合作的《全家福》《一贯道》《离婚前奏曲》展示其戏路之宽，更不用说《醉酒》这种对国外幽默潇洒自如的改编再现。侯先生基本不需要为禁区犯愁，对这样一位自学成才、聪明惊人的表演者来说，相声是一门凭精湛的脚本和纯熟的技艺为听众带去纯粹的美学愉悦的艺术，就像福楼拜和龚古尔兄弟在法国大崩溃的时候闭门写小说一样，在侯宝林这里，艺术是第一位的；把各地方言研究透彻，把戏曲各流派学得可以乱真，给舞台多留下几段关于历史人物、传说和社会风俗的妙论——侯宝林一心奠定相声美学，他也的确做到了，“教育意义”、政治导向之类，即便不是无足轻重，也不在他的考虑之内。

但毕竟不是谁都能成为侯宝林的。这场语言净化行动至今引人争议，因为它充当了社会主义现实主义文艺路线的一部分，多少扼住了相声的咽喉，改变了它天然的发展方向。当然，在那个覆巢之下，出身高贵的文学界、学术界都被剥夺了独立性，转而为工农兵服务，备受尊敬的时政漫画家丰子恺、华君武都撤去了时政讽刺的锋芒，转去描绘夕阳村落里的欢乐场景，从底层起步的曲艺界，又焉能留下个把完卵。“改革”革除了相声从娘胎带出来的资产阶级、封建社会的“残渣余孽”，去掉了对广大劳动人民“不利”的言论，也废尽了批判统治者的武功。

有性暗示的段子尤其不能演，那东西是资本家的盘中餐，工农兵的腐蚀剂。我们现在还能听到马三立老先生的单口《吃奶》的录音，故事说的是一位公公染上沉疴，老实忠厚的儿媳妇正在哺乳，就让老头吃两口，然后好服药。儿媳妇刚撩开衣服，不料丈夫刚好下班回家：

“嗨！干吗哪？怎么回事？”

“爷爷不能空肚子吃药……”

“像话吗？像话吗？走走走走！看孩子去！哪儿的事儿你这是……”

儿子往床前一站：“您饿，您让她给您熬点粥喝啊，您怎么吃她咂咂儿，这个，真是……”

马三立　方成 画

老头说：“怎么了？怎么着？我吃你媳妇儿口奶你有意见？你吃我媳妇好几年奶我说什么了？”

我们热爱马三立、马志明父子、李伯祥、田立禾这些天津相声名家，很大程度上是因为他们相声里草根的芳香：坐在座位凌乱的剧院里，和同掏三块五块钱买票入场的人一起，听听男女那些事再正常不过了。马三立学的那几句喝斥都是大白话，无“美”可言，台下人咂摸“儿子”且羞且怒的尴尬，想想自己身边粗鲁易怒的街坊四邻，不等包袱解开就咧嘴而笑。是的，升斗小民，有几个能在饭桌凑搭床笫的日子里措辞斟酌，举止高雅？

此诚所谓“荤口”的生命力所在。但无论何事，把握尺度向来是最难的。大量与《吃奶》同样级别或更荤的段子，为了锻造新人的需要，在整整三十年间从公共空间消失。许多老段子经过漂白的工序后送入人民的精神生活，另有相当一部分则被彻底打入另册，丧失了继续生存的理由。更可叹息的是，传统相声里与“伦理哏”、“政治哏”并存的黑色幽默也消失了，那本是老艺人们抨击社会不公的利器，譬若棺材，就经常被借用来自嘲互嘲：棺材铺掌柜向顾客推销棺材，暗含着对为富不仁者的戏谑，对人命不值钱的世道的讥刺。但在净化后的相声里，棺材铺的情节只被用于“规矩套子”一类题材来制造包袱。有时候，例如在常贵田、常宝华的《买鞋》里，棺材铺的出现甚至还借着批评“旧社会”做买卖夸大其词、虚假宣传的名义：

乙　(做买卖)都这么和气。

甲　唯独有一种买卖，不能这样

乙　什么呢?

甲　棺材铺。你爱买不买。

乙　你不是说，做买卖都得和气吗?

甲　棺材铺，要像买百货那么和气，非打起来不可。

乙　那也不一定。

甲　(表演卖主)哎哟，您可老没来了，您是我们这儿的老顾主了，来来请进请进。

乙　您这是什么买卖呀?

甲　棺材铺!

乙　不进去!

甲　买不买您坐坐……

乙　我抽你啊!

甲　您看，您身体最近?

乙　很好啊!

甲　唉，我看您脸上倒是胖了一点……浮泡囊肿，该预备了!

乙　预备什么?

甲　您买一口。

乙　……

甲　我给您介绍介绍：您看这个，帮有多宽，底有多厚……您躺里试试!

死亡是穷苦人的朋友，被他们用来扇富人的耳光，所以，棺材铺过去是相声演员针砭社会的利器。在二十世纪四十年代，拥有反权威品格的相声先行者们，嘲讽的矛头指向了腐败虚荣的上流人士、簠簋不饬的国民党官员、横行乡里的兵痞、鸡鸣狗盗之徒、夜店皮条客、花街娼妓，不一而足，他们拥有与穷苦人一般无二的生死体验，又比后者多了些嘲讽的才华和心机。但在人人平等的新社会，我们便只能听到这种轻飘飘的包袱，因为甲乙二人都不扮演真正源于生活的“角色”，棺材只为宣说“做买卖的规矩”服务，甚至还有点被列为“旧社会”遗物的意思。人所尽知的事实当然并非如此：信奉马克思主义的棺材铺掌柜，就不盼着家家奔丧好顾客盈门吗?

当然，泥沙俱下是旧时期民间相声的共性，要谋求长期的火爆，即使如常连安、常宝堃这样的名角，也不能不掌握一些荤包袱、伦理哏，如爸爸被儿子哄着叫爹之类。语言改革以后，如侯宝林所愿，相声一洗从旧社会泥泞里带出来的浊气，新创作的作品语言干净了，品格清爽了，但身上也被七七八八地贴满了政治膏药。在一九六五年出版的一本《新相声集》里，王素稔、王长友创作的《男女乒乓双冠军》剧本里有如下的台词，那时绝大多数的相声新作，都有类似的程度不一的生硬植入：

甲　中国乒乓队队员掌握了毛泽东思想。他们通过大学毛主席著作，大家运用一分为二的革命辩证法看问题，大反唯心主义和形而上学，大兴集体主义，大扫个人主义和骄、娇二气；大学解放军，大学雷锋，大学大庆，大学大寨，大学……大学！

乙　什么叫大学大学呀？

甲　他们学得太多了，我也说不上来啦！

乙　好嘛！

甲　他们实行“三从一大”的训练方针，在思想、技术、战术上大大地前进了一步，才在这次世界锦标赛中间大获全胜！

乙　我这才大大地明白！

甲　明白了?！就说男子单打庄则栋对高桥浩那场球吧，就事先运用辩证唯物论的思想加以分析，决定了取胜的战术，解除了思想顾虑才赢过来的！

乙　噢，当时是怎么分析的？

甲　庄则栋过去输过高桥浩三次，他都以为是输在吃发球上，所以这次也有这种顾虑。经过大家分析，这问题要一分为二来看！

中国革命的本质，一如美国的邹谠教授所言，是“一方全赢、一方全败”，翻了身的人们别无选择地加入到对赢家的热情讴歌之中，最终让后者的头脑代替自己思考。两位作者绞尽脑汁，为夺取乒乓男女双冠一事寻找“理论联系实际”的证据，再如同从瓜皮上抓虱子一般挤出包袱。他们不曾料到，这种对意识形态核心话语的绝对效忠，在若干年后的人眼里，本身就是个多么响亮的包袱。

二十世纪五六十年代的政治极端主义也直接导致了一九四九年前的相声状况再也无法还原，因为那时以电影胶片、剧本手稿、录音磁带等形式承载的各种艺术资料都被损毁殆尽。中国人的美德和弱点，中国文化的光荣与缺失，日常生活中恼人的、可笑的荒谬——这些相声人最擅长的题材，在二十世纪五六十年代都被弃置不用了。他们或被动或主动地放弃自己如鱼得水的领地，让政策、口号、应景的词句大量地进入相声台词之中。

刘宝瑞先生反映新题材的相声的录音也被保存下来少许。在歌颂康藏公路建设者的《西行漫记》里，在揭批侵略者可耻下场的《寸步难行》里，我们听到了一位最优雅的名厨是如何被派去屠猪杀狗的。对于年年反这个反那个、备战备荒的中国人来说，刘宝瑞那种一步三摇的语调身段分明是明清士大夫文化的余孽，是每天迈着高门槛进出大宅子的人才能享用的节奏。他铜锣般的阴阳嗓是为相声而生的，但是这面锣用作劳动号角太过别扭，想充当敲给帝国主义听的丧钟又满不合适。社会最终像剿灭封建士族文化一样扼杀了刘先生，没剩下一段可视资料，连照片都不留几张。听残缺的《君臣斗》，再读他的弟子殷文硕整理的全本，我们只能借助想象去追思刘先生，这位被他所拥抱的共和国始乱终弃的悲情艺术家的风姿。

只有侯宝林有能力凌驾于意识形态规训之上。他的戏路更宽，调控节奏和激情的灵活性更强，既能原创又善二度创作。他留下了一些涉及新题材的讽刺作品：批评单位职工不良嗜好的《跳舞迷》、《打百分》，批评市民无社会公德的《夜行记》，批评父母教育子女漫不经心的《我是家长》陆续问世，更有嘲讽“铁老大”员工冷漠无人性的《南来北往》，嘲讽工厂玩忽职守的《新式马甲》，揭露“小三”现象的《离婚前奏曲》为他的才华作注脚。《离婚前奏曲》尤为个中翘楚，在一个连“外遇”这样的词语都还没出现的时代，这个段子多多少少颠覆了“革命婚姻”的迷信，训诫它的听众：男人，不管他是每个毛孔都淌着脏血的资产阶级阔佬，还是解放前就参加革命工作的又红又专的共产主义干部，都有同等几率的可能性不是好东西。

侯宝林的相声以善学戏曲著称，很少唱歌，不过，他在《离婚前奏曲》这个讲述青年生活的段子里破了惯例。这一曲《有谁知道他》是由被讽刺的对象，一位青年干部的女情人在两人一道划船时所唱，虽是苏联歌曲，但听起来却浑似出自“春天里来百花香”的赵丹之口：

晚霞中有一青年，
他徘徊在我家门前，
那青年呀他低头无言，
他把目光向我闪一闪，
有谁知道他呢，
为什么目光一闪，
为什么目光一闪，
为什么目光一闪——哎！

二十世纪五十年搏动的心灵，不知是否曾在这样一幅画面前受到正面教诲之外的刺激：黑白片，老胶片制造着噼啪的噪音，穿白衬衣的男青年摇着双桨，目视小船那一头如沐春风的“小三”，露出人生得意的微笑。这是安德烈·纪德笔下“背德者”米歇尔的微笑，顿悟到人生真谛乃是歆享一己之欢时的微笑：不忠的男青年在自然山水之间找回了一种原始为人的、本真的状态（尽管这种状态还远非卢梭式的，尽管他只是为了哄情人高兴才去划的船），与自由真爱相比，当年懵懵懂懂在农村凑合成的（革命）婚姻，就如同天主教之于米歇尔那样，处处限制乃至窒息着他的幸福。

马季　方成画

《离婚前奏曲》证明，醉心纯艺术的侯宝林并未置时代的影响于不顾，相反，他如此熟悉自己要讽刺的对象的语言词汇、心理方式，并模仿他们的形象，审美地捕捉新时代青年的心理：“晚霞中有一位青年，他徘徊在我家窗前”。“背德者”是需要批判的，更何况背的是神圣的社会主义道德，但是，当年那些很需要借苏联歌曲来遐想男女私情之美的人，他们有没有被相声里一瞬间的美好击中过？

即使有过，这种美好也玩味不了多长

时间。侯宝林竭平生所能，以道高一尺、魔高一丈的才智去与恶化的环境角力：日趋严肃的政治空气，使得艺术性幽默可以施展的空间被挤压得越来越小。人民当然还需要相声，需要发自内心地笑，于是，在侯宝林、刘宝瑞、郭启儒、郭全宝四大老艺人的并力栽培下，年轻的马季早早出师挑起了大梁，谨遵师嘱精研幽默，开掘应景题材，守护语言的纯净与美感（《找舅舅》、《桃源新貌》之类皆如是）。但“文化大革命”的到来，还是宣判了相声的死刑。作为语言类舞台艺术形式，相声不如歌舞、戏剧之类能够唯妙唯肖地“表演”出主政者的路线，图解他们为人民制定的革命方略；一段革命芭蕾，或者如莱妮·瑞芬斯塔尔为第三帝国导演的《意志的胜利》之类的电影，还能保有最低限度的艺术性，而赤手空拳吃开口饭的相声演员则完全没有机会。“样板相声”一说没有出现，已经算是万幸。

侯宝林先生逝世于一九九三年，此前不久，侯跃文还扮演其父，和古月合演了一段舞台短剧《毛主席见侯宝林》，剧中的“侯宝林”唱了两句《关公战秦琼》里的对白：“叫你唱来你就唱，你要不唱——”“毛泽东”和道：“他不管饭”，于是举座欢笑。伟大领袖对国粹的热爱尽人皆知，热爱到了像古代帝王搞禁苑狩猎一样，把艺术家圈养起来的程度。“文革”后期，毛泽东和江青要求文艺工作者们拿出干劲来宣传革命总路线，但是，就如同江青禁止观看国外电影，自己却偷着看好莱坞影片一样，酷爱相声的毛泽东从不听新相声，而是把侯宝林召到中南海来给他表演。清末那则讽李鸿章的名联：“宰相合肥天下瘦，司农常熟世间荒”，又多了一个现代版本。

一九七八年，以新锐形象出现的王佩元先生登台表演《挖宝》，他的老师、常派相声大师常宝霆先生为他捧哏，这一场可谓“惊艳”：王佩元声线豁朗，台风明媚，与常派的风格浑然一体，而且，这个无关伟大领袖、政治运动、美帝苏修，仅仅关注工农业综合利用新技术（“猪身藏百宝，重在利用好”）的科技型段子，与《男女乒乓双冠军》之类图解主流意识形态的作品判然划出了界线：

甲 早晨起来，你穿上猪毛线织的毛衣毛裤，套上那身猪毛粘胶抽丝的混纺制服，扎上猪皮带，蹬上猪皮鞋，拿过猪鬃牙刷子漱完了口，用猪胰子洗完了脸，披上你的猪皮包，到了早点铺买了碗馄饨，排骨汤特别肥，那馅儿是猪肉的。

乙 我掉到猪圈里了。

甲 你自己说说吧，你跟那猪是不是有联系？

乙 还真有联系。

从生活的角度去给工农业生产消除政治色彩，放手虚诳高蹈的教条，返诸生活坚实的本身，回归相声所长，乃是《挖宝》的成功之道。同期，姜昆、李文华的《如此照相》赢得满堂彩也是拜鲜活的平民视角所赐。一九四九年以来，中国人的命运

相声演员李文华

就像大学食堂门口的宣传栏,下一个运动替换了上一个运动,下一条指示覆盖掉上一条指示,直到"文革"在遍野哀鸿的一年收官。"四人帮"的下台引发了最后也是最大的一次观念抽搐:昔日全灭,未来全亮,今是而昨非,那段时间如同蓄势很久的山洪一朝爆发那样井喷出来的相声,便是这次抽搐的代表性产物。

《如此照相》和《挖宝》,以及常贵田、常宝华的《帽子工厂》、马季、唐杰忠的《舞台风雷》等等真正为相声争回了荣誉和民心。到二十世纪八十年代初,高英培、范振钰陆续上演《株人连马》、《石厂长》,让这五年的"反攻"功德圆满,《株人连马》里人渣式的"文革"造反派,《石厂长》里尸位素餐的工厂领导,尽皆超越时代的设限,成为记录中国现实的不朽佳作。但是,从《帽子工厂》到《株人连马》,也经历了一个把政治标签逐渐剥干净的过程。在一九七八年出版的一本相声集中,《挖宝》的剧本里还有如下的句子,到一九八一年出版的《广播中的笑声》再次收入此段时,这些词句就被完全删除了:

甲 (工人和科技人员)说得好:综合利用就是大有文章可做,没有被发现和认识的事物还有很多。要遵照毛主席的教导,不断地"有所发现,有所发明,有所创造,有所前进","向生产的深度和广度进军"。

乙 通过你这一介绍,我受到了很大教育。他们继续革命的精神值得我们很好学习。

在那种抽搐于敌友、黑白、善恶两个极端之间的思维习惯中,刚刚回过气来的相声演员,短期内不敢、或不能把"文革"时代操练纯熟的话语赶出创作和表演:伟人是不能怀疑的,辱没了伟人的是那些阴谋家、"白骨精",他们甚至要为基层公务员的傲慢无礼负责,为早点铺员工的蛮横霸道负责,为商店营业员的冷若冰霜负责。相声和其他曲艺形式一样,急急忙忙把他们踹翻在地,再踏上一万只脚。就如《帽子工厂》这样构思极精巧的反"四人帮"开山之作,内容中也高度混杂了那个年头典型的加罪之辞:

乙 ("四人帮"开办的"帽子工厂")都有些什么帽子?

甲 孔老二的货底子破帽子他们给加工了,王明库存的旧帽子他们盘点了,林彪那批新帽子他们接管了,又进口了一批苏修的外国帽子,还有一批马拿扒的帽子……

常氏叔侄在这个作品里写出了最地道的相声语言，句式和尾音的设计极有美感，很显功力，但内容却是把历来被乱炖一炉的“封资修”诸罪名原样奉还给它们的始作俑者。由此可见，“四人帮”粉碎后对相声的松绑，实是一种新的控制——一套反“四人帮”的话语取代了旧的“文革”话语，它虽说代表了民意，却依然是主流意识形态钦定的，有着精心厘定的语言尺度，塞满了一系列在最短时间内流行起来的术语套话。相声人所获得的只是战斗的自由：他们得以利用喷涌而出的有关“四人帮”的各种民间段子，然而，如同苏联的政治笑话那样，绝大多数段子都是虚构化用的，以迎合民众对恶人的负面认知为足：阴谋家都是不学无术之徒，说话颐指气使却又漏洞百出，处处飞扬跋扈，对权力怀着强烈到令人不齿的占有欲。而且，就像一九八〇年后给一些剧本除去政治痕迹那样，相声录音也被按“大局”的需要加工漂白。在留存于今的《帽子工厂》录音里，甲台词中的“苏修的外国帽子”七个字被剪掉了，“又进口了一批”直接与“还有一批”对接，不明就里的听众会觉得是演员犯了口误。相声和历史一样都是任人打扮的，对某些人来说，艺术性都可以为政治需要而牺牲，更何况一片小小的时代符码呢。

我访问过常宝华、李文华等一些老先生，我发现，他们对于相声演员在解放后获得的地位的珍视溢于言表。他们这些“戏子”被赋予了艺术家的荣耀；他们和长在红旗下的后辈同行本质上都是为“工农兵”服务的，他们的从艺都有一个前提，那就是与解放前的相声一刀两断——那种相声如同一缸用过的洗澡水一样需要漂白，但不幸的是，那漂白剂的强力，足以把水里活生生的婴儿给毒死。也许，相声那令人怀念的尖锐锋芒，同其从污泥浊水里带出来的草根气果真是一对不可分割的孪生子，不是兼得，就是尽失。

相声人花了数年时间剥掉那些植入式政治广告。不管人们对昔日的主流演员有多少意见，二十世纪八十年代是相声人的黄金十年，他们争取到了相当程度的表达自由，而且凭这种自由影响公共话语，也赢得了后者的尊重与爱戴。在一本一九八四年——一个很有文化隐喻的年份——出版的《全国获奖相声选》中，由刘梓钰先生创作，常宝丰、王佩元合说的《并非讽刺裁判》，同侯跃文、石富宽、沈永年携手创作的《糖醋活鱼》同时在列，这两篇新时期的名作追求同样的语言美感，但服务于两个截然相反的主题：一个赞美当代最崇高的中国心灵，另一个鞭挞当代最丑恶的官僚文化。

歌颂与讽刺之间的分歧，其实没有后人想得那么绝对。在二十世纪八十年代中期，这种分歧意味着针对同一个社会，同一幢开始瓦解的秩序大厦，相声人有了方向不一的问题意识。秩序依赖于一种虚构的信仰，意味着用过去统治着现在，但现在，它开始褪去神圣的光环，或者说，只剩下神圣的光环了；它依附于国家苦心包装、全力推广的基本国策，依附于一个个代表主流价值观的光辉楷模，但这些努力压制不了人们内心的骚动。不管是那些向大厦之辉煌威严致敬的人，还是那些寻找并发现其暗疮的人，都在以同等的浪漫、同样分贝的激情为思想解放助燃——这种奇妙的景观，放在阴谋论盛行而诗意泯灭的今天，完全无法想象。

我们可以数出一大串名篇佳作，常宝丰、王佩元的《并非讽刺裁判》，郝爱民、赵炎的《电影漫谈》，马季、赵炎的《特种病》、《人浮于事》，刘伟、冯巩的《搭配协会》，姜昆、赵炎的《如此诗人》，高英培、范振钰的《欢迎批评》《恶性循环》，侯跃文、石富宽的《一部电视剧的诞生》《乾隆在世》，马志明、谢天顺的《纠纷》《五味俱全》，牛群、冯巩的《灭鼠轶事》……它们中的任何一段，不管在哪一年演出，那一年就可称之为相声的"丰年"。而实际上，它们像《阿甘》和《肖申克救赎》那样集体亮相，在公共观念濒临失序的敏感时期，前呼后拥地踩过了治与乱之间的临界线。

这一大群演员，从二十多岁到五六十不等，一时间尽皆青春灿烂，英姿勃发。社会提供了最适宜相声生长的环境：遵守秩序不再是不言自明的常识，但是人们对精神产品仍抱有纯真的期望；对社会的不满还被勉力保留在自娱自乐的程度，有分寸的忧思刚刚对神圣的秩序展开缓慢的蛀蚀行动，有时候，人们甚至还会被自己的牢骚吓到；集体主义的体面仍在，少数人充当了享乐的先觉者，他们带着蛤蟆镜和

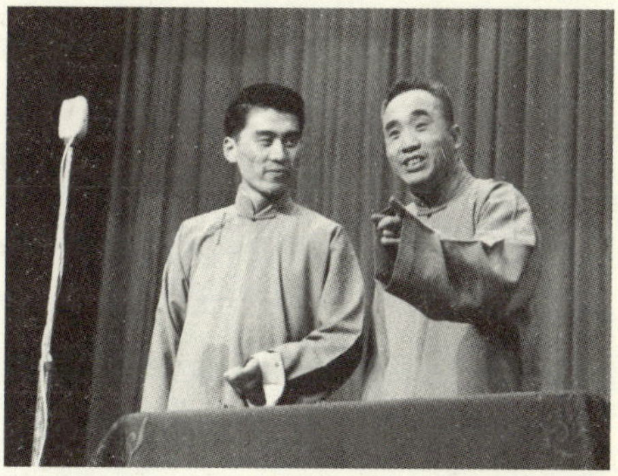

相声演员郝爱民、郭全宝

电吉他，和另一些人邀约着去实验室里参观刚抽枝的市场经济嫩芽。到作家梁左参与相声创作的时候，二十世纪八十年代的笑声才真正表现出解放性的一面。《灭鼠轶事》《小偷公司》《虎口遐想》《自我选择》，这些所谓的"文人相声"找到了最合适的演员（牛群和冯巩、姜昆和唐杰忠），从而变成了文化枪械库里一把利刃。在叙事形式上，梁左也同刘梓钰、王鸣录等人一样，掌握了中国相声讽刺美学的秘钥：一个荒诞不经的故事前提，一场第一人称参与的奇遇，一番指桑骂槐的对白。《灭鼠轶事》胆大包天地拿军队里的竞赛开玩笑；《自我选择》以一个不言明的"两性人"作主角，触碰中国人不敢深加讨论的敏感话题：两性关系及性别的社会枷锁；《虎口遐想》横扫纠缠中国人多年的空洞教条，破除意识形态虚幻的迷雾。最后，就是那段"不慎"于一九八九年初上演、日后被常年禁播的《特大新闻》：

乙　你知道吗？这天安门是我们国家的窗口！

甲　窗口就对啦！人家外国人又不知

道你们中国什么样，人家到窗口这儿一看：啊，全明白了！中国很伟大，活鸡活鱼活鸭！哎呀，不错不错，知道了：商品经济。还挺便宜的？知道了：初级阶段！

乙　咳，从这儿就知道啦！

甲　他一看就知道啦，这哪儿像欠债不还的主儿呢？……

……

乙　人民大会堂，门口堵着个农贸市场，乱乱哄哄，这怎么开会啊？

甲　……开会发言也方便！发言没词儿，你听听窗户外头说什么呢？一喊："二斤四两，三块六毛七！"赶紧就谈吧——

乙　谈什么呢？

甲　谈物价问题啊，二斤四两就三块六毛七，照这么涨还行啊？外边一喊："老张同志我早上交过一回了怎么还让我交？"赶紧就谈吧——

乙　谈什么呢？

甲　谈税收问题啊，你早上交下午还交，这不属于双重收税吗？外边一喊："哎呀二婶慢点走我鞋后跟掉了！"赶紧就谈吧——

乙　谈什么呢？

甲　谈产品质量问题啊！

所有荒诞的讨论都来源于一条"小道消息"："天安门广场要改农贸市场了！"姜昆把"自由市场"里的"自由"偷换为"抛头颅洒热血"所为的"自由"——它会玷污了庄严的中南海吗？不！人民代表们在里边讨论，满可以听听外边的声音，了解真实的民生嘛！子弟兵升旗累了吗，那就本着鱼水情的精神，去小摊上拿碗豆腐脑喝吧！这一切都将成为事实——你不信？同志们，这就是信仰危机呀！

这种幽默的腐蚀性让人联想到米哈伊尔·布尔加科夫的小说，作者和演员娴熟地运用被腐蚀对象自己的语言："军民鱼水情"，"信仰危机"，等等诸如此类。在舞台上，代表"常识"一方的唐杰忠徒劳地招架姜昆对主流文化肆无忌惮的调情，就像今天，体制内语言的使用者惨遭网络谑语荼毒而毫无还手之力一样。杜门谢客的人大代表讨论民间疾苦；中国在外国人眼里是"欠债不还的主儿"；革命历史博物馆展出新潮家具，象征着市场经济的野马套在一个朽败的笼头里——这些信息都由姜昆借着一连串时政脱口秀般的说辞，在批判"小道消息"的掩护下传达出来。是更新我们的思维和话语系统的时候了——让那些冠冕堂皇的东西见鬼去吧！

那年的姜昆已近不惑，正是一位"晚霞中的青年"。尽管摆出了嚣张的挑衅姿态，但由他演绎的《特大新闻》依然属于经三代人经营成就的中国相声美学，它始终笼罩着一层梦幻般，或者说梦呓般的光彩。它有政治笑话的味道，但也不拷贝市井里流传的段子，不动用有性暗示的语言，也不像台湾相声那样，大把大把地采集民间关于政治的街谈巷议，全数端上舞台；除去用一点点"无厘头"来消解虚伪的崇高外，《特大新闻》依然讲究主题、情节推进和角色扮演。听众们不见得都会反思个中涵义，但有意无意地，人们都记住了姜昆的那句开场白："中国发生那么大的事你不知道？"

春风得意的相声人低估了被他们腐蚀的对象的反弹能力，或许还高估了自己公共影响力的持久。在从一九八九年到一九九二年这一段时期后，原先电台、电视、晚会的主力笑星们，忽然连原创的能力都开始丧失了。在各种曲艺汇演和专场演出中，新相声的质量急转直下，相声书籍的出版也几乎停止。官方公开冷落它，而本就惶惑的人们也迅速失去了耐心。

这种可怕的命运转折，再次暴露出曲艺楚楚可怜的依附地位：它终究是体制框架内的产物，经由体制掌管的电视和广播抵达公众，而隶属于各种"文工团"的演员们也无法跳出体制"裸奔"。相声本就只被看作一种锦上添花式的助兴，当它"蹬鼻子上脸"，尝试一整套意识形态的时候，不多久，它也就吃到了反噬的苦头。有一些业内人士在那段时间里改弦更张，随一路人潮进入商界，其他演员拿出的节目一年比一年浅薄，不及二十世纪八十年代水平十分之一。梁左依然有构思犀利的新作，但姜昆、唐杰忠无法公演，他从而心灰意冷地转去做情景喜剧；刘梓钰也渐无声息。两位才俊在新世纪初先后辞世，《并非讽刺裁判》和《特大新闻》就像他们英年早夭的生命一样，带着一条耀眼的尾巴，在北国寒冷的夜空一闪而过。

二十世纪九十年代尤其是中期以后，曾经风靡一时的笑星在广播电视上露脸

德云社的郭德刚在演出

机会大大减少，部分人考虑回到剧场，然而，解放前和建国初年民间相声表演的场所早已式微了，何况那些上了年纪的老演员还不情愿如此，对他们而言，剧场总是与一九四九年前任人驱驰的戏子记忆联系在一起。当然，京津地区忠诚的老听众还有许多，他们愿意承担三块五块的票价，去听那些早已听得烂熟的老段子；天津的茶馆文化比北京更发达，因此，一些原本处在体制外的当地演员慢慢赢回了相声观众，这种事实加剧了体制内外演员阵营的分裂，拥护体制外演员的相声爱好者，往往以民间对政府抱持的典型态度，表达对当年主要走红于北京的"主流演员"的嗤之以鼻。而且，二十世纪八十年代红过的那些人从波峰跌落谷底后，再回到剧场重说那些五十年前就已存在的传统相声，也得面对艰难的适应过程。新美学与传统美学毕竟有天壤之别。以今天的眼光来看，似乎相声人应与其他戏曲曲艺一般满足于整旧如旧，不该介入社会太深，扮演那些与他们无关的角色：青年的"精神导师"，思想解放的主将，反体制的先锋，等等。很多人把传统相声的生命力用

作“主流相声”不堪一击的反证，但这不公平：须知这一切不是相声人愿意看到的，他们曾是那么“反主流”的一群人。我在一篇海外作者写的文章里，读到过一位资深相声演员的亲口道白（原文为英语）：

当然，我们都同意相声不再可乐的说法。这是个电脑时代，但我们还站在那儿大谈京剧，学小贩吆喝。可悲的是，外边有不计其数的素材。每个人都在抱怨北京的交通。我们能编个笑话说吗？不能。这会被认为是在批评城市交通部门。现在每个人都在互联网上下载黄段子，我们能说个笑话提提这事？还是忘了它吧。这等于是在说中国人有性危机……更别提给我们的政治领导人开一点无害的小玩笑了。一百万年都别提。所以，我们还怎么去搞笑？

我赞同这位作者的观点：这种氛围毁掉了相声来之不易的青春。但悲剧还远没有结束：十多年来疲软无能的现实，使得新相声积累起来的含蓄、隽永、语言韵味渐被忽略，在新一代观众的心目中，相声的核心就剩下“搞笑”一条，最好的相声不过是“爆笑经典”而已。于是，那一批相声中兴时代的骨干演员淡出了年轻人的视野。时间走得太快，他们作品里的审美趣味今天乏人问津，二十世纪八十年代达到巅峰的新相声美学，事实上已经破产。

侯宝林先生离世已有十七年，是他赋予新相声以一个可观的起评分，赋予它以够得上“美学”二字的内核。他的作品和表演拥有一种别的演员缺乏的优雅的世故，潇洒、松弛而有节制，令最高政治权威也为之折服。长期以来，侯宝林被认为是相声本身，经过他领衔的改革加工，相声犹如被修裁得体的菊石一样焕发出艺术品的光芒来，他的大师级作品都可以列入语言艺术博物馆之中，成为永久的珍藏。而他，在某种程度上也因为这种非政治的、纯美学的艺术路径，得以在“文革”之后稳居相声界乃至整个中国文艺界的宗师宝座，地位堪比戏曲界的梅兰芳和文学界的巴金，甚至犹有过之。但这依然改变不了

最近几年，在京、津等地，一些小场子中演出的相声，很引人注目。经常是座无虚席，一票难求。几年前出了一个郭德刚，轰动全国。近些年，一位被称为"小王爷"的八〇后相声演员王自健，名气徒增，他的《歪唱太平歌词》被传上网后，相当火爆。虽然对这一相声有不同的解读，《中国青年报》发表了肯定的文章，《中国新闻周刊》也发表长篇文章，对王自健及其作品表示肯定。王自健自己认为：“在一个信息传播如此迅速的时代，相声如果不关注大家都关心的话题，反而是一种虚伪，也不可能有生命力。”左图是王自健（左）和搭档张伯鑫在演出中。

相声美学自始被规训的事实。每一个时期，不同的官方话语都往它身上敲打烙印，相声人把各种时代语汇，从“农业学大寨、工业学大庆”到“在英明领袖某某某的领导下”，从“晚婚晚育少生优生”到“齐心协力大干四化”，纳入到自己独特的叙事之中，集体主义的价值观，与人民共进退的使命感，让他们总是显得莫名亢奋。在二十世纪九十年代之前，歌颂与讽刺从来不是可争议的问题，因为相声人深信它们同为社会人心所需，集体与个体，国家与公民，总还保持着不止是纸面上的利益一致。

因此，当我从上世纪末开始，回顾那些童年常听或从未听过的相声时，就觉得它们一再印证了萨特《存在与虚无》里的名言：“人是一堆无用的激情。”人存于世，必须选择用劳动和信念拯救自己，但在没有上帝的语境里，没有一种使自己获救的事业是现实的。相声人的激情，本质上也不现实：除了焕然一新的语言和风格外，他们与解放前老艺人有多大的不同呢？他们依然要在予取予夺的威权下谋生，说服自己：我是自由的，我可以同位高权重的意识形态领袖合作。最后，当个别相声人企图摆脱这种操纵，觉得自己可以向一个正在激变的社会独立发声的时候，美妙的期望瞬间便翻为画饼。伊卡洛斯坠海了，因为他飞得太远，遭到太阳的严惩。

假如“人民”只是一个虚拟的概念，假如民族的共同追求都建立在一个虚假的前提之上，那么那些昔日为了让人民欢笑而付出过真挚心血的相声人，日后得在一种苦涩的幻灭中回味多久？这是我经常自问的问题。在很长时间里，那些晚霞里的青年真诚地服务于一桩也许永难实现的梦想，有时迸发出一些微弱的、值得纪念的闪光。消费社会把他们曾经轰击过的那幢森严的秩序大厦改建成了商场，尽管很多人还记得那些炮灰，但是，他们的相声美学的确不被需要了，人们说：你们帮着骂骂房价、骂骂城管、骂骂野蛮拆迁、骂骂官官相护、公款吃喝、豆腐渣工程、有毒奶粉和避孕丸做的农药吧——让我听懂了，乐了，就行！

要说怀旧，至多也就是怀一下个人记忆的旧，少年时代捧着收音机的旧；我关心的是，那些相声里既有扭曲的感动，也有率真的抒情，既有荒诞不经的教条，也有不被时间磨灭的勇气。他们从被扼住的咽喉里发出的声音，曾是中国人久盼的甘霖，他们被废黜的青春里，既有官方三令五申的“历史性时刻”，也有人民平常到俚俗的生活点滴。解放后的相声，事实上从来没有得到过真正的解放，不过，这不能抹去它留下的吉光片羽的精彩。我们不一定要在茫茫海洋里寻觅伊卡洛斯冰冷的躯体，但不妨记住，太阳是怎样灼烧了他们的双翼。

2010年8月

记忆是无法铲除的

◎ 蓝英年

一

俄国作家利季娅·丘科夫斯卡娅

利季娅·丘科夫斯卡娅（简称利季娅）是苏联女作家，苏联著名作家科尔涅伊·丘科夫斯基的女儿，她哥哥尼古拉和女儿叶连娜也是作家，一家三代作家，在苏联并不多见。老丘科夫斯基十月革命前便已成名，交游甚广，同时代的文化名人他几乎没有不认识的。他同无产阶级作家高尔基交往。十月革命后高尔基为拯救知识分子不至于饿死，成立了世界文学出版社，吸收他们参加，给他们一碗饭吃，并请丘科夫斯基主持出版社的工作。他也与被布尔什维克视为反动作家的古米廖夫、曼德尔施塔姆和苔菲往来。他和画家列宾同住在芬兰湾小城库奥卡拉（今改名列宾诺），两人过从甚密。著名男低音歌唱家夏里亚宾专程到库奥卡拉看望他。革命诗人马雅可夫斯基是他的座上客，还为他女儿利季娅画过素描。他是文学领域中的多面手，写童话故事、散文随笔、俄国作家和诗人的评论。他精通英语，翻译过莎士比亚的诗剧。可惜他不算无产阶级作家，处境一直不佳，他的重要作品都未译成中文，中国只翻译过他的《哎呀疼医生》和《洗呀洗干净》等几首儿童诗。他在中国远不如法捷耶夫、西蒙诺夫等苏联正统作家知名。

中国读者更不熟悉利季娅了，因为中国没有翻译过她的一篇作品。我也是一九八九年才知道她的。那时我在苏联教汉语。一天晚上在俄国朋友家看电视，看见从美国回来的白银时代老太太尼娜·别尔别罗娃身旁坐着另一位老太太，把放大镜贴在眼睛上看从台下递上来的字条。我问俄国朋友那位视力差的老太太是谁？他们惊讶地回答：“她是利季娅·丘科夫斯卡娅。您怎么连她都不知道？”我自惭形秽，在国内没听说过，就像一九五八年苏联批判帕斯捷尔纳克的时候我没听说过帕斯捷尔纳克的名字一样。自此我开始留意利季娅这个名字。一九九〇年读了她的《被开除作协记》和《索菲娅·彼得罗夫娜》，极为震撼。一九九七年又读了她的《关于阿赫玛托娃的札记》。

叶莲娜是利季娅的女儿，老丘科夫斯基的外孙女。叶莲娜的父亲是著名的物理学家，一九三八年被镇压。她今年已年逾八十。我为翻译这本书(《利季娅作品选》)同她通过信，她给我发来二十七张照片。她说母亲最看重《索菲娅·彼得罗夫娜》，请我一定译出，并寄来阿尔汉格尔斯克二〇〇八年出版的《索菲娅·彼得罗夫娜》。书中收集了作家们对小说的评论，比如一九六二年爱伦堡写道："谢谢您寄来的小说，我一口气便读完了。小说深深打动了我。我首先敬佩您的勇气，一九三九年竟能写出并保存下来这样的作品，对所经历过的事进行如此深刻的反思。"

二

一九六二年索尔仁尼琴的中篇小说《伊万·杰尼索维奇的一天》，经赫鲁晓夫批准，在诗人特瓦尔多夫斯基主编的《新世界》杂志上发表。毫不夸张地说，这篇写劳改营题材的小说震撼了苏联社会。利季娅同作家出版社签订出版《索菲娅·彼得罗夫娜》的合同。利季娅写道："这是我最珍爱的中篇小说，""这是写一九三七年的小说，写于一九三九、四〇年，是在监狱门前排了两年队后随即写出的。小说的艺术价值不应由我评价，但它的见证价值无可质疑。我至今(一九七四年)不知有哪本写一九三七年(大清洗年代)的作品写于这里和那时。"

利季娅接着写道："我想在小说中表现谎言对社会毒害到何等程度，可与之相比的只有军队使用的毒瓦斯。我选择的女主人公不是姊妹，不是妻子，不是恋人，不是朋友，而是象征忠贞的母亲。我的索菲娅·彼得罗夫娜失去独子。在被肆意歪曲的现实中，人的所有感情都被歪曲，甚至母亲的感情。这便是我的构思。索菲娅·彼得罗夫娜是寡妇，她生活的全部内容就是儿子科利亚。科利亚被捕，判处十年劳改，并宣布他是'人民敌人'。索菲娅·彼得罗夫娜已养成相信报纸和官方人士的习惯，甚至胜过相信自己。检察官告诉她'儿子供认罪行'，被判处'十年外地劳改'，她相信检察官。可她心里坚信儿子无罪，也不可能犯罪。儿子绝对忠于党，忠于自己的工厂，忠于斯大林同志。但如果相信自己，不相信检察官，不相信报纸……那就会天塌地陷，内心的一点点慰藉将化为乌有……索菲娅·彼得罗夫娜想既相信检察官又相信儿子，但这种想法导致她发疯。索菲娅·彼得罗夫娜没有能力概括所见到的和所感受到的。这不能责怪她，因为对普通人的脑子来说，所发生的荒谬绝伦的一切都被有计划地美化了，他们如何分辨美化过的荒谬？况且独自一人。恐惧像一堵墙，把具有同样感受的人一一隔开。像索菲娅·彼得罗夫娜那样的人太多了，几百万，但生活在不允许人民阅读所有文件和文学的时代，几十年的真正历史被篡改的时代，他们只能根据个人经历独自思考，思考能力自然会降低……多年来我只有一份手稿，用紫墨水写在中学生厚笔记本上。我不能藏在家里，三次搜查和没收全部财产的经历记忆犹新。朋友替我收藏笔记本。如果从他家里搜出，他会被五马分尸。战争爆发前一个月我从列宁格勒到莫斯科做手术，我的朋友留在列宁格勒。他因健康的原因未被征召入伍，围困期间活活饿死，我知道他死的时候已经在塔什干了。临死前他把我的笔记本交给妹妹，对她说：'如果你们两人都活着，把笔记本还给她。'"

中国同样没有写于"这里和那时"的作品。谁在"这里和那时"写过反右、"大跃进"和"文化大革命"？大家都吓破胆。整人的自然不会写，竭力表现自己的忠诚，争取火线入党；挨整的也不敢写，不知道明天的命运如何。有些老实人真诚地承认自己犯了"错误"，拼命深挖自己的"反动思想"，不敢也不会思考所发生的事。起哄者但求自保。即便清醒的人认识到运动的荒谬，也不会产生秉笔直书的念头。恐惧笼罩在所有人的心头。怎能不佩服利季娅的胆识呢？

三

利季娅的小说被保存下来。苏共二十大后，利季娅把小说打了几份，分送给朋友们看。一九六二年九月，她把小说寄给苏联作家出版社。编辑部看了非常赞赏，立即通过，并与利季娅签订合同，一九六三年一月预付百分之六十稿酬，三月排出清样，配好插图，马上开印。总编辑卡尔波娃和社长列休切夫斯基一致肯定小说的价值。他们的态度可以理解。"怎能不这样呢！'个人崇拜'被揭发，斯大林遗体迁出列宁陵墓，每家报纸，每家杂志，每家出版社多少都要响应'揭发大肆破坏社会主义法制的行为'啊。文章啦，诗歌啦，中短篇小说以至长篇小说啦。响应了。卡尔波娃深深地叹息，痛心地谈到艰难的过去，多亏党英明而及时地揭发，过去一去不复返了。接着又谈到'恢复党内生活中列宁主义的准则。'"利季娅记述了同总编辑的谈话。

"忽然——有的人先感觉到了，我则迟一些，"利季娅写道，"准确地说，在一九六三年才有感觉——令人不安的传言四起，并越传越离奇：'上面'改变路线了，对文学深入揭露'个人迷信的后果'不满，还要多谈成绩，不要只谈'错误'。党在二十大和二十二大上所做的决议已经说明了一切，并改正了一切，够了。幸存的人从劳改营和监狱中放回，恢复了名誉，不仅给他们分配住房，还给他们安排工作。能想得到吗？给牺牲者的亲属颁发他们的儿子、姊妹、丈夫死后平反通知书。还要怎么样？何必往伤口上撒盐呢？按时开展播种或收割运动吧。'让工厂新的炼钢炉升炉吧。'"

五月，利季娅被邀请到出版社，出面同她谈话的是编辑部主任，斩钉截铁地通知她，小说不能出版，却没说清不能出版的原因。利季娅找总编辑卡尔波娃解释。这位十分赞赏小说的总编辑判若两人，态度完全变了，毫不迟疑地对利季娅说：“我一开始就对您说，您的小说在思想上是有害的。个人崇拜的原因及后果报纸上刊登的党的文件中讲得清清楚楚。尼基塔·谢尔盖耶维奇（赫鲁晓夫）的几次发言以及党和政府领导人会见知识分子的谈话讲得更清楚了。我对您的有害立场从未怀疑过。”她从未说过小说思想上有害的话，相反，比别人更急于同利季娅签合同。总编辑的厚颜无耻倒让利季娅不知所措了。说句公道话，并非卡尔波娃天生爱撒谎，上面的政策变了，作为出版社的负责人，她必须跟着改变。称赞利季娅的小说是一个时期，认定她作品有害是另一个时期。她不得不执行上面的指示，又无法向作家说明改变观点的原因（有党的纪律），只好经常说谎了。

利季娅向莫斯科斯维尔德洛夫区法院投诉作家出版社毁约。一九六五年四月二十四日法庭开庭。出版社律师发言，“出版社的编辑们先前处于‘二十大和二十二大后局势的狂热中’，未能发现这些差错，现在通过学习党的新决议，‘用另一种眼光看小说’。”他坦率说，“我们自己未能发现劳改营题材的危害，而是领导向我们指出：共产党员没有必要出这类题材的书，主要是没有益处……”利季娅的律师则强调合同的严肃性，毁约一方应承担全部责任。审判员请利季娅答辩。利季娅说：“如果不再出版劳改营题材的书，特别是索尔仁尼琴的书，对国家是件不幸的事。至于我的《索菲娅·彼得罗夫娜》和他的《伊万·杰尼索维奇》，写于不同的时代，写的是不同的时代，题材并不相同。他写的是劳改营。我写的是‘自由人’……即便我的小说是在‘二十大和二十二大局势的狂热’中通过的，现在出版社是否又在新局势的狂热中毁约呢？难道二十大和二十二大的决议仅仅是‘局势的狂热’？过去的暴行所以能够发生，在很大程度上还不是报社编辑部堆满了哭诉的信——亲人们在信中乞求援助，要求重新审查他们亲人的案件——可报纸被剥夺了发表这些信的权力？编辑不敢不迎合局势。确实，那种年代谁敢吭气？签订这类哭号的作品的合同无异于判处自己死刑。在我国辽阔的土地上的所有编辑部都时刻听从召唤。所有报纸、出版社和杂志的编辑部永远服从站在乐谱架旁边指挥的指挥棒。登不登这样或那样的报道（如非法逮捕和拷问），都要听从指挥，是否也是发生暴行的原因之一呢？就算我的小说仅仅是照片，而不是画卷，但这张照片摄取了我国历史上的一个极为重要的画面，小说对于思考我国所发生的灾难的人是必不可少的。”

利季娅胜诉，出版社支付了她全部稿酬。

四

为了不忘却悲惨的过去，索尔仁尼琴写了《古拉格群岛》，为无辜牺牲者树立起一座纪念碑。利季娅写了《索菲娅·彼得罗夫娜》。但当局并不希望人民记住过去。一九六五年开始了遗忘个人迷信的后果并竭力颂扬这一时期成绩的过程。

赫尔岑说过:“凡是不敢说的事,只存在一半。”于是“先存在一半,”利季娅写道。“后四分之一,再后十分之一。如果及时封住报刊的嘴(多亏我们报刊只有一张嘴),最后等到受难者和见证人通通死光,新的一代就什么都不知道了,不能理解发生过的事,不能从祖辈和父辈的经历吸取任何教训了。”

请看一九六五年以后出版的书籍。

一九六五年作家斯拉文出版了一本《肖像与札记》,其中谈到苏联驻法西斯意大利的著名记者维克多·金:“在那些年代,金说过,他幻想活到起义的人们把墨索里尼送上绞架的那一天。金的预言实现了。但……他本人没能活到凯旋的那一天。他无法预见本人发生的耸人听闻的事。”他发生了什么事?也像墨索里尼那样被送上绞架?还是患了癌症?作者没说出发生了什么事:金一九三七年被斯大林处决。

二十世纪七十年代到了几乎全面禁止提及过去的时代。不是完全不提人们瘐死狱中,便是把犯人的生活变成旅游者的生活。

举一个避免写“惨死”的高超例子。卡巴尔达-巴尔卡尔州州委第一书记卡尔梅科夫一九三八年被处决。后恢复名誉——获得被处决者罕见的殊荣——在州首府纳尔奇克为他修建了一座纪念碑。我们看看奇马廖夫和科米萨罗夫两位作者在《主要是向前看》中是如何报道的:

“男孩子和女孩子在纳尔奇克市街道上玩耍,对他们来说卡尔梅科夫的名字就是历史。他们不明白,为什么爷爷奶奶们经常来到广场纪念碑前,望着卡尔梅科夫的铜像时而落泪。”其实作者们应当告诉孩子们,爷爷奶奶们落泪的原因,但他们在书中只字未提。

诗人曼德尔施塔姆在作家迪姆希茨笔下变成旅行家。革命前到过西欧,意大利和巴黎,回国便在国内漫游。在克里木住过,在莫斯科住过,在彼得格勒住过,后来又去克里木,后来到第比利斯,后来又到莫斯科,又到第比利斯,后来是埃里温,是罗斯托夫,是彼尔姆,是阿布哈兹,再后来呢,来到卡马河上的小城切尔迪尼,后来是沃罗尼日——再后来呢——旅行之路中断了。可切尔迪尼和沃罗涅日是曼德尔施塔姆的流放地,曼德尔施塔姆被押来押去,最后死在海参崴近郊劳改营转运站。他招致杀身之祸的是那首嘲讽斯大林的诗《我们活着,感觉不到国家的存在》。劳改犯变成旅行家。

五

利季娅决心捍卫记忆,与谎言斗争。不再允许别人铲除对被迫害人的真实回忆,宁肯不发表,宁肯得罪人,也绝不妥协。不少出版社和报刊向她关上大门。

“不久前我还是在报刊上发表文章的苏联作家。这意味着在某种程度上我是集体谎言和集体沉默的同谋。”利季娅写道。“但对每个人来说,真理总有一天会扼住你的脖子,永远控制你的灵魂。不可能在同一时刻扼住所有人的脖子。‘灵魂是密林，道路难分清’。我的故乡审讯室里流淌鲜血的时候，真理扼住我的脖子。我睁开眼睛是不是迟了？当然，我没在农业集体化年代醒悟，然而终于醒悟了。睁开眼睛后，虽然不准备发表，准确地说，隐藏在地下，但我仍然写了《索菲娅·彼得罗夫娜》，记录了失去理性的社会。过了二十年(斯大林死后，苏共二十大和二十二大召开后)，我与很多人被希望所迷惑。这么说我没白写，现在可以发表了！人们将会阅读我的小说。但我的希望落空了。那时我明白了，我们这里又开始剥夺记忆，我还明白了其他的事：无论如何我不会交出用痛苦换来的财富，并竭尽全力阻扰人民再次失去记忆。就算不再发表我写的一个字，就算我所呕心沥血的文学构思永远无法实现，也决不允许任何人从我作品中删除牺牲者的姓名和导致他们牺牲的共名。不论任何人在任何时候都休想。决不考虑、掂量、权衡哪样做好？多少谈论一下牺牲者还是什么也不说，因为不让说嘛。就让每个人按照自己的方式解决这个问题吧。我自己已经解决了。”

铲除记忆的办法之一是用谎言代替真理，美化、粉饰现实又是说谎最简便的方法。不少人采取了这种方式，所以他们在作家协会占据显要的地位。像利季娅这样解决问题的人陷于被整肃的处境。

利季娅认为，对待斯大林时代大致有三种态度她写道：

“‘我们发生过的，确实发生过。’一些

1989年我在电视上见到的不认识的老太太——利季娅

自诩热爱真理的人说，”他们确定自己公正的看法后，便画上一个热爱真理的肥大句号。瞧，我们多公正！承认‘确实发生过’。

“‘我们发生过的一切根本没发生过’，另一些人说，‘当然，斯大林做过一些错事——过火，错误，但这一切党已经通通揭发了。沿着列宁主义的道路前进——建设共产主义！人死了不能复活，越少谈论过去越好’。

”‘必须追查所发生的一切，’第三种人说，其中也包括我。‘发生了什么，为什么发生，什么时候发生的，竟导致如此惨重的后果。泪水冲洗不净的伤口已经溃烂。忘却所发生过的就无法前进一步’。”

一九六八年二月利季娅写了一篇文章《不是处决，而是思想，而是言论》，明确地表达了自己的观点：

“我要一个螺丝一个螺丝地追查这架把充满创造力的活生生的人变成冷冰冰

的尸体的机器。要对这架机器作出判决，并大声宣读判决词，让所有的人都能听见，不能把这笔账一笔勾销，盖上‘清账’的戳子了事，而要拆清原因和后果的线团，一圈一圈地拆……几百万农民家庭，劳动者，在‘富农和富农帮手’的罪名下，被赶往北方，赶往死地。几百万城市居民在‘间谍’、‘破坏者’和‘危险分子’的罪名下被关进监狱和劳改营，有时直接送往另一个世界。整个民族被指控叛国，把他们从祖居地赶往异邦。

“什么导致我们陷入亘古未有的灾难？手无寸铁的人民对扑向他们的机器如何抗拒？历史上前所未有的现象——国家保安部门(每时每刻、白天黑夜都在犯法)与维护法律的检察机关(多年有意熟视无睹)化合为一体，最后，又与以捍卫正义为天职的报纸化合为一体，报纸为何不捍卫正义，反而有计划地、大规模地、千遍一律地诽谤受迫害者——被揭发出来的、死不悔改的、卑鄙无耻的、出卖给外国情报部门的人民敌人？

“这种化合是学者们所知道的化学化合物中最可怕的化合，它起于何时又如何化合在一起？为什么能化合成功？研究其中的原因对历史学家、哲学家和社会学家是浩瀚的工程。而首先是对作家。这是今天头等重要的、刻不容缓的工作。急迫的工作。应当号召人们，年长的和年轻的，勇敢地反思过去，只有那时未来的道路才能变得清晰。如果这项工作及时进行，那就不会有不久前的文字狱了。”

六

利季娅实现了自己的誓言，她写的文章一定保留牺牲者的名字，并说出死亡的原因。“他们建议我删除某页、某半页、某段或某句，在我删除某句或某段后，作品将发排、出版，也许还会受到赞扬。但一提到删除牺牲者的名字我便断然拒绝。”一九六六年，在利季娅被开除出作家协会前，仍有报刊和出版社约请她写文章。由于父亲的关系，她几乎认识所有老一代的文化人。比如儿童文学作家、翻译家马尔夏克是利季娅父亲的朋友，又同她一起工作了九年。一九六四年七月马尔夏克去世，作家出版社准备出版马尔夏克纪念集，也请利季娅写回忆文章。利季娅写好后编辑很满意，通知她回忆录已经发排了。但第二天，总编辑卡尔波娃的助手索洛维约夫要求删去半页，一共两段。第一段：“一九三七至一九三九年，马尔夏克的某些同事被捕并消失——有人长期消失，有人永远消失，他站出来为无辜受迫害的人说话，并起了作用……”第二段：“……岁月流逝。斯大林死后人们开始返回并获得新生。一九五五年尤里·格尔曼在《文学报》上为马尔夏克所领导的‘列宁格勒编辑部说了几句公道话。仿佛打开封堵的门，马尔夏克读完这篇文章对我说……’”出版社的要求遭到利季娅的断然拒绝，她的回忆录被从纪念集中删除。

一九六六年儿童读物出版社列宁格勒分社约利季娅为作家米尔奇科在二十

世纪三十年代写的小说写序，三十年代利季娅曾是这篇小说的责编。米尔奇科的儿子也找过利季娅，请求她不要推托。他的儿子请求为他牺牲的父亲写前言，利季娅又怎能拒绝呢。利季娅写了，主要写米尔奇科的童年，他如何在机械作坊举轮子，他与马尔夏克的结识，但也写了他被捕，死在狱中。编辑部对她的序很满意，小说连同利季娅的序马上发排。四月末的一天，将近午夜十二点，利季娅家里的电话铃响了，分社社长请利季娅接电话。社长说他很喜欢她的序言，非常喜欢，但要求删去一段话。

“哪一段？”

“您知道我们是为儿童出书的出版社，不应用过去悲惨的回忆在他们生活中投下阴影。”

投下阴影的这段话是这样写的：

一九三八年二月米尔奇科被捕。马尔夏克所创建的编辑部全体职工被驱散：有的被捕，有的被开除。

利季娅对社长说，米尔奇科的书是为青少年而不是为婴儿出版的，及时让他们知道父辈和祖辈的经历是十分有益的。

“我们做不到。”社长回答。利季娅请求把序言寄回。

不久利季娅收到出版社编辑的一封信。信中写道：“您不肯从您为米尔奇科小说《斯乔普卡的童年》写的前言中删除一个段落和另一个段落里的一句话，作为编辑我深表遗憾。我知道您的想法，但请您为读者着想。您拒绝发表前言，使读者失去阅读小说连同与小说有机联系在一起的您卓越的文章的乐趣。请您再次考虑一下小说和读者。”这封信含蓄地批评利季娅过于任性，几行字都不肯删去，激怒了利季娅。利季娅回信道：“我与您(出版社)争论的不是‘一段话或一个句子’，而是人的鲜血和人的话语权。你们准备出版的书的作者米尔奇科是卓越的作家，我的挚友，党员，来自人民中间的人，老工人，参加过两次革命的活动家，在斯大林兽行肆虐的时期，同千百万无辜牺牲者一样，被野蛮杀害……您提到为新一代读者着想，可他们需要的是真相，不仅是上世纪九十年代的真相，还需要告诉他们本世纪几十年的真相，在那几十年里，正是现在的青少年的父辈和祖辈牺牲的年代。”利季娅不仅得罪了出版社，也得罪了米尔奇科的儿子，他多么希望父亲的书早日出版啊。一九六六年米尔奇科的小说终于出版。简介代替了序言。简介是这样写到米尔奇科之死：“一九三八年二月米尔奇科悲惨地中断了自己的生命。”飞机失事也是悲惨地中断生命。

七

利季娅说自己属于对待“斯大林时代”的第三种人。这类人中还有不少作家和学者。其中最著名的是作家索尔仁尼琴和物理学家萨哈罗夫院士。他们要求公开地反思过去，广开言路，允许大家发表自己的看法。这是苏联当局所不允许的。这样他们就把自己置于与当局对立的地位。当局对他们不会手软。他们把自己遭受的迫害记录下来，作为未来反思今天的依据。不论索尔仁尼琴还是利季娅参加任何会都把会上的发言记录下来。当然不止他们两人。其中突出的是利季娅的挚友、女记者弗里达。如果没有她，全世界和苏联人民未必知道苏联当局如何迫害诗人布罗茨基的。

布罗茨基是苏联年轻诗人，对一九五六年苏联向匈牙利出兵持否定态度，认为是国家的耻辱。他不是作协会员，没有固定职业，靠翻译赖以为生。一九六四年苏联法院审讯布罗茨基，同年二月十八日以“游手好闲”罪名判处他五年强制劳动。这一判决引起著名诗人、作家阿赫玛托娃、丘科夫斯基、帕乌斯托夫斯基和马尔夏克等人的抗议，也引起国际舆论一片哗然。有良知的知识分子投入拯救布罗茨基的活动。其中功劳最大的要算弗里达。她参加了审判的全过程，做了记录，并把记录以“白皮书”的形式公之于众。利季娅在《纪念弗里达》一文中写道：

弗里达刚刚完成了一件功勋。审讯过程中她一直在场，不知疲倦地往中学笔记本上记下周围所发生的一切：发言、提问、回答、大厅里的呼叫。一个笔记本保存下来……字写得出奇工整，但在法庭上弗里达有生以来第一次感到自己无能为力。此前她出差的时候无论陷入任何险境总有一张记者证保护她。可这次《文学报》和《消息报》都没派她采访布罗茨基诉讼案，所以她在法庭上不是媒体代表，只是旁听者，普通公民，即不受保护的老百姓，任何人都可以欺负她。周围旁听者的处境也都如此，但她与他们不同的是她在战斗。她履行自己的职责——在法官的仇视的目光下，邻近人凶狠的目光下，记录听到看到的一切。您还记得札记中写的人群企图强迫她停止记录的那段话吗？此前不久坐在她身边的朋友格涅金，也是从莫斯科赶来旁听审讯布罗茨基的，在社会公诉人对布罗茨基的律师破口大骂的时候，格涅金发火了，喊了起来。纠察队命令他离开法庭，并把他押上停放在法院入口处的警车。弗里达继续记录。接着弗里达的另一个熟人也被纠察队带走，民警局的记录上写道：“他想用打喷嚏的方法打断法庭审讯。”弗里达继续记录。“作家们！把你们一起从列宁格勒撵出去！”旁边的人喊道。萨韦利耶娃女法官对她大发雷霆后她还写。她仍不动声色地干自己的事，她这样把人群激怒了。人群中也有朋友，但在挤满激动的人群中，在列尔涅尔（克格勃人员）专门挑选出来的纠察队队员的仇视的目光下，他们能用什么援助她？

“夺下她的笔记本！”法庭休庭的时候有人喊道。

我现在仍然看见小个子弗里达，穿着厚灰大衣，戴着儿童戴的毛绒帽，看到人群要抢她笔记本的那一刻。她坐在大厅中间，死死抓住笔记本和钢笔，中学笔记本上的记录就是珍贵的战利品，珍贵的武器是文字，它有无穷的力量，可以拯救人。

您还记得那一幕吗？

“我说，做记录的那个女人，您干嘛要记录呢？”

“我是记者，”弗里达和蔼地回答。“我写教育儿童的文章，想写这件事。”

“干嘛写这件事？事情很清楚。应当夺下您的记录本。”

“你们敢！”弗里达厉声说。

“那又能怎么样？”

“你们夺个试试，那时你们就知道了。”

“好啊，她威胁。纠察队，这里有人威胁！”

“他是纠察队员，不是警察，不能因为一句话抓人。”

这时响起一声喊声：

“起立！开庭！”攻击停止。

……弗里达先在列宁格勒整理记录，在我们共同的朋友幽静的寓所。在莫斯科先在自己家，后在我家，我们一起坐在桌前整理。越深入阅读这份文件，越看重它的威力。在这个世界上恐怕没有人，即便是官僚主义者，读了这份札记也会明白，发生了天大的冤枉事。如果给阿朱别伊看（《消息报》主编，赫鲁晓夫的女婿），他会创造奇迹……

布罗茨基的“罪行”是什么呢？法庭问他做什么工作，他回答写诗。不是作协会员把写诗当成工作就是寄生虫。靠什么生活，靠翻译，每月能挣四十二卢布，花四十卢布，还有结余。问他喜欢谁的诗，他不假思索地回答：阿赫玛托娃和帕斯捷尔纳克。问题可能就出在这里。如果他回答马雅可夫斯基和特瓦尔多夫斯基，可能完全不同了。群情激奋的法庭审讯记录下来竟如此可笑。

八

利季娅说克格勃和作家协会是兄弟单位。总的说是不错的，克格勃的兄弟单位何止作家协会？全国所有单位都可以说是克格勃的兄弟单位，它可以到任何机关抓人。斯大林时代很多作家被克格勃逮捕、关押、处决。克格勃逮捕作家时需要作协第一把手签字。二十世纪三十年代大清洗时期作协的第一把手是斯塔夫斯基，而不是法捷耶夫。都是斯塔夫斯基签字。但斯塔夫斯基二战期间战死，战后由法捷耶夫领导作协，所有一九五六年陆续平反返回莫斯科的作家们把怨恨都撒在法捷耶夫身上，法捷耶夫一肚子委屈，又无法解释，这或许是他自杀的原因之一。苏共二十大后，克格勃与作协的关系逐渐疏远，实际上当然仍然起作用，但形式上却通过司法部门了。一九六六年惩处西尼亚夫斯基和达尼埃尔两位不听话的作家就是通过司法程序。另外，当局对“异己分子”也不再逮捕、关押、处决了，而是想方设法败坏他们的名誉，最严厉的惩处是送进疯人院或驱逐出境。毕竟换了人间嘛！

一九七三年八月开始，全国报刊一齐

攻击索尔仁尼琴和萨哈罗夫。手法还是老一套：把他们话的意思颠倒过来。比如他们说保卫和平，那一定是渴望战争。“大众传媒掌握在同一伙人手里，”利季娅写道，“给毒瓦斯进攻提供了前所未有的可能。人们每天从报纸上吸入毒气，怎能不中谎言的毒呢？怎能不仇恨索尔仁尼琴和萨哈罗夫呢？”一九七三年萨哈罗夫成立人权委员会后，更被报纸骂得狗血喷头，把和平斗士说成战争贩子。让利季娅痛心的是著名作家、作曲家和院士也加入迫害者的行列，如肖斯塔科维奇和艾特马托夫。他们在各自的领域中作出过杰出的贡献，有的还受到过斯大林的迫害。他们并非在拷打和威逼下说谎的。他们本应挺身而出，声援索尔仁尼琴和萨哈罗夫，然而相反，却在报纸上诋毁他们。但人们相信他们，因而也相信谎言。他们的表现令利季娅震惊，于是她写了一篇戳穿谎言的文章《人民的愤怒》，并亲手交给美国之音记者。美国之音很快就广播了。文章指出铺天盖地的谎言蒙蔽了人民的眼睛，使他们丧失辨别事物的能力。报纸上刊登成千上万的集体农庄庄员和各行各业的工人对这两个人的抗议信，但他们谁也没读过索尔仁尼琴的作品，也不了解萨哈罗夫主张销毁核武器的真正意义，却跟着报纸辱骂他们。利季娅举了一个例子。一九五八年围攻帕斯捷尔纳克的时候，她乘出租车外出。司机座旁放着一份谴责帕斯捷尔纳克的《真理报》。年轻司机对利季娅说：“您知道吗，揭发出大坏蛋帕斯捷尔。”利季娅告诉司机，他不姓帕斯捷尔，而姓帕斯捷尔纳克，是俄国伟大诗人，不是祖国叛徒。他热爱祖国，热爱人民。司机火了：“不管姓帕斯捷尔还是帕斯捷尔纳克，还不一样。您是文化人，怎么不看报，竟说这种话？”司机气得连小费也不收了，被谎言毒害的百姓又能怎么想？

那时莫斯科出现了地下出版社，发行量不大，但传播速度极快，一旦打印出来，马上传遍全城。利季娅的《索菲娅·彼得罗夫娜》就是通过地下出版社在莫斯科广为流传的，并流传到国外。国外把小说译成几种语言出版。在国外出版书犯了苏联大忌。作家西尼亚夫斯基和达尼埃尔就是因为在国外出书而受审判的。利季娅的父亲老丘科夫斯基一九六九年去世，利季娅失去靠山，惩治她再无顾虑。《人民的愤怒》是她亲手交给美国之音记者的，是惩治的最好口实。于是利季娅一九七四年一月九日被作协召到作协大楼第八会议室。这里是专门开除作家的地方，一九五八年帕斯捷尔纳克就是在这间房间被开除的，利季娅被开除后又有六七个作家也都是在这间房间里被开除的。一九八九年我在苏联教汉语，每到莫斯科必到作协买烟、吃饭，因为那里吃饭便宜，能买到外国烟。但我那时并不知道第八会议室，不然必定会去看看的。

一月九日一群朋友陪同利季娅来到第八会议室门前，他们也都是作协会员，但守卫不准他们进入。他们向会议主持人、诗人纳罗夫恰托夫请求旁听，遭到主持人的拒绝。朋友们请求进去一个人陪同利季娅,因为利季娅是半残疾人,患有严重的心脏病,视力极差,几乎失明,进去的人可以照顾她,但仍遭拒绝。利季娅一人抱着夹着一摞白纸的木片夹走进第八会议室。

出席会议的有二十至二十五名作协理事。说他们都是坚决反对反思斯大林统治恶果的人未免过于笼统。他们不可能对周围发生过的灾难视而不见,何况很多人还深受其害。如果"上面"号召反思个人崇拜的后果,他们肯定会积极响应。但经过多年的煎熬,他们认为紧跟"上面"是自保的上策。他们心口不一,发言自然言不由衷,在当时的气氛中发言者未必感到自己的发言如何荒唐可笑,记录下来就不仅可笑而且卑鄙了。这就是文字的威力。利季娅记录了会议的发言。

先由理事会书记斯特列赫宁介绍利季娅的种种劣迹。他说利季娅承认亲手把《人民的愤怒》交给美国记者。接着书记罗列利季娅的主要罪状:

一九六六年支持西尼亚夫斯基和达尼埃尔两位作家;

一九六七年写《致肖洛霍夫的公开信》,批驳肖洛霍夫对西尼亚夫斯基和达尼埃尔的谴责;

一九六八年著文投寄《文学报》,反驳抨击索尔仁尼琴的文章;

一九六八年支持被作协开除的作家金兹堡和加兰斯科夫;

在国外出版《索菲娅·彼得罗夫娜》和《下水》等两篇小说。

"会议的目的是讨论她的公开信和她的小说,并根据作协相应的章程对她进行组织处理。"理事会书记结束了开场白,下面是与会者发言。很多作家中国读者不熟悉,除重点发言人外,我用男作家和女作家表示。

男作家一:(喘不过气,吐字不清):同志们,我说话困难……请原谅我,我说话困难……这件事使我无限悲伤……十分悲伤……不久前新西伯利亚市我们的苏联少年向我们的哨兵开枪……这太可怕了,同志们新西伯利亚市发生了可怕的罪行。(利季娅怀着真诚的同情听他发言。而男作家本人正是教育苏联少年的人之一,他们在他的书的哺育下茁壮成长。他又怎能不激动呢?)同志们,当我们从广播中听到丘科夫斯卡娅一类的文章时,我们就会明白,少年们为什么会犯罪了。广播《人民的愤怒》一类文章就是犯罪的根源……请原谅我,我不能再说了,我太激动了。

男作家二:她用《人民的愤怒》作标题——这是她以人民的名义说话,您能代表愤怒的人民吗?

利季娅:恰恰相反,我在文章中强调,不以任何人的名义说话,只代表自己说话,不代表任何人。您读过我的文章吗?文章里写得很清楚。标题纯粹是嘲讽意义。报纸编辑部起先组织读者信任的知名人士的愤怒,后来是"劳动人民愤怒的信"。愤怒的仿制品。这种游戏的可怕之处在于它会变成真正的愤怒。我不希望这样，并为此担心。这一点我在文章中警告过。

男作家二：……谈谈索尔仁尼琴。几年来我们已经有幸阅读他的反苏的、歌颂君主政体的作品了。您站在这样的立场上！到了生命即将结束的时候，这种有争议的名气仍能满足您的虚荣心。

利季娅：为什么到了生命即将结束的时候？我还没准备死呢。

男作家三：我多次读过《人民的愤怒》。这篇文章令我气愤。应当给索尔仁尼琴、马克西莫夫（被驱逐出境）和丘科夫斯卡娅等人一个总的评价：他们的活动是激烈的阶级斗争的反应；他们在意识形态领域中进行阶级斗争。《人民的愤怒》是对作家和人民一连串的诽谤和诬蔑，仿佛政权在作家和人民之间筑起一道墙。这是对知识分子的诬蔑，对个别人的诬蔑，比如对科热夫尼科夫（苏联和俄罗斯联邦作协理事会双重理事）。她写道，把他"放出来"攻击萨哈罗夫和索尔仁尼琴……同志们，狗才放出来呢。科热夫尼科夫是人，不是狗。

利季娅：热科夫尼科夫当然是人。狗不会写文章，不论出于真心还是有意把读者引入歧途。

男作家四：萨哈罗夫是令人尊敬的物理学家，但在政治上是个微不足道的自由主义分子。索尔仁尼琴一肚子旧恨新仇。可您为什么呢？嫉妒他们在西方的名声？索尔仁尼琴在文学界算什么玩意儿？充其量是二流作家。他的作品中可以找出两三页失败的地方。他在国际上投机倒把，贩卖反苏言行，以求积累财富。他为沙皇哭泣。

利季娅：您的话让人无法忍受。索尔仁尼琴——投机倒把！他在哪儿为沙皇哭泣？在《一九一四年八月》一书中，尼古拉二世被描绘成废物，而这个废物沙皇和他手下无用的将军对千万人的死亡承担责任。

会议主席：请不要打断别人发言，会给您发言的机会。

男作家四：由于苏联政府的不懈努力，世界紧张局势得到缓和。因为阶级斗争的尖锐化，所以反苏言行日益增多。在这种情况下，从这里传出的所有反苏言行，西方都慷慨酬谢，报以黄金和荣誉。您是否愿意陷入这摊污水中？您认为B–B–C能使我国人民离开正确的轨道？您错了。……必须开除丘科夫斯卡娅，让《文学报》向广大读者阐明好了。还有其他报纸。让她受到人民的唾弃。

女诗人巴尔托（声音低沉）：我很激动，很难说话。我看到另一个利季娅·丘科夫斯卡娅。当年她表现出批评的热情，批评艺术性差的作品。那时我对她充满敬意。现在我完全理解儿童文学作家的愤怒……一个人怎能堕落到如此反苏的地步，如此仇视人民，如何解释？我想问您一句，您为什么如此凶恶？哪儿来的这么多仇恨？我这几天读了《人民的愤怒》，心情非常沉重。仇恨，仇恨，还是仇恨。我很难再说下去。在您背后我看见您父亲的影子，一个对我和对在座的人都非常珍贵的人。

大家一齐说（一片赞扬声，其中我听出作家出版社社长列修切夫斯基清晰的声音):科尔涅伊·伊万诺维奇!受人尊敬、爱戴……奠基人……经典作家,名字环绕着光环……崇高的评价……崇高的奖赏……苏联人民爱戴的人……

利季娅(对社长列修切夫斯基):尼古拉·瓦西里耶维奇,您有能力表达您对科尔涅伊·丘科夫斯基的敬意:您所管辖的出版社哪怕出他一本书呢,或列入出版计划也行呀。

社长回答得含糊不清。什么“这不决定于我”,或“缺乏纸张”,或两种兼而有之。

巴尔托:我们热爱科尔涅伊·伊万诺维奇,怀念他。他教导人向善。他用故事和自己的人格召唤人向善。我保存他的四封信……多么善良的信啊。他在信中称赞我的诗,感谢我,对我的诗评价很高。他是非常非常善良的人。可您凶恶,您哪儿来的那么多仇恨?您回头吧,利季娅·科尔涅耶夫娜,变得善良些吧!

利季娅:我必须指出一点:您一生对他恩将仇报。一九三〇年《文学报》上刊登的反对民间故事和科尔涅伊·丘科夫斯基的公开信上有您的大名。一九四四年反对丘科夫斯基已经不是《文学报》,而是《真理报》了。《真理报》把丘科夫斯基的军事故事称为“骗子的胡言乱语”。他立即被召到作协。为了保护他?不是,作协从不保护自己的会员——召到作协是为了整治他……作协主席团重复了《真理报》上的话。他回到家后,我问他发言的人当中谁最恶劣?他回答:巴尔托。

巴尔托(耸耸肩):我不明白,照您看,科尔涅伊·丘科夫斯基就不能批评了。我们大家都尊敬他,他当然是奠基人,但每个作家都有败笔……批评他一个故事,又有什么么呢?

大家一齐说:一个故事……连这都不行……文学前进依靠批评……苏联文学以自由批评著称,《真理报》批评……主席团批评……一个故事……

(竟如此不尊重事实,利季娅想道,不尊重文学史,如此蔑视记忆,蔑视文件!不是只批评一个故事,而是丘科夫斯基没有一个故事不遭受查禁的。“只是一个故事!”“批评批评而已!”听着伪善的嘈杂声,利季娅回想起克鲁普斯卡娅(列宁夫人)评判《鳄鱼》杂志的文章,斯维尔德洛娃(全俄中央执行委员会主席斯维尔德洛夫夫人)《略谈丘科大斯基习气》的文章。“我们应对丘科夫斯基和他的团体开火,”斯维尔德洛娃写道,同时嘲笑民族——人民是诗歌的源泉……回想起家长会议的决议——这可不是普通的爸爸妈妈,而是会聚在克里姆林宫托儿所里的爸爸妈妈:“我们号召与丘科夫斯基习气斗争”……这种号召必然有人响应。这些回忆在利季娅脑子里闪过,错过了反击的机会。)

巴尔托:我不明白,您完全不允许个人有保留自己看法的权利。我赞成看法自由。我的想法与肖斯塔科维奇和艾特马托夫一样,而您则像索尔仁尼琴和萨哈罗夫。一想到亲切教导我们向上的科尔涅伊·丘科夫斯基的形象会蒙上您的阴影,我的心情就非常沉重。

利季娅：我可以想象，儿童文学部的其他委员想到这一点也会心情沉重。您的“看法自由”是一字不差抄来的。

出版社社长：这里发生了骇人听闻的事。她是抱着敌意到这里来的。巴尔托如此苦口婆心地劝告她，可她妄图把反苏言论强加给我们。我们激动是因为她触动了我们最神圣的东西，可她仿佛在演戏。反苏主义在我们时代是全世界反动势力的旗帜，可这一刻有人却以反苏分子的身份发言！

利季娅：我早就想弄明白“苏联的”和“反苏的”的概念。这两个概念不断变化。比如，很早很早以前，打秘密报告认为是“苏联的”，可不久前，反过来了，那些因告密而被投入地狱的人放出来，并且安排了工作。认为这是“苏联的”。

“苏联的”和“反苏的”变幻无常，概念混乱。就连您，列修切夫斯基同志，可以称之为大专家的人，也会混淆概念。比如，一九六二年您所领导的出版社接受我的小说《索菲娅·彼得罗夫娜》，讲述的是一九三七年；那时你们出版社认为小说绝对是“苏联的”，它揭发了个人迷信；几个月后上面下令减弱、缩小对个人迷信的揭发，我的小说被否定了，并马上发现其中的“思想差错”。小说已经不完全是“苏联的”了……在我个人档案里，同样的一篇小说，你们先接受后否定的小说，在国外出版后，变成“反苏的”了。所以，就连您这位界定反苏言论的行家里手，也有弄错的时候。犯错误不应由您负责，而是概念本身的伸缩性，谁也追赶不上。

出版社社长（飞快地）：您的小说出版社从未接受过。您签订了百分之二十五的稿约合同。

（流传这样一种观点：真理能解除武装。看来并不如此。恬不知耻的谎言，在有记录可查的情况下，当众撒谎倒解除了利季娅的武装，使她丧失了说话能力。她随身带着出版合同，掌握揭穿谎言的全部材料，可却软弱无力地回答：“您怎么这么不知羞耻”和“有文件在”。她失去声音，这不是反驳，只是含混不清的喃喃自语……利季娅感兴趣的倒是多年后，如果列修切夫斯基看到这几行字，他会采取什么措施呢？从出版社找出当年的档案，把肯定的评语付之一炬？命令法院销毁审讯记录？把那时所有编辑的熟人的熟人通通赶出自己领导的出版社？把所有参加法庭审讯的人全部毒死？宣布法庭的判决是反苏言行？什么都可以预料，就是没预料到，列修切夫斯基读了这几行字后，公开宣称：是的，一九六二年作家出版社接受了丘科夫斯卡娅的小说《索菲娅·彼得罗夫娜》，同意出版，还为小说配了插图，预付了百分之六十稿酬，作者有权领取百分之百稿酬。后因一九六三年春天，所有出版社都收到减少对斯大林揭发的指令，遂退稿。卑鄙战胜高尚。）

出版社社长：萨哈罗夫和索尔仁尼琴对丘科夫斯卡娅不过是借口。她仇恨苏联人民。苏联人民对她不过是干活的牲口。

（利季娅听见他大声翻书，书页在他手里哗哗响。）

出版社社长:这里写的是什么？我国人民原来受电钮控制:一按电钮,他们便执行命令。政权借助电钮控制人民。摆在我们面前的是露骨的反苏言行,我们必须予以还击……丘科夫斯卡娅文章的结尾号召暴动……她威胁我们:人民将起来造反,把我们彻底消灭。可我们现在讨论……太可怕了。

(利季娅只听见翻书的声音,看不清他的脸,但见他一只手捂在胸口上。)

几个人一齐安慰他的声音:尼古拉·瓦西里耶维奇!你别激动……不值得为她激动……记住:你心脏不好,得过心肌梗塞,要爱惜自己,激动对你有害……又为什么呢?全是不可思议的事……捏造……胡说八道……根本没人造反。

(利季娅衣袋里装满解痉的药,想给社长递过去,但她不敢。)

几个人的声音:尼古拉·瓦西里耶维奇!好朋友!别激动!你想想,亲爱的,我们可是胜利者的国家!我们拿下柏林!可你伤心难过。值得这样难过吗?大家已经很清楚,她的反苏立场昭然若揭。不仅是她,还有人同情她。我们对同情者也不放过。

利季娅:尼古拉·瓦西里耶维奇,用不着难过,我的文章里没有任何地方号召造反。我的文章不是号召造反,而是号召停止向读者提供恶意编造出来的虚假新闻:尤里·费奥多罗维奇(会议主持人),请您读完我文章的结尾。那里没有任何造反的号召,谈的是我竭力反对的东西。

主持人读利季娅文章最后的一段,但略去了结尾的一句话。

而你们,科热夫尼科夫以及那些按电钮的人,故意遮盖我们伟大祖国大地所诞生的天才智慧的光芒;你们在优秀的头脑和普通人之间构筑了一道钢筋水泥墙;你们想使历史倒退;你们别有用心地按动电钮,激起'人民的愤怒'的狂涛,不许任何人出声——你们要当心,地下不要迸发出真正的愤怒,愤怒会像火山岩一样,不仅淹没了丑陋的钢筋水泥墙,还有——没有什么能化解愤怒,没有任何崇高与和解的思想,比萨哈罗夫的思想能够平息愤怒了。愤怒将毫无选择地把一切人,有罪的和正义的,通通淹没在血泊中。

利季娅(喊道):您没念完!把结尾念出来。

主持人:"我想要这种结果吗?不。我不愿意任何人得到这样的结果。"最后的一句话,什么也不能改变。

利季娅:我的文章是对暴力的警告!前面的一切都是为了最后一句话!别再撒谎了!撒谎会让你们遭殃的!

会议主席让利季娅发言。

利季娅:几分钟后你们会一致把我开除出作协。于是我从作协会员转为被开除的作协会员。这令人痛心,因为作协里有很多有才华的和诚实的人。如果想想当年被开除的人当中有左琴科和阿赫玛托娃,有被开除后去世的帕斯捷尔纳克,有不久前被开除的索尔仁尼琴、加利奇和马克西莫夫,我感到自豪。我不敢同阿赫玛托娃或索尔仁尼琴那样的巨人相比,但感到骄傲的是你们用对待他们的手段对待我……你们用把我从作协开除的办法判决我不存在。我已经不存在了，没有我了。但我是否存在？在你们采取这类措施的时候，永远忘记，你们掌握的只是现在和部分过去。还有一个管辖过去和将来的机构：文学史。请回想一下：你们的前辈多年迫害布尔加科夫，几十年不出他的书，现在你们又向全世界炫耀他……不能这样领导话语，即便长了一双非常有力的长手。话语在我国处于真正绝望的处境；如果一个人说的不符合当局的看法，就宣布他是反苏分子；如果国外有人批评我国某些不良现象，就宣布他干预我国内政。你们就是这样领导的。可话语是灵魂中最珍贵的东西，不能领导。话语可以吸引人、治愈人、使人幸福、揭露丑恶、令人不安，但不能领导。领导只能妨碍话语，阻挠话语，为话语筑造堤坝：取消列入出版计划的选题，图书馆的书下架，拆版，不出版，把一九七四年的计划推迟到一九七六年，把纸张据为己有或大量印刷向青年灌输教条的东西。这就是你们的领导。托尔斯泰说过："话语是灵魂中最珍贵的东西。它独自创造世界。"就连你们也无力阻挠……我们国家和每个人都应以萨哈罗夫为骄傲。他第一个谈到拯救人类不靠战争，而靠各民族的团结；第一个把对全球的关怀同对每个人命运的关怀结合起来。每个人的命运对萨哈罗夫来说都是亲人的命运。现在被称为"为缓和国际紧张形势而斗争"的提法是萨哈罗夫的思想，从中读出一句悲凉的话：为每个人而斗争。

（这时响起一片歇斯底里的喊叫声，利季娅手里的稿纸落在地板上。利季娅弯腰捡稿纸，眼镜又掉下来。她抱着捡起来的稿纸，已经不能分辨页码。一片可怕的吼叫声，利季娅精疲力竭，发言的时间已过。）

我可以愉快地向你们预言，在我们共同的首都莫斯科，必将出现以索尔仁尼琴命名的广场和以萨哈罗夫命名的街道。

雅科夫列夫笑着说：还有以马克西莫夫命名的胡同。

利季娅：还有以雅科夫列夫命名的死胡同。

理事会一致通过开除利季娅作协会籍。利季娅因反对铲除记忆被作协开除了。十五年后，一九八九年二月正式通知利季娅：俄罗斯联邦作协莫斯科作协理事会一致通过撤销一九七四年一月九日开除利季娅会籍决议的决议。利季娅又成为作协会员。利季娅没有变，时代变了，形势变了。

利季娅以独特的视角记述了她与帕斯捷尔纳克、阿赫玛托娃、茨韦塔耶娃、索尔仁尼琴、萨哈罗夫以及其他作家的交往。很多事都是我们过去不知道的，读起来津津有味。由于年老体衰，我与振亚兄只选择了回忆录中的一部分。读者如有兴趣，只能去看二〇〇七年俄国出版的利季娅·丘科夫斯卡娅的五卷集了。

（本文是作者为即将出版的《利季娅作品选》一书所写前言）

三十四封书信背后的故事

◎陈　虹

"插友"兼同窗王栋生兄将三十四封泛黄的书信交还给了我——这是父亲陈白尘于"文革"期间亲笔写给他的。据说当年一共有四十三封，且每每于信末注有"阅后付丙"的字样。但栋生兄基本不遵"指令"，他说："我实在不愿把这些如春风风我、夏雨雨我的信扔进火堆，我宁愿费点心机谨慎地把它们保存下来。"

查父亲的日记，一九七三年四月七日写道：

虹信中附来知青王栋生提出的关于历史分期的几个问题，要我解答。王，初中毕业，也在（江苏）丹阳插队，与虹偶遇于某处，谈吐不俗，故相识。他牢骚满腹，对现状极为不满，对某些"历史学家"尤为深恶痛绝。自认为是"垮了的一代"，其实是不甘堕落而苦无出路的青年典型。

于是乎，他们二人就这样相识了；又于是乎，他们开始了长达两年多时间的通信——从一九七三年的四月十一日起，一直到一九七六年初栋生兄招工回到南京止。如今王栋生早已是全国知名的特级教师兼著作颇丰的杂文作家了，别名"吴非"。但他却反复说："今生今世，什么力量也不可能从我的脑海中抠去那段刻骨铭心的记忆，因为我的青年时代，曾经有过这样一盏灯。"

然而，我的兴趣却更多地转移到了这

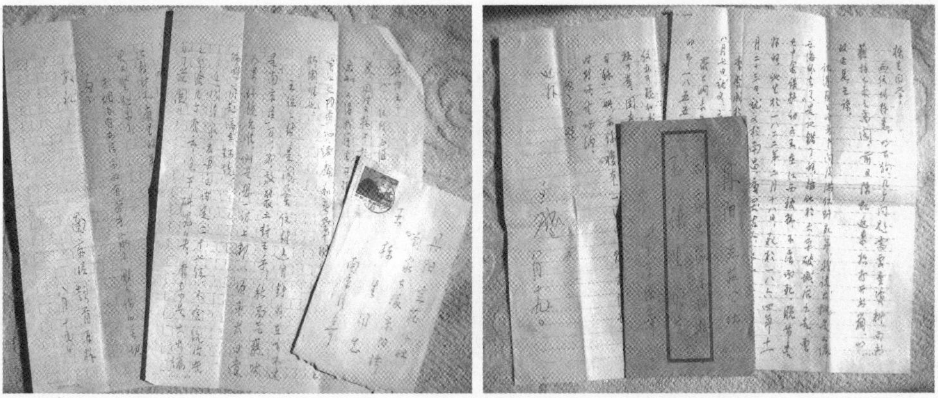

陈白尘给王栋生所写的信

三十四封书信的背后——固然它们点点滴滴记载下了父亲对当年知青们的关爱，但同时也清晰地记录下了他自己在那段特殊年代中的心路历程。有人曾经将“文革”后期的这段日子称作是“历史的门槛”：向前一步便是希望和光明，但这一步却偏偏迈得那样艰涩与踟蹰。

我问过栋生兄，是否注意到父亲在每封信后的签名。他笑了，掰着手指一一数了起来。我说，这正是我要研究的，也正是我想写出来的——他的思索，他的性格，乃至他心底的秘密，统统隐藏在了这些变幻无穷的署名背后。

陈白尘——白尘——尘

“文革”结束后，父亲写过一个剧本《阿Q正传》，他说他始终都像小学生“描红”一样，严格地遵循着鲁迅原著的精神，唯有在阿Q的名字上稍稍地“描”出了一点“边”——倒霉时大家叫他“阿Q”；发财后众人改称“老Q”；等他参加了革命党，一群趋炎附势者们又尊其为“Q老”……这是父亲的幽默，更是“文革”的现实——当年他的名字就是这样被不断地变化着，因此署名问题绝非“小事一桩”，那是要反映“阶级立场”的！

为此，父亲给栋生兄写的第一封信，落款处便是“连名带姓”——“陈白尘上”。是那样的“公事公办”，那样的刻板严肃——

栋生同学：

你给陈虹的信和提的问题都看到了。首先要说明：我没有研究过历史学，只是好读读史料，而且是近代史的，所以对你提的问题我是不甚了了的；为了解答，我才又翻了翻范（文澜）的《中国通史简编》和郭（沫若）的刊在《红旗》上的论文以及其他资料。可是读后也没什么收获。现在只好随便谈些不成为意见的意见，你不要失望……

对于一名晚辈，为何要这样的拘谨？这便不能不提到当年的特殊背景了——父亲是于一九七三年二月二十四日才获得专案组的批准，从位于湖北咸宁的文化部“五七干校”回到南京治病的。从表面上看有似“赋闲”，但实则仍为“待罪之身”——不仅结论遥遥无期，而且随时都有可能被重新召回到荒湖野滩继续改造。至于南京的家，父亲形容道：“四周布满了狼一般的眼睛，有如天罗地网似的将我罩在其中。”为此他深居简出，不与外界有任何的接触。那么，这时的他又为何要与一位素昧平生的青年通起信来呢？原因无他：对方是知青，是跟他女儿一样被送去修地球的知青，是正当读书的年龄却又无书可读的知青！

栋生兄至今记得当时的情景：“……大约过了十来天，收工回来，发现地上有封信，是邮递员从门缝里扔进的。信封是中式的，一看上面遒劲的字和‘南京陈寄’，我心里一阵惊喜：是他！——这是白尘先生给我的第一封信，信上依次解答了我提出的问题，要言不繁，他说自己并非专家，答案只能作参考云云。”

父亲给他的第二封信写于一九七三年的五月二日，内容依然是回答对方所提出的有关太平天国的问题，行文也依然是那样的小心翼翼：

两个问题都勉强答复了，但不能使你满意，因为首先我自己就不满意，但也无可如何了。自己是好读书而不求甚解的，遇到被人“将军”的时候，就露馅了。不过有人不时将将军，倒也是个鞭策的机会，所以也很感谢你！

父亲是从何时起稍稍放松下来——签名时去掉了前边的姓仅剩下“白尘”的呢？查看他的日记，有这样一段话：“收王栋生信，即复。这孩子好读书，每次来信都提出不少问题。”看来，他是渐渐喜欢上了这个“好读书”的小青年了，于是连回信的内容也有了变化，不再是以往的那种“有问必答”了——

你来信中有一句错误的话，就是“国宝”与“垮掉的一代”。我既非宝，你更未垮，历史不是以十年八年或三五十年来计算的。我不过是一个平庸的写匠，你也还是个有为的青年，至今为止，只能作如此评价。过高过低，都不恰当，你也不必矫枉过正，直率之言请你见谅！

这封信写于一九七三年的七月二十七日，父亲之所以“破例”，原因有二：一是因为对方“是个有为的青年”，二是因为他开始为这个自认为是“垮掉的一代”的小伙子而担心了。——在一九七三年九月三日的日记中他写道：“收王栋生信，谈汉主刘聪拒谏故事。这孩子的思想有入邪的可能。”九月五日又写道：“读《纲鉴易知录》，摘录数条，以待复王栋生信，有‘言非其时，皆招祸之道也’语。”

第二天父亲回信了：

你说你近来写过几篇短文，怕有毒，没敢让人尝过，这种心情是可以理解的。我回家养病以来，有时手痒，也想动笔，但思前想后，不著一字，也是怕的“放毒”。汉代管宁对邴原说过：“潜龙以不见成德，言非其时，皆招祸之道也。”我等自非什么潜龙，但为了免于“招祸”，也应当避免“言非其时”才是！……因此我再四思之，觉得你我都应以管宁之言为戒，你的这些短文还是不必问世为妙。这也正是你所说的“居安思危”之意而已，望勿误会。

信中的着重号是父亲自己加上去的，字里行间充满了对年轻人的关心与爱护，同时也隐隐露出了对时局的忧患与不满。——看来他已不再将对方视作“外人”了。

那么，父亲又于何时开始在签名上只落一个“尘”字的呢？——这可不是一般人能够享用的，对方必须是长辈抑或知己，而王栋生却仅仅是他女儿的一个“插友”！原因无须多说，答案全在这封信里，它写于一九七三年的九月十九日：

听说你也遭到“惩罚”，可谓“无独有偶”：陈虹报考中师，中途落选，正自苦闷，你如已去过大山[①]，当会了解其详。但她颇不像你之“壮心未死”，想你会加以劝慰她。王勃所云[②]，适中下怀，我也曾以“老骥伏枥”自况而励陈虹，但不知她能否振作也，故望能有以规之。

……我很欣赏你所说的话：“活着一天，就要像一个真正的人那样活着，而不是‘赖活’”，“只要自己不死，相信能看到想看的东西”。我当以此转告于虹。而且我想，这一天为期也不远了。我过去不同意你用“垮掉的一代”这句话，正是因为尚有许多人在持正不阿(你说是“挣扎”)，而这一代人如果锻炼出来，才真正比那些“走运”的人更坚实，更有力，才是真正的接班人！(但是如果自己先垮掉，那是不足为训的人。)

已经非常明显了，此时的父亲开始将对方视为了知己——他比自己的女儿坚强，他“像一个真正的人那样活着”！

王栋生先生近影

多年后我问过栋生兄：“那天你来大山时，看见我一个人躲树林里嚎啕，为什么不劝阻？”他笑了：“后来你不是也擦干眼泪走出来了吗？……”但我知道：晚了，我毕竟让父亲蒙羞了。

陈征鸿——征鸿——鸿

陈征鸿是父亲的旧名——幼时读私塾时，先生给起的，据说颇有点“鸳鸯蝴蝶派”的味道，竟让他颇得意了好长一段日子。但自从父亲长大后，便很少用这个名字了，唯有家中的亲人及少时的伙伴才这样称呼他。

我真不明白，父亲为什么会对一个晚辈署上自己的旧名，而且更于短短的几个月内一再地“缩写”——由三个字而两个字，而一个字。是为了防止小人偷觑？还是将栋生兄视为了自家之人？我想，答案应该是更接近于后者吧。因为就在这年的年末，他在信中写下了这样的文字：

天寒岁末，茅屋破否？望及时修葺，勿为北风所侵袭也！

栋生兄告诉我，收信的那天恰恰是滴水成冰，他又孤身一人在乡下过年，是父亲的这行字温暖了他的心，让他铭记一生……我无语，身为父亲的亲生女儿，心中好生“嫉妒”。

查父亲的日记，他们二人间距离的拉

近,当是自一九七三年秋栋生兄登门拜访始——这是他们的第一次见面。父亲称:“下午王栋生来,谈吐颇有见地,留饭,续谈至九时后始去。知青中一种典型人物也。”那次会面他们谈了些什么,我不得而知。但栋生兄披露了这样一个细节:“初次见面我很失礼,下了火车就去陈家,我在乡下久了,已忘了城里还有午睡这回事。中午一点敲了门,门开了,披着衣服的白尘先生惊疑地望着我,忽然用手指点点我:‘你终于来了!’然后转身告诉师母:‘是他。’——那一年他六十五岁,我二十三岁。”

不管怎么说,有一点是非常明白的——二人谈得很投机,而且栋生兄还提出要拜父亲为师,但父亲拒绝了他。这封信就写于他返丹阳后不多久——

手书迟迟未复,原因很多……最难办的,是你信中那句话,要作“学生”云云。说老实话,论年龄,论某一方面的专长来说,自居“师长”也未为不可。但“人之患在好为人师”,我还不想有此一患。这绝不是什么故作谦虚姿态,而是确实心虚。行年六十又五,离不惑之年已四分之一世纪矣,还是惑之又惑,许多大问题并没搞通,这教我何以为人“师”?比如阶级斗争的学说和无产阶级专政的学说,一般说是不惑的了,但在某些具体事实上又搞不通。又如社会主义这一历史阶段如何过渡到共产主义社会的问题,也还有许许多多具体问题在思想上未得解决。如此,又何以为人

1975年在“听梯楼”内

师表?我想,你之所以访求“名师”,其目的当不在问字问句,而是希望对重大问题能有所解答,这我颇感你是“问道于盲”了。你我之所以能谈得来,我想主要是大家都有些牢骚,易于共鸣之故。而在这一点上,我感到惭愧的是,我给予你的消极影响多于积极的影响。就是说,我很少对你提出面对当前现实所应采取的正确态度;而在你目前正处苦闷、彷徨中的时候,这是很重要的。换言之,你现在需要的是一位能对你作人生航向的舵手,而我不是。你(信中)提到的德国某一幽默家的话云云,我是当着笑话讲的③,而你联想到我国的某些人,这就不是舵手的作用,而且起了消极影响了。……这一事情便可证明我之不适于为人师表了。无以,你我作为忘年交可矣!

父亲的态度非常明白,他是怕“误人子弟”;父亲的感情也非常明朗,这便是父执般的关爱。栋生兄后来在文章中这样写道:“当我们还不断地被“文革”的各种花

样经所困扰的时候，他经常冷峻地三言两语就揭示出问题的实质。‘白卷英雄’张铁生出现之后，一些坚持读书的知青更感到前途无望。白尘先生给我写了一封信，一共只有六七十个字，劝我不必生气，末句是‘其实张某一傴傀耳’，我们这才想到这是某些人导演下的一出闹剧。这句话在要好的知青中悄悄地传播，大家一笑了之，尽管做不成大学梦了，但各人继续看自己的书。”

这一老一少为何能成为“忘年交”?而“陈白尘”又为何能变为“陈征鸿”? 无疑，这是因为他们彼此在对方的身上找到了共同的东西——正直、磊落、嫉恶如仇……于是，从此之后的通信便越来越有内容、也越来越精彩了。

他们谈论农村的现状与农民的生活——

中国的民工，不仅东西南北处处皆同，而且古往今来代代如此。足下的工作④，不仅可以回想到隋炀帝的运河，也可以上溯到祖龙的长城，就是这么打打骂骂、偷偷摸摸，看来很不像样子，但许多伟大工程也就在他们手中完成了。

……我想那些打骂以至吃喝嫖赌的行为，除了“传统”之外，最大的原因在于文化落后。特别是在今天，人民没有文化生活——最起码的文化生活，休息之余你要他干什么呢？(我常有一种怪论：农村人口增长率过高，其原因之一便是生活水平过低，没有文化生活，除了抱着老婆睡觉，还有什么可称之为幸福的东西？在高度文明的近现代国家，哪有像我们人口过剩的？)因此，对于农工们的如此种种，也就不能深责了。他们的伟大正在于不知什么叫苦，而不叫苦则在于穷。我现在无法断定的是：如果他们不穷了，是否还肯如此之苦？如若不然，则我们这伟大的民族出路何在？是永处贫困之境？还是丢掉这个伟大的光荣？愈想愈茫茫然起来。

他们还谈论目前的时局与全国的形势——

所谓“永不录用”者，是唬人之词而已，许多蟹公尚难“永”存，况小小鱼虾乎？日来省中情况大佳，揭发林贼死党的斗争盖子已揭开了，许多蟹公已作寒蛩泣矣！……未来局面自难逆料，但“前途是光明的”，总还是大势所趋。“走投无路”者当非青年之辈，而是该死的大小林贼之类。

……柳著(《柳文旨要》)中叛将之说，至今还是适用的。其实凡是搞篡夺阴谋者，十九都是此辈，唐代藩镇以至北洋军阀，都深娴此技，至今未见改辙也。几年来此辈所作所为令人发指，单只“小五子”一个问题⑤，全省几十万人遭受迫害摧残，其酷刑虽周兴、来兴臣辈亦自叹不如，遑论其它！无怪乎足下有“论甚么清白”之叹也⑥。

父亲甚至大胆地批评起了“评法批儒”的无耻与荒谬——

有些“贩子”肆意鼓簧，丑诋前贤，令人齿冷！但贩子终为贩子，奈历史何？……至于捧秦，则是矫枉过正所必然，但有些贩子又从而“加码”为可恨耳！“城中好高髻，四方高一尺”，自古已然。

……昨日有本小册子介绍太平天国，说失败的教训仅仅二点：韦昌辉的内讧与石达开的分裂。有人议论说，洪秀全脱离群众也应是个原因，立刻遭人反驳，说是对农民革命的侮蔑。又闻，有人议及秦始皇他妈与嫪毒的丑史，也遭反对，真是碰不得他妈的了！可怜可叹！

父亲终于开口骂人了，终于“肆无忌惮”起来了！——在“忘年交”的面前，他再也不需要遮掩、不需要顾忌了……

尉庸文——庸文（荣文）

谈到这一签名，则是需要解释一番的了。

那是一九七四年的五月一日，父亲究竟是出于什么原因而“突发奇想”，已经无从考证了，但他在信纸末尾落下的就是“尉庸文”三个字。似乎是怕对方不明其意，他又加了一个注：

署名了无深意，因思及迅翁曾有“隋洛文”的笔名，故效颦耳。

隋者，堕也。这在古代汉语中是相通的。鲁迅之所以起了这么一个笔名，那是在暗隐当年的他竟然成了被政府通缉的“堕落文人”。那么，父亲的寓意又在哪里呢？从读音上看，尉又可以读作 yù，而“尉庸文”岂不成了“御用文人”乎？写了一辈子喜剧的父亲，难以改变他那幽默而又辛辣的风格，这不，又不知他是在调侃何人了！

其实，这一“笔名”的出现，更可清晰地折射出父亲此时的心情——他又开始说笑了，又开始恢复了“难移”的“本性”。原因何在？时局与形势出现了重大的变化。

一则，他可以不去干校了，终于解脱了牛棚的监禁与劳改的折磨。他在信中欣喜地告诉自己的“小友”：

我们干校来信，说如要继续治病，可请医生开一证明来，看来是允许长期在宁逍遥的了。昨日已弄到一纸证明寄去，七十四年内是可以“平安无事”矣！用以告慰。

二则，对于运动的发展及国家的前途，他是越看越清楚了。于是他同样告知自己的“小友”：

无肠公子们时而作寒蟹泣，时而又作横行状，尚难即作定论。盖中央对他们的态度暧昧，不知究竟是“欲擒故纵”，还是“尾大不掉”，不敢下手，因而一时又趋沉闷。……所以我等小民固然要慢慢看，可代价也是不轻的。

“小友”毕竟年少，在来信中探询起了父亲今后的打算，并盼望他能继续“挥毫”。一开始父亲是矢口否认的——

至于"挥毫"云云，足下亦未免过于乐观。"庆父不死，鲁难未已。"驸马辈一日在朝，我等焉有分"毫"之想，而况"挥"乎？即使敢"挥"，不仅难入时人之眼，而且有犯回潮之嫌也！……我也只想找个山明水秀的去处，盖上茅屋数间，以终天年而已，岂望他哉？

他还说——

我为自己算过命，恐怕出山归隐两不成。听说如今干部又有一种安置办法，即仿部队的，叫做离职休养，简称"离休"者，将来就是我的前途了。作为一个作家，本无所谓出山与否，即使隐居，也同样可以执笔。问题在于，即使出山，又能写出什么东西？"冷眼观螃蟹，挥毫为人民。"确是佳句，但二者的统一是比较困难的。"为人民"为不好，又将被视为"反人民"了。所以返宁一年，除整理日记外，不著一字也。

但是仅仅才过了几个月，"不著一字"的父亲竟然也"效颦"起鲁迅的笔名来。看来他心中的坚冰在开始融化，一种欲望也在悄然而生。

一九七四年的七月二十六日，他在日记中这样写道：

读《史记·老子韩非列传》。韩非作《说难》，而终以说客身份遭难，是一个悲剧人物。李斯卖友，是个小人，但如今论者却作为小节原谅了。凡是扯得上法家的，都鸡犬升天。吕后残暴，也因属于法家而被恢复名誉。但在这些历史人物的尸体下面，却隐藏着多少杀机！今之"淮阴侯"虽无造反之意，恐亦有未央宫之祸也！

局势的险恶，使他不敢再"归隐"了，一周之后父亲给王栋生写了一封信：

我近来并未更加颓唐，只是谣言孔多，令人心烦。明知造谣者的用心所在，但无从揭发为恨耳。法家的追封日多，目的还在于透出今日的"儒家"来，这倒是要拭目以待的。

人们都说，喜剧作家是站在时代的顶峰，居高临下地俯视人间万物的，因此他们不仅能看到走在历史末路上的小丑，而且更能看到地平线上的曙光。我想，这也正是处在黎明前最黑暗的日子里的父亲为什么又恢复了他那乐天的本性并为自己取下了这么一个"奇怪"的笔名的原因吧，因为他要"拭目以待"，并且有点"蠢蠢欲动"了。

——这是他一九七四年六月二十一日的日记：

返宁一年多，对社会现象了解不少，忧心忡忡，每感无从申诉，也就不去考虑向党中央反映了。但自批林批孔运动以来，党政军各方面暴露的问题尤盛，有所怀疑，有所忧虑，每每感情冲动，想向毛主席上书，但一想到自己如今的处境又颓然了。可是我毕竟还是一名共产党员，心所谓危，焉能默然？应该对若干现象作深入了解，细致分析，以等待时机，作如实的、恳切的反映才是。……从此是作一个安分守己、只图个人安危、过着退休“养老”生活的废物呢，还是作个（西汉时期）折槛的朱云式的人物呢？我感到惭愧。

1973年，陈白尘全家终于团聚。

南京臣——老臣
陈白坚——白坚氏——小土氏

父亲的“蠢蠢欲动”一开始并未“动”在写作上，而仍然是“动”在了签名上。——从一九七四年的夏天开始，他便在给“小友”王栋生的信中不断地变换着自己的签名，其幽默与诙谐着实令人喷饭。

先以“南京臣”来说吧，它的由头倒是来自栋生兄。

此兄与我同在丹阳插队，但不在一个公社。他落户的镇子叫豆庄，村子名东阳桥。为此，他与一侯姓同学便不无戏谑地在信封的下款分别署上了“丹阳王”和“东阳侯”。最初父亲没能明白其中的“噱头”，曾去信提醒以防“万一”——“以后赐示，信封上乞注详细地址。此乃陈虹告我的方法，非仅怕无法投递时可退还原处也。”但很快他便琢磨出了对方的寓意，于是在紧接着的第二封信中也同样谐谑了起来——不仅直呼对方为“丹阳王”，而且落款处竟是“南京臣顿首再拜”。栋生兄知道玩笑开大了，赶快来信纠正，不料父亲的回信更幽默：

……“王”位之封，是阁下（在信封上）自封的，在下不过是“南京臣”耳，哪敢裂土封王乎？

可能是栋生兄因“知错”而“收敛”了一些，再次来信时改称为“豆庄王”了。哪知父亲“不依不饶”，竟得寸进尺般地开起了玩笑：

在下称臣于南京，原系事实，与丹阳之王可谓风马牛，阁下何必惶惶自贬？其实豆庄之大小不下万户，即使称王于此也还是个王的，辞也辞不掉，何况《百家姓》尚未批判，想废姓也还不成。

就这样，在以后一段时间的通信中，父亲不仅在信封上直接署作“南京臣寄”，而且还时不时地以“老臣”自称。

一九七四年的这段日子里，父亲与栋生兄又先后见过两次面，彼此间的关系也到了无话不谈的地步。据栋生兄告知，他们有时候竟能聊到“忘乎所以”——“和善的师母颇为不安，不断地暗示我们'隔墙有耳'。"他还说，他本人的抽烟本领也是在我家练出来的——"白尘先生的烟瘾很大，一天要抽五十支，一只大海螺充当烟缸。我们对坐，后来竟也可以连抽十多支了。"

也就是在那年的秋天，栋生兄当面问过父亲："依您的估计，这场运动还得多少年才能收场？"父亲没有回答，而是让对方先说。"丹阳王"想了想："怎么也得七八年吧。""南京臣"却摆了摆手："不用，五年足矣！"……事隔多年，每当忆起这段往事，栋生兄总是慨叹不已："还是白尘先生估计得准！——虽说一九七六年'文革'基本收场，但真正令他愉快的日子的确是在一九七九年以后才到来的⑦。"

由此可见，自一九七四年起父亲的心情是在逐渐"由阴转晴"——先是邓小平出山，主持了中央日常工作，致使瘫痪多年的各条战线都获得了全面的整顿与初步的改观；后是江苏省清查了吴大胜在深挖"五一六"运动中的罪行，并将所有参加"三支两军"的人员撤离地方，回到原来的部队。这一切都令父亲看到了一线希望，他的笑声因此而多起来，他甚至还准备同"丹阳王"一起，合写一部《新解颐录》。

这不，只要翻阅一下父亲在这段时间给王栋生写的信，其签名实可谓稀奇又古怪：除了"南京臣"和"老臣"外，还有"小土氏"、"白坚氏"、"陈白坚" 等等。——前者，比较好解释，他是将自己名字中的"尘"字拆开，上为"小"，下为"土"，玩了个文字游戏。至于后者，则要作一番"注释"了——他在信中告诉栋生兄：

"坚"是邮务员如此叫的，而且是应写作"尖"字的，太不雅了。

这个故事，我们全家人都知道：当年邮递员送信，都是在大门外高呼收信人姓名的。但由于寄信者草书，陈白尘的"尘"字下面一横每每写不直，于是多被误作了"尖"字；而收信人呢，则是有苦难言，又不能不起身应答。然而没有想到，这一笑话竟然也被父亲用作了"典"。一谈起它，栋生兄便捧腹不已。

在这些笑声的背后，父亲究竟在想些什么呢？抑或说，是什么原因让他如此地"返老还童"起来了呢？——在一九七四年十一月二十四日的日记中，他这样写道：

终日碌碌，殊无聊。因念长此以往实非计。年来感触至多，笔杆蠢然欲动，此后能有一个到两个个人五年计划，是可以写下一二部东西来的。

陈"员外"——员外郎

父亲从何时起又自称为"员外"了？那是一九七五年的春天，他的命运终于有了转折——这有日记为证：

一九七五，三，二：上午省干校赵万福同志来访，说其干校已把原五、六连的和安置组的人重新编组，成立四个片，即四个支部。城北片下设三个组，大庆路一带为一个组。赵说，他是代表组长来通知我的，明日起即参加他这一小组的学习，每周一、三、五共三次。回到南京已两年多了，省干校终于接收我参加学习。虽迟，但总算有个着落。

这样的好消息，父亲当然不会忘记通知“丹阳王”——

最近我荣幸地被通知参加在南京的原省干校人员的分片学习，我因提出将组织关系调回江苏的要求，报告转省委去了，不知下文如何。这也算是对我落实政策的先声吧。

也就是在这封信的末尾，他署上了这样四个字——“陈‘员外’上”。是啊，不叫“员外”又叫什么呢？除了“学习”，没有任何的职务。

但就连这样的学习，没过多久也变味了。他在日记中写道：“小组学习已经成了漫谈会，从组长起都是牢骚满腹，语中带刺。闻其他小组更差，连学习活动都坚持不下去了。不能具体落实政策，光是空对空地学习，是难以为继的。”

然而，坏事往往能变成好事，困境往往能变成契机。一九七五年的六月一日，身为“员外郎”的父亲终于开始动笔了——他在日记中写道：“从今天起，我要开始新的创作——酝酿已久的那部笔记体的作品。”

陈白尘 1978 年受聘于南京大学

何为“酝酿已久”？无疑，应该是从“尉庸文”时期就开始了。他给自己的这部新著起名为《听梯楼笔记》，又何为“听梯”呢？其中的含义他在给“丹阳王”的信中透露出来了——

听到一些传闻，中央似在加紧落实干部政策。但这种楼梯的响声已听惯了，只怕有朝一日狼真个来了，也不相信了。此之谓麻木不仁。

《听梯楼笔记》自一九七五年六月一日动笔，至该年的年底杀青。他在《后记》的结尾处这样落笔：

一九七五年十二月二十七日，记于南京玄武湖畔、高云岭下、听梯楼之南窗前。时天寒岁暮，树林凋零，阴云沉沉，似有雪意，而庭中月季新芽待发，距立春不过一月矣！

栋生兄交还给我这批信件时，只有三十四封，比他说的四十三封要少掉了九封。我估计缺失者主要在这一阶段——因为中央专案组来南京向父亲出示结论是在七月十八日，他被戴上了帽子，开除了党籍，留给他的，只剩一个“公民权”。为此，父亲不得不停止写作，不住地向上申诉，他不服，要求重新审查，重作结论。事后我问过栋生兄，他回答我，这一阶段父亲并未停止与他通信，而且也告诉了他这一令人痛苦不堪的消息，但是我却始终没有见到这些宝贵的资料。

不过我绝对相信，这些信件的内容不会是沮丧，而是向“丹阳王”报告自己的写作进程。因为仅仅才停顿了一个月，他又重新拿起笔来。——这是他的日记：

一九七五，八，二十八：《听梯楼笔记》的写作被打断了一个月，今日续作一短篇《丹阳王》[8]，得二千余字。内容主要为王栋生所供，记下又一“新生”的地头蛇！

一九七五，九，二十三：完成《工农兵大学生一样板》，约四千字。有多少东西要写，却觉时间精力都不够了。一个作家的悲剧大都如此：等到他真正想写些对人类有益的作品时，或者由于衰老，或者由于环境，竟迫使他无法完成了！

笔记者，纪实也。这部《听梯楼笔记》的内容，也完全是纪实——纪“文化大革命”之实，纪大革文化命之实。他将自己从各种渠道听来的消息一一记录下来，目的只有一个：“我只想作个自封的稗官，记下这些‘闾巷风俗’，有朝一日我们敬爱的周总理离开了病榻，我将捧出这部书稿，作为芹献。”

的确，是写作帮助父亲度过了精神上最为痛苦的一段时光。他在日记中写道：“自动笔写这部笔记起，每日似有所为而生活了，心境略感安定。”又说：“只有在写作中才感到生活着。”

“文革”结束后，我将这部写在四孔活页纸上的书稿递给栋生兄看，并感谢他在来信及数次与父亲的会面中提供了众多的“素材”。栋生兄一个劲地摆手：“这怎么可能？”我找出了父亲的几段日记，读给他听——

一九七四，二，十四：王栋生由丹阳来，送稿至《新华日报》。为报导亦要开后门，送烟酒，岂有此理！

一九七四，十一，四：王栋生来，谈到某校暑后来了一位工农兵大学生，从校长起即不欢迎，教员对之更是冷漠而残酷，以其是两年前开后门进的大学，闻之可笑可叹。

一九七五，二，九：王栋生来，谈他从六合上长途车时某一解放军多占座位拒不让孕妇就坐而引起公愤事，令人浩叹。二十几年来培养成的对解放军的敬爱风气逐步消失了！

……

栋生兄笑了，说是有这些事。他回忆起那些天里他们老少二人如何促膝长谈，又如何“粪土”宵小。气愤时父亲用烟嘴狠敲桌子，大笑时又屡屡被香烟呛得咳嗽不已……

一九七五年终于过去了，《听梯楼笔记》也完稿了，而江苏的知青们更是在省委书记彭冲的指示下，一批批地调了回来。于是父亲在给栋生兄的最后一封信中写下了这样一句话：

希望一九七六年是你们知青的翻身年。

是的，再接下来的日子便一天比一天有希望了——一九七六年初，我与栋生兄先后回到南京；次年冬，又一同考进大学；再过一年，父亲也不再是“员外”了，他被南京大学的校长匡亚明请去当了中文系的主任。

——恶运终于结束了，三十四封书信背后的故事也到此而画上句号。

---

① 大山是我当年插队的地方。

② 当指《滕王阁序》中句：“老当益壮，宁知白首之心？穷且益坚，不坠青云之志。”

③ 据栋生兄文章描述：“陈公抽完一支烟，话题又转了：‘我给你说个笑话：三十年代的德国人，据说一共只有三种属性——聪明、勇敢、国社党，但是每个人却又只具备其中的两种……’于是相与抚掌大笑，小人的骚扰便灰飞烟灭。”

④ 此时王栋生正在水利工地上劳动。

⑤ 南京人对“五一六分子”的昵称。

⑥ 此指王栋生来信中所抄示的明代冯惟敏写的《徐我亭归田套数》：“几曾见持廉守法躲了冤业？都只是爱国忧民成了祸胎！论甚么清白！”

⑦ 父亲真正平反是在一九七九年。

⑧ 发表时易名为《百里侯》。

补白

“我是吴宓教授！”

“文革”中批林批孔运动刚起，吴宓因宣称“宁可杀头，也不批孔”被戴上“现行反革命”的帽子。“文革”结束后，极左思潮尚未肃清，吴宓被遣返回老家陕西泾阳，住在妹妹家里。当时他已双目失明，加上腿伤，步履维艰，不胜痛楚。可当他听说县里外语师资缺乏，有些中学未能开设外语课时，竟然主动提出要去学校代教外语课。但终因病情日笃，心有余而力不足。一九七八年，吴宓病情严重、卧床不起，甚至神志不清，弥留之际只是渴了就喊、饿了就叫：“给我水喝，我是吴宓教授！我要吃饭，我是吴宓教授！”满怀锦绣文章的骇俗学人，就这样黯然陨落。

冯雪峰在一九五七年

◎吴中杰

冯雪峰的失落，是从一九五四年的《文艺报》事件开始的，一九五五年“反胡风斗争”中又受到株连，不过总算没有被打成这个“反革命小集团”的成员，但是，他终于躲不过一九五七年“反右派运动”的灾难。

冯雪峰先生(1903~1976)

其实，冯雪峰没有参加鸣放。他虽然被革去了《文艺报》主编之职，但还是人民文学出版社社长兼总编辑。作为一个单位之长，就不是他向别人提意见，而是要动员别人向他自己提意见。却不料他的动员报告、私下谈话，甚至一些饭桌上开玩笑的话，如“洪水冲到了大门口”、“有冤报冤，有仇报仇”等，都被当作右派言论，抓了出来。

不过冯雪峰之被打成右派分子，其实并非因为这几句“言论”，而是与胡风之成为“反革命分子”一样，也是因为他“可恶”。正如鲁迅在《可恶罪》中所说：“先因为被人认为‘可恶’，这才终于犯了罪。”

中国作家协会以党组扩大会议的方式来进行“反右派斗争”，是从批判“丁玲、陈企霞反党集团”开始的。但这个会议，原来是准备为一九五四年所定的丁、陈“反党集团”平反的。据说，改正结论都写好了，周扬也已在丁玲面前表示歉意。但在宣读平反结论之前，

“反右运动”开始了。周扬得知风向要转，马上就变了脸，从七月二十九日第四次会议开始，将平反会改为批判会，再次批判“丁玲、陈企霞反党集团”，并从丁、陈集团突破，牵扯出很多人。在七月三十日的会议上，就扯上了冯雪峰。接着，就将他作为重点批判对象。

要找到冯雪峰与丁玲的联系，当然并不难。二十世纪三十年代在上海时，冯雪峰与丁玲就有很深的友谊，丁玲在囚禁地出走，还是冯雪峰派人把她护送到陕北的；冯雪峰担任《文艺报》主编，就是接任丁玲的职务。其实，即使没有这些关系，只要觉得他“可恶”，也还是可以把他放进这个“集团”里去的。或者说，即使不把他与丁、陈集团联系起来，也还是可以另列项目来进行批判的。

周扬在他的总结发言中，指摘别人“纠缠于个人得失，个人恩怨”，其实这正是他的“夫子自道”。他与冯雪峰在文艺路线上的矛盾，从上世纪三十年代开始，一直沿续至今。在上世纪三十年代，冯雪峰在鲁迅的旗帜下提出新口号，周扬虽然愤恨，也加以攻击，但毕竟奈何他不得；现在鲁迅已故，冯雪峰又失却了毛泽东的信任，他正好可以借此时机加以整肃。但要把冯雪峰这种资历(长征干部)、这样级别(副部级，与周扬一样)的干部打成右派分子，却也不是周扬可以说了算的。这里面当然有毛泽东的意思。这只要看看周扬那篇以丁玲、冯雪峰为重点批判对象的《文艺战线上的一场大辩论》，是由毛泽东审阅、修改定稿的，就可以明白。

要不要批，定不定性，固然需要毛泽东的批准，但批判什么和怎样批判，毛泽东也不可能管得那么细。有人热衷于冯雪峰的现行言论，但周扬对此兴趣不大；有些人想把他打成叛党分子，周扬自然知道这是不能落实的。他所最感兴趣的，还是上世纪三十年代问题。因为这是他自己的一块心病。周扬要想成为中国左翼文艺运动的正确路线代表，最大的问题就是上世纪三十年代两个口号论争中与鲁迅闹对立。一九六六年初，在“文化大革命”即将开始之时，他曾经对人说：我身上有两个癌症，一个是肺癌，一个是“三十年代”！可见他对这个问题的严重性，是心知肚明的。但当时他的对手是鲁迅，而鲁迅又被毛泽东抬得这样高，不好直接去否定他，于是只好从鲁迅两个学生身上打主意。一九五五年批判胡风时，就曾指摘胡风在鲁迅面前挑拨离间，造成恶果，但这还不能彻底解决问题。因为鲁迅那篇批判“四条汉子”、使得周扬十分难堪的文章，不是由胡风，而是由冯雪峰起草的。所以必须另找由头来翻这个案。现在有了批判冯雪峰的机会，正好用来篡改这段历史。

所以就出现了这样一个奇怪的现象：批判别的“右派”，都重在现行言论，而批判冯雪峰，则集中在二十年前的历史旧账上。

二十世纪三十年代两个口号论争的问题，五十年代的青年作家已经不大知道了，就是那些当年不在上海的老作家，也有许多人不知其详，所以蒙骗是容易的。但需要有一个重点发言，来阐述有利于周扬的观点。于是他选中了夏衍。夏衍是周扬当年的亲密战友，也是被鲁迅斥为“四条汉子”中的一个，本来肚子里就装着一股怨气，当然愿意发言。但周扬还是召开了一个小会，为他定好调子。据参加这次会议的邵荃麟在“文革”中交代：在冯雪峰初步作检查的前后，“周扬召集了一次小会，有林默涵、刘白羽等参加。周扬提出揭发冯雪峰历史上的叛党等问题不是主要的，‘主要关键在一九三六年上海那一段，要有个有力的发言。’他提出要夏衍来讲。夏衍发言之前，又开过一次小会，讨论夏衍发言。为夏衍发言定了基调。当周扬讲到鲁迅答徐懋庸信时，周肯定地说：‘这封信的原稿就是冯雪峰的笔迹，鲁迅只改了四个字。’”这样，就有了夏衍在八月十四日第十七次会议上的“爆炸性发言”。但是，夏衍的发言起到了爆炸性的效果之后，周扬却对冯雪峰说：“今天会场的激动情况，我也没有预料到。……夏衍的发言，事先没有商量。他昨天电话上是告诉过我的，要提出一九三六年上海的问题以及你脱离组织回家乡的事情，我同意他提。”真是虚伪透顶，撒谎也不脸红。

夏衍这个“重要发言”，没有收入《夏衍全集》，但在当时却有着很大的影响，中国作协曾以文件的形式印发到各省市的分会。在这个发言里，夏衍对冯雪峰提出了六条指控，听起来振振有词，哀而动人，其实都是仗着政治优势，在剥夺了被指控者的发言权、剥夺了与会者知情权的条件下，用虚假的材料构筑起来的，经不起分析。

比如，他在第一条指控中说：

一九三六年雪峰同志从瓦窑堡到上海，据我们所知，中央是要他来和周扬同志和我接上关系的。雪峰到了上海不找我们，先找了鲁迅先生，这一点，按当时的情况完全是应该的，可是这之后，你一直不找渴望着和中央接上关系的党组织，而去找了胡风，不听一听周扬同志和其他党员同志的意见，就授意胡风提出了“民族革命战争的大众文学”这个口号，引起了所谓两个口号的论争，这是什么原故？……事实上，我们知道雪峰到了上海，还是从救国会的非党同志那里知道的。雪峰同志可以找胡风、甚至可以找章乃器，为什么不找我们。我们在上海的工作有错误，犯过左倾关门主义和宗派主义的错误，但是无论如何，我们是忠实地奉行着党的政策。……为什么你要违反党的指示而撇开我们呢？算我们是一支暂时失却了联系的游击队吧，中央要你来整理，领导这支游击队，你可审查我们，整顿我们，但你不能完全撇开我们而直接去找正在反对我们、破坏我们的胡风及其党羽。退一步说，你听了胡风的话，也该找我们来对证一下吧，你硬是撇开了我们，不是帮助我们，而是孤立我们，不，实际上决不止于孤立了我们，而是陷害了我们。章乃器等本来是向我们联系的，见了你之后，他向外公开说，我已经和“陕北来人”接上了关系，今后你们不要来找我，“陕北来人”说，上海没有共产党组织。我还听人说，这位“陕北来人”，曾告诉原来由我们领导的外围人士说，周扬、沈端先等假如来找你，“轻则不理，重则扭送捕房”。还有，已经过世了的钱亦石同志曾告诉过周扬同志，雪峰在外面说，夏衍是蓝衣社，周扬是法西斯，这不是陷害，还是什么？这一切，今天在北京的章汉夫同志、王学文同志、邓洁同志都可以证明。

其实，这条指控，从前提到论证都是虚假的。前提是：一九三六年冯雪峰从瓦窑堡到上海的任务是什么？夏衍说：“据我们所知，中央是要他来和周扬同志和我接上关系的。”但当时中共中央派冯雪峰到上海从事地下工作，是绝密的，当事人除了受派者冯雪峰之外，只有委派者张闻天、毛泽东、周恩来三个人知道，冯雪峰到上海后的工作情况也是直接发电向他们汇报的。夏衍和他所说的“我们”，是怎样知道冯雪峰到上海的工作任务的？有没有向上述三人求证？有没有向冯雪峰本人核实过？这一切，夏衍都没有说明，或者说不敢有所说明。因为实际情况全不是那么回事，夏衍是把他或“他们”任意伪造的东西，当作事实来进行指控了。前提一错，当然全盘皆错。

据冯雪峰在《有关一九三六年周扬等人的行动以及鲁迅提出“民族革命战争的大众文学”口号的经过》中说，一九三六年四月二十日左右，党中央从瓦窑堡派他到上海，给的是四项任务，前三项是：建立电台、与各界救亡运动的领袖取得联系、了解和寻找上海的地下党组织，第四项才是“对文艺界工作也附带管一管”。而且，张闻天还说，正因为他与鲁迅等熟悉，才派他到上海去的，叫他到上海后“务必先找鲁迅、茅盾等，了解一些情况后，再找党员和地下组织”。看来，当时中共中央某些明智的领导人，在这个危难时刻，对鲁迅、茅盾等党外人士的信任，远超过对一些党员的信任，不像夏衍那样，始终将“党内”“党外”的区别挂在心头。所以说，冯雪峰到上海后，先找鲁迅，再通过鲁迅来找茅盾，是根据中央的指示办事；在鲁迅家住下后，先忙着建立电台和找沈钧儒、章乃器等救国会领袖，也是根据中央的指示办事，何错之有？就是到前面两项任务有了着落，而开始了解和寻找的上海地下党组织，也不必从周扬、夏衍开始，因为你们是文化界的党组织，只是地下党的一部分，即使你们的工作有了很大的发展，也不是地下党中最主要的部分，冯雪峰只需“附带管一管”，当然应该放在后面处理。何况实际上冯雪峰早已派人去向他们传达过中央精神，而当他安排好主要任务之后去找夏衍和周扬时，夏衍是采取不合作态度，周扬则干脆拒不见面。这些，倒是夏衍所知的第一手材料，但他在发言中毫不提及。至于本来与你们联系的“章乃器等”，既然已经与中共中央代表联系上了，不再与你们联系，也是顺理成章之事，如果夏衍等人是从党的工作出发，而不是从营造自己的势力范围出发，对此应该高兴才是，为什么还耿耿于怀呢？至于“夏衍是蓝衣社”等诬陷之词，冯雪峰已向周扬说明并无其事，周扬当然也不会在批判大会上解释，以免冲淡斗争气氛也。

其中所说到的冯雪峰与胡风的关系问题，则在第二条中还有专门的揭发与批判。第二条说：

胡风亲自说过，当时雪峰同志介绍和批准了胡风入党，而且还把他引进了党的工作委员会。当然，你这样做是不让我们知道的。胡风就是仗着你的全力支持，挂上了共产党的招牌，才能恣肆地进行了分裂左翼文化运动的罪恶活动。当时围绕在胡风周围的是些什么人呢？不仅有刘雪苇、彭柏山、萧军，而且还有孟十还、黎烈文等等。雪峰同志，这一段时期你和胡风是怎样一种关系？这笔旧账你向党交代了没有？

在这里，夏衍提出了一连串的问题，咄咄逼人，但却禁不起反问。胡风上世纪三十年代在上海时，不但是左联的理论家，而且还为中共中央特科工作，为什么就不能发展他入党呢？发展他入党，为什么要让你们知道呢？特别是在当时地下工作的情况下，有许多党员是单线联系，连主管部门的书记和组织委员都不知道，你们又是何种角色，什么事情都要向你们汇报呢？左翼文化运动分裂的主要原因，是你们这种霸道作风，还是胡风的行为？彭柏山原是红军干部，刘雪苇是革命的青年作家，他们后来都成了共产党的高级干部；萧军是鲁迅培养起来的青年作家，是鲁迅追随者；黎烈文是鲁迅因投稿关系而熟悉的朋友，他原为《申报》副刊《自由谈》的编辑，因多发表鲁迅等人的锐利时评而被迫辞职，鲁迅怕他因此消沉，请他一起编《译文》杂志；而孟十还，则只是《译文》杂志的一个投稿者，发表的译稿多了，也就与鲁迅周围的人熟悉起来，这又有什么好奇怪的呢？但在夏衍发言的当时，胡风已成为钦定的“反革命小集团”的总头目，刘雪苇和彭柏山都成为胡风反革命小集团的成员，而萧军则早已被打成反党分子，黎烈文去了台湾，也就等于是阶级敌人了，孟十还后来投靠了国民党，更加是坏人。正是借助于这种政治形势，夏衍才能提出气势汹汹的质问。胡风案件一平反，夏衍的质问就显得十足荒谬了。其实，即使在当时，胡风的被定罪，也只是建国以后的事情，并没有说他在建国以前就是反革命，更不涉及上世纪三十年代。因此，从历史的观点看，上世纪三十年代发展他入党或重用他，并不是什么问题。变节的党员不是多得很吗？——当然，这也都是现在的话，当时如果谁敢这样据理加以剖析，谁就是为“反革命”辩护，弄不好他自己也会被打成反革命分子。此类例子也多得很。

接着，夏衍又在第三、四、五条里，提出了要追查冯雪峰在“八一三”之后“离开了党的生活”的原因、后来被捕关在上饶集中营里的表现和到重庆后由姚蓬子和韩侍桁出面担保之事，意在要审查冯雪峰的历史，想把冯雪峰打成叛党变质分子。其实前两件事党内都有审查结论，为什么不先看党内结论，就提出这样的问题来蛊惑人心呢？而后一点，则是党内领导故意叫他去找姚蓬子、韩侍桁这些投向国民党的人，以增加保护色。夏衍自己也是长期做地下工作的，难道连这些都不知道？

但其实，这些都还只是一种过渡，最要紧的是第六条。这一条，讲得最长，主题是要追查冯雪峰的"一条线"。先是要追查他与胡风、雪苇、柏山的关系，接着就追查到鲁迅头上来了，这才是真正的目的：——

讲到彭柏山，我不能不想起二十年前的一桩公案。我们几个人被诬陷了二十年，今天要在这里讲一讲。

直到今年八月为止，我们一直以为《答徐懋庸并关于抗日统一战线》这篇文章是鲁迅先生的手笔，现在雪峰承认了这篇文章是他起草的。请在座的同志们重新读一遍这篇文章。别的问题这里不谈，我只谈其中有关所谓"内奸"问题的一段。雪峰同志是一贯主张真实性和艺术的真实的，但是他起草的这一篇文章，不论描写的细节和内容，都是不真实的。

真实的情况是这样：

有一次，周扬、田汉、阳翰笙和我四个人——这就是那篇文章中所说的"从汽车中跳出来的四条汉子"——为了左联的工作去找鲁迅先生。在内山书店老板的客厅中见了面，起先谈得很融洽，鲁迅先生还给左联筹了款，后来谈到胡风问题，田汉同志因为胡风在国民党办的"中山文化教育馆"工作，对他表示有一点怀疑，鲁迅先生听了很不高兴。接着我们把话岔开了。当天没有谈到"一个青年被指为内奸"的事。这个青年是什么人，就是彭柏山。事实是一九三四年底或在一九三五年初，彭柏山被捕。不久，彭柏山的爱人静子叛变了，带了包打听捉人，再不久，彭柏山也变节了，党组织知道了以后，就决定通知和彭柏山有关系的同志，不要和彭柏山接触，我奉命去通知和彭柏山最亲密的周文——即何谷天同志，周文同志不相信，说不应该怀疑好人，于是我告诉他，这是组织上的决定，你假如不听，将来发生任何后果要你自己负责。同时我说，你假如再和彭柏山来往，党不能不考虑和你暂时切断关系。在当时，一九三四、三五年是上海白色恐怖最严重，党领导机关破坏最频繁的年代，我直到今天还相信，我们这样做是完全正确的，必要的。周文同志把夸大和歪曲的事实告诉了胡风，胡风再夸大歪曲了一下告诉鲁迅先生。雪峰同志，这就是答徐懋庸信中所说的一个青年被诬陷为"内奸"的事实真相。二十年后，在前年反胡风斗争中党审查彭柏山历史的时候，从发现的档案证明，柏山和静子的叛变是事实，这件事，彭柏山已经承认而做了结论了。由此可以证明我们没有诬陷"一个青年"，而雪峰同志却诬陷了我们达二十年之久。

请同志们想想，雪峰同志用鲁迅先生

的名义，写下这一篇与事实不符的文章，听胡风一面之言，根本不找我们查对。缺席判决，使我们处于无法解释的境地，而成为中国新文艺运动史中的一个定案，究竟是什么居心？造成的是什么后果？这究竟是谁的宗派？

在那一段时期，我们工作中犯过不少错误，在党和鲁迅先生的关系上，错误也不少。但是，我们对鲁迅先生的尊敬，对他在革命文化运动中所起的作用，和一心一意希望和鲁迅先生搞好关系这一点，是此心耿耿，没有一点虚假的。这里造成我们和鲁迅先生隔阂的，除出我们的错误以外，也还有别的因素，其一是我们队伍里也还有一些不识大体，作风不正派的人，如徐懋庸(当时他不是党员)等，以左的面貌，给鲁迅先生写了那封极其不好的信，使鲁迅先生认为这是我们的意见，更重要的是有一批今天已经证明是坏人的人，如胡风、萧军、黎烈文、孟十还……等，在鲁迅先生周围进行了长期的对党的领导和党员作家的挑拨、造谣和诬蔑。正在这个关键性的时刻，雪峰同志奉党的命令到上海来了，从常识来讲，雪峰同志的任务应该从大局着想，从革命事业的利益着想，来解消隔阂，来巩固团结的吧，可是雪峰同志反其道而行之，不仅不努力去消除这种隔阂，反而用一切不应有的，可以说是极其阴毒的手段，加深了这种隔阂，甚至有意地挑起了两个口号的论争，实际上是分裂了党领导的整个文艺事业。今天，雪峰又参加了丁陈反党集团的分裂作家协会的阴谋，事实上，他在二十年前、在最困难的日子里，已经有过一次更毒辣的分裂活动了。

夏衍对冯雪峰强调真实性是抱着嘲讽态度的，他声称自己所说的才是“真实的情况”。那么我们不妨看看，他这一大段话的真实性到底如何？

首先，他要翻《答徐懋庸并关于抗日统一战线问题》的案，但这篇文章的作者，即事情的责任人，就定错了，并不是他自诩的什么“真实的情况”。诚然，此文是冯雪峰起草的，但经过鲁迅自己修改，并添写了四页，才定稿的，而关于“四条汉子”问题，却正是鲁迅自己所写。当时，鲁迅手稿尚未影印出版，别人或许不知情，但周扬是知道的。因为在此前不到一年的时间，即一九五六年九月，北京鲁迅博物馆即将开馆展出时，在陈列品中就有这篇文章的手稿，正是周扬，在审查陈列时下令将此稿撤掉。可见这份手稿他是看见过的，而他在组织批斗冯雪峰的筹备会上，却说这篇文章鲁迅只改了四个字。从法律上讲，这是提供伪证。而在夏衍发言后的几天，周扬又从鲁迅博物馆调阅了这份手稿，但并未对夏衍的发言作出更正，或由夏衍自行更正。即使周扬没有告诉夏衍真实的情况，夏衍本人在发言之前，也应作些调查研究，先将证据落实，然后才能兴师问罪——不是说“没有调查研究，就没有发言权”吗？当然，若真个把“真实的情况”调查清楚，说了出来，那就不好兴师问罪了，因为要把矛头直接指向鲁迅，在当时尚有诸多不便之处。只有这样以批冯雪峰之名而行否定鲁迅文章之实，达到为自己翻案的目的，才最为相宜。而且，正因为众人尚不知情，才易于蒙骗也。当时众人被蒙骗的情况，我们可以从一位参与决策者的话中看出。这位参与决策者在一九八六年三月举行的冯雪峰逝世十周年学术讨论会上说，他在“文革”期间从红卫兵小报中看到了周建人说及这篇文章是鲁迅躺在病床上化了几天时间写的，使他很震动，后来向周建人求证后，他才认识到一九五七年对冯雪峰是“搞错了，心里很难过”。参与决策者尚且如此，何况其他与会者！

其次，彭柏山的冤案已经平反，胡风的冤案也已平反，这两个人“内奸”的罪名都不能成立。这说明鲁迅反对轻易指人为“内奸”的看法是对的，而周扬、夏衍随便指人为“内奸”的行为是错误的。鲁迅的这篇文章也没有什么与事实不符之处，夏衍的一切指责都落空了。

再则，夏衍口口声声说对鲁迅如何尊敬，但实际行动却远非如此。历史上的问题暂且不说，单就这个发言来看，在死无对证的情况下，借批冯雪峰的名义来指责鲁迅的正确看法，就毫无尊敬可言，而是它的反面。当年造成周扬、夏衍们与鲁迅隔阂的原因，不是他人的挑拨，而正是他们自己的行为。

当然，这都是现在的话，在当时，人们没有看过这篇文章的手稿，而胡风、彭柏山等人也还戴着帽子，所以夏衍的发言才起了“爆炸性”的效果。即使有人心有怀疑，也不敢说出口来，否则，本身也会成为右派。就是最知情的冯雪峰本人，他也没有申辩的权利，倘要申辩，那就是态度恶劣，罪加一等。他也曾试图作些辩解，但是马上被哄下台来。于是他只好什么都承认下来，企求宽大处理。这也就是长期以来权力者喜欢用批判会的形式来定人以罪，而不肯经过法庭辩论之后来判决的原因。如果允许辩论，需要出示证据，然后依法来定案，那么，这种骗人的技俩也就难以得逞了，而批判者本人，倒要落得个诬告罪和作伪证罪。

但在当时，还是有人发出不协调之声的。这就是鲁迅夫人许广平，她当场站出来为鲁迅辩护。

许广平原先为了紧跟“党的领导”，表现自己参加反右斗争的积极性，在夏衍发言的中途，曾起来插话，怒斥冯雪峰是个“大骗子”，指责他欺骗了鲁迅。这当然大大地增加了夏衍发言的爆炸性效果，而把冯雪峰批得晕头转向。但听着听着，她终于听出内中的名堂来了：夏衍是借着批冯雪峰来批鲁迅。于是，她也来了个借批冯雪峰来为鲁迅辩护的发言。她说：“找了一个死无对证，死了二十多年的人，今天把一切不符合事实的情况，完全安到鲁迅的头上。”“有一天鲁迅写了一封信给胡风，我就说：周起应和胡风不对，是他们的事，与你有什么相干？鲁迅跳起来说：‘你知道什么，他们是对我！’”“关于两个口号论争的文章，你（按：指冯雪峰）说是你写的，这篇文章，我已送到鲁迅博物馆，同志们可以找来看看……两个口号的文章是你写的，但是鲁迅亲笔改的，在原稿上还有鲁迅亲笔改的字。你真是了不起！这要是鲁迅不革命、鲁迅不同意——鲁迅不同意怎么发表了！？发表以后鲁迅没有声明这篇文章是雪峰写的，不是我写的？”只是，等到发言稿印出来时，这段不利于周扬、夏衍的言辞，就被删去了，下发的只是前面那段附和夏衍、斥责冯雪峰的发言。所以现在有些论者就据此来指责许广平是个投石下井之人。看来，要了解历史的真实面貌，实在并不容易。因为事实是可以为权力者所阉割的，不但当时的人要受制于他们，而且后人也难免要被他们牵着鼻子走。平心而论，许广平虽然有她自身的弱点，但在当时，能够作出这样的发言，实属不易。

不过，许广平的发言并没有影响会议的气氛，更不可能改变会议的进程。周扬等人早已布置好了许多积极分子来响应夏衍的发言：邵荃麟、何其芳、陈荒煤、周立波、郭小川……连周扬本人也站起来插话。周扬说：《答徐懋庸》文中“轻易诬陷别人为‘内奸’，为‘反革命’，为‘托派’，以至于‘汉奸’者……老实说，我甚至怀疑过他们是否系敌人所派遣”的一段话，底稿上留有冯雪峰的笔迹（按：事实上，这段是鲁迅自己所加），这不是对他们的“政治陷害”又是什么？又说，左翼内部争论公开发表，这也等于“公开向敌人告密”。——这是倒打一耙。邵荃麟则说：二十年来的现代中国文学史，必须重新写过了。——真是深谋远虑呀！

邵荃麟是中国作协的党组书记，又是冯雪峰曾经信赖的老朋友，冯雪峰实在想不通了，就找邵荃麟谈，而周扬也利用这一点，要邵荃麟去做冯雪峰的思想工作。邵荃麟曾反复暗示，只要冯雪峰能够按周扬的口径承认错误，“为了党的利益”牺牲自我，他就可望保留党籍。冯雪峰是具有三十年党龄的中共党员，为共产党的事业出生入死，把党籍看得比生命还重。在“党籍”与“事实”两相权衡之下，他放弃了事实，而希望能保住党籍，就把一切都承认下来。但对手不是君子，根本不想兑现承诺。在冯雪峰按照周扬的口径承认错误之后，周扬们就在一九五七年八月二十七日的《人民日报》第一版上，以通栏的醒目标题发表了长篇报导：《丁陈集团参加者　胡风思想同路人　冯雪峰是文艺界反党分子》。冯雪峰被定为“右派骨干分子”。

不是说我们的办案原则是严禁逼、供、信，重证据而不轻信口供吗？那么，证据何在呢？办案人员有没有去查看一下鲁迅文章的原稿，有没有去核实一下夏衍和其他人所揭发的材料的真实性呢？看来并没有这样做。他们根据伪造和歪曲的材料，定案了。

但在定案结论宣布之前，周扬还要完成一件重要的翻案工作。这就是《答徐懋庸并关于抗日统一战线问题》一文的处理问题。如果这篇文章不推倒，那么即使冯雪峰被打倒了，人们也还是会以这篇文章来论定周扬们的过去，而加以鄙视，这对他们要树立一贯正确的形象，以左翼文艺正确路线的代表自居，是十分不利的。但要将这篇文章抽掉，也是不行的，因为此文众所周知，抽掉反而会欲盖弥彰，于是只能从注释上做手脚。注释本《鲁迅全集》在一九五六年鲁迅逝世二十周年时已经开始出书，好在还没有出到收有此文的第六卷。最好当然仍由代鲁迅起草本文的冯雪峰来起草注释文字。在反右运动之前，新版《鲁迅全集》的注释和出版工作，原是由冯雪峰主持的，此时则已被停止工作。但邵荃麟找到他，晓以利害，他也只好按照周扬们的意思来起草了一条注释，最后当然要由“领导”上来修改定稿。

于是，这一版《鲁迅全集》中，《答徐懋庸并关于抗日统一战线问题》的题注，就按周扬的调子定下来了。全文如下：

本篇最初发表于一九三六年八月《作家》月刊第一卷第五期。

中国共产党于一九三五年八月一日发表宣言，向国民党政府、全国各党各派和各界人民提出了停止内战、一致抗日的主张，到该年十二月更进一步决定了建立抗日民族统一战线的政策，得到全国人民的拥护，促进了当时的抗日高潮。在文艺界，宣传和结成广泛的抗日民族统一战线，也成为那时最中心的问题；当时在中国共产党领导下的革命文学界，于一九三六年春间即自动解散“左联”，筹备成立“文艺家协会”，对于文学创作问题则有关于“国防文学”和“民族革命战争的大众文学”两个口号的论争。鲁迅在本文以及他在六月间发表的《答托洛茨基派的信》和《论现在我们的文学运动》中，表示了他对抗日民族统一战线政策和当时文学运动的态度和意见。

徐懋庸给鲁迅写那封信，完全是他个人的错误行动，当时处于地下状态的中国共产党在上海文化界的组织事前并不知道。鲁迅当时在病中，他的答复是冯雪峰执笔拟稿的，他在这篇文章中对于当时领导“左联”工作的一些党员作家采取了宗派主义的态度，做了一些不符合事实的指责。由于当时环境关系，鲁迅在定稿时不可能对那些事实进行调查和对证。

这样，周扬等人的错误全被抹去，错的是冯雪峰和鲁迅。是鲁迅在定稿时没有对事实进行调查和对证，因而对周扬、夏衍等人做了不符合事实的指责，采取了宗派主义的态度。批判别人、给别人定罪时，从不核实材料的人，在这里，却要求别人要对事实进行调查和对证了，这实在是非常有趣的事。

但是，还有许多指斥周扬等人为“工头”、“元帅”等等的书信，怎么办呢？好在一九三八年版《鲁迅全集》没有收书信，一九四六年出版的《鲁迅书简》流行不广。他们在这一版的《鲁迅全集》中，就大量删削书信。以致最后两本书信卷（包括《两地书》在内），就特别薄，所收书信，比许广平在一九四六年编辑出版的《鲁迅书简》还要少得多。第九卷前面加了一个《说明》:“我们这次印行的《书信》,系将一九四六年排印本所收八百五十五封和到现在为止继续征集到的三百一十封，加以挑选，即择取较有意义的,一般来往信件都不编入,计共收三百三十四封。”于是,许多指斥周扬等人的信件,都以较无意义的“一般来往信件”为由,而不编入了。

在完成上述工作之后,冯雪峰已经没有利用价值了,他的政治结论可以宣布了。

一九五八年三月二十一日,文化部整风领导小组办公室下达了一个对冯雪峰的“组织处理结论”。结论云:“右派分子冯雪峰的处分已经中央国家机关机关党委批准：撤销人民文学出版社社长兼总编辑、作协副主席、全国文学艺术界联合会常务委员、全国人民代表大会代表等职务，保留全国文学艺术界联合会委员、作协理事,由文艺一级降至四级。”

现在稍具法律意识的读者,看到这个“组织处理结论”,一定会十分骇异。作协副主席和文联常务委员，都是作代会、文代会或者作协、文联委员会选举的,你一个文化部整风领导小组有何权力撤消呢?更不可思议的是，全国人民代表大会代表,是选民们选举的,只有该选区的选民才有权力撤消他们选出的代表资格,文化部整风领导小组竟敢撤消全国人民代表大会代表,不是明目张胆的违宪违法行动吗?但是,在当时,似乎并没有人提出质疑,也没有选民提出维权的抗议,而事实上,也就按此执行了。

接着,就开除冯雪峰的党籍。这使冯雪峰万分痛苦，多次在办公室里痛哭流涕,而且想要自杀。他觉得只有一死才能证明自己的清白。只是由于子女尚幼,而妻子又没有工作，缺乏独立生活的条件，这才忍辱活了下来。

补 白

孙冶方谈“现代迷信”

孙冶方在一九七九年二月的理论务虚会上说:有的同志讲,现代迷信是林彪搞起来的,我看是把林彪的身份抬高了。“文化革命”前,我们党内的迷信就盛行了,包括我在内,我对毛主席的信服实际上达到了迷信的程度。追根溯源,现代迷信是斯大林搞起来的,毛主席喜欢它,接过来了。这不是马克思主义的东西。在这个问题上,刘少奇是有份的。(林韦插话:一九五八年刘少奇还讲过,我们就是要迷信,迷信毛主席有什么不好呢?)现代迷信、一言堂都是从斯大林那里来的。现在要纠正过来。毛主席维护斯大林的招牌,怕“丢刀子”,就是维护他自己;维护对斯大林的迷信,就是维护对他自己的迷信。

刘大杰先生(1904~1977)

“世上方知有健儿”

——记刘大杰

◎陈正茂

我辈江山非昔日，
他人楼阁已多时。
英雄自古皆穷士，
君我而今更有谁！

海外飘零总我欺，
城春国破少陵悲。
今当世乱纷争日，
正是男儿破浪时。

草外轻风快马蹄，
金枪独自度东西。
沙场一洒头颅血，
世上方知有健儿。

这三首慷慨激昂热血澎湃之诗，是刘大杰在日本广岛赠与青年党领袖曾琦的，诗歌之悲壮豪情溢于言表。

三十余年前，笔者就读台湾辅仁大学中国文学系时，“中国文学史”为大二、大三必修课程。当时授课老师为林明德教授，指定课本为台大教授叶庆炳的《中国文学史》；必备参考书籍则为刘大杰的《中国文学发展史》(台北华正版)。至于作者刘大杰到底为何方神圣，根本完全不知，老师亦未介绍，猜想可能因为其为大陆学者，在“白色恐怖”残存的年代，教授怕麻烦也就不想多讲了。尔后的学习历程，笔者经由对“少年中国学会”的研究，而进一步带动对青年党的探讨，在二十多年钻研青年党的过程中，终于发现当年不知为谁的刘大杰，居然是隶属于青年党的知名作家，是国家主义派的文艺斗士。

已故青年党文化工作者陈善新(笔名柳浪)，在其主编的《青年生活半月刊》第二卷第三期（1948年2月1日）“文化公园”栏，曾对青年党文艺作家作一“点将录”的回顾。他说：“中国青年党之前期文艺作家，有胡云翼、刘大杰、田汉、唐槐秋、左干臣、袁道丰、何仲愚、宋树人、李辉群、庐隐、徐懋庸、方敬、何其芳、姜华、魏思愆、侯曜、春晖等人。后期文艺作家有张葆恩、左华宇、拾名、陈秋萍、辛郭、徐沁君、许杰、周蜀云、田景风、王秋逸、王维明、王慧章等人”,证明刘大杰确实是青年党员。人世间的事，冥冥中似乎有着一丝浅缘，让笔者不仅忆起往昔,也兴起为文介绍之念,现在就来谈谈刘大杰的生平及其“国家主义文学论”的主张吧。

刘大杰（1904-1977)，笔名修士、湘君,湖南岳阳人,生于一九〇四年。早年毕业于武昌师范大学中文系,与胡云翼为同学并成挚友,两人于一九二五年组“艺林社”于武昌,十一月发行《艺林旬刊》,并刊行短篇小说《黄鹤楼头》,积极提倡新文艺运动。大学毕业后,刘大杰远赴日本早稻田大学深造,研究文学。学成归国后,刘大杰历任江苏无锡中学国文教员、上海大东书局编辑、《现代学生》主编、安徽大学中文系教授、大夏大学及圣约翰大学中文系讲师、厦门大学、四川大学中文系主任、上海临时大学文法科主任等职务。

一九三九年,刘大杰将其在大学讲授之文学史讲义,整理撰写成《中国文学发展史》,上册于一九四一年出版;下册于一九四三年撰毕,迄于一九四九年始付梓面世。一九四一年十二月,日本偷袭珍珠港,太平洋战争爆发,刘大杰因抗日故,一度遭日军拘禁。抗战胜利后,一九四八年刘大杰出任暨南大学中文系教授,后升文学院院长。一九四九年后,刘大杰历任复旦大学中文系教授、文学研究组组长、中文系代理主任。社会职务有中国作协上海分会副主席、中华全国文学艺术界联合会常务委员会委员、中国农工民主党上海市委副主任委员。期间,将其毕生代表作《中国文学发展史》再度增修,分上、中、下三册,于一九五七年及一九六二年两次印行。一九六六年“文革”爆发,刘大杰以过去青年党背景,曾受到严厉批判。一九七三,刘大杰又受命将《中国文学发展史》大加修改。《中国文学发展史》发行三十年来,刘大杰屡屡修补,可见其对该书重视于一斑。

刘大杰除任教职外,亦兼《收获》《文学评论》《上海文学》等刊物杂志编辑委员,也曾任《中国文学批评史》主编。一九五九年春,刘大杰受聘为《辞海》编辑委员会副主编、编辑委员兼分科主编。一九七九年二月,《辞海》正式出版,此时刘大杰辞世已两年,离受邀编写已二十载,可见编订《辞海》工作之艰辛。一九七五年元月,刘大杰任第四届全国人大代表,晚年任复旦大学中文系教授,一九七七年十一月病逝于上海,享年七十四岁。

刘大杰一生著作等身,文艺创作与学术研究均有可观的成绩,创作有:《黄鹤楼头》《支那儿女》《盲诗人》《十年后》《昨日之花》《渺茫的西南风》《她疯了》《故事的坛子》《三儿苦学记》《一个不幸的女子》《白蔷薇》《秋雁集》《寒鸦集》。学术著作和评论集有:《春波楼诗词》《红楼梦思想与人物》《李义山年谱考证》《魏晋人物思想论》《东西文学评论》《易卜生研究》《托尔斯泰研究》《德国文学概论》《德国文学大纲》《德国文学简史》《表现主义文学论》《中国文学发展史》等。翻译有:《三人》《苦恋》《迷途》《白痴》《两朋友》《孩子的心》《雪莱诗选》《狂人与死女》《恋爱病患者》《俄国小说集》《高加索的囚人》《一个无可救药的人》《雪莱的情诗》《野性的呼声》（与张梦麟合译）等。编有：《明人小品集》《山水小品集》和标点《袁中郎全集》。

历来有关介绍刘大杰的资料，莫不说他隶属中国农工民主党，殊不知刘大杰早年与同窗挚友胡云翼均加入过中国青年党，且是宣扬“国家主义文学”的积极旗手。刘大杰早期的作品与国家主义文学观，亦常常披露于青年党的喉舌《醒狮周报》的“文艺特刊”上。该特刊是继承原有的文艺栏，加以扩充篇幅而成，初由黄仲苏主编，内容多为个人的感怀抒情之作。特刊中除灵光、趾青、胡孟平等少数具有发挥该报所鼓吹的国家主义精神作品外，其他作品均与青年党及国家主义无涉。一直到一九二六年五月以后，该特刊由胡云翼与刘大杰两人接手后，内容开始有变。他们主张当时中国的时代环境，需要的是国家主义的文学，即写实的形式，国家主义的内容，从而两人正式竖起国家主义的旗帜来谈文学，同时两人所写的剧本或短论，其国家主义的立场也明显可见。

刘大杰在《醒狮周报》最早的文章为《海角江滨》一文，该文连载于一九二六年六七月的《醒狮周报》第八十七及九十号的“文艺特刊”上。文中叙述其赴日留学的途经之地，从家山的初别谈起，说到江滨寄信予挚友胡云翼，沪上宴会结识欧阳予倩、汇山码头的少女、长崎海岸、广岛湾畔的樱花、比治山中、风雨的横川，最后以写给外祖母的平安家书告结。内容中最精彩的为，刘大杰深有感触，远赴敌国求学的无奈与悲哀，譬如提到广岛的樱花，刘大杰即说：“不要因这里的美丽的樱花，就忘记了祖国。要知道这些铺满了樱花的山野，都是住着侵略祖国的主人。祖国他有美丽的江山，他有清秀的郊野，千万不要因为这里的美丽的樱花，就忘记了疲弱的祖国。”刘大杰深情地说：“月儿渐渐地升高了，海水总是不住的狂鸣。岸上的樱花，一层一层地加厚了。就在这个月夜的樱花海岸，正站着一个怅望祖国天野的青年。”

接着，他提到游比治山看见击沉中国炮艇的铁炮，明治天皇的行宫，感触激动地说：“比治山，雄壮的高峻比治山！你在日本史上，得了无限的光荣，在我们的眼光中，已成了不共戴天的仇敌。”最后，刘大杰有感而发：“唉！今天走到这座山中，正好像是亡了国的高丽人一样。亲爱的祖国的同胞们，你们要走到敌国来，才看得出祖国疲弱的真迹。”

有趣的是，他从鹰野桥坐电车到横川去找好友崔万秋，崔万秋告诉他一些关于人家恋爱的事，岂料刘大杰却正经八百地说到：“我无论如何，不同日本女人恋爱。任我受终身的流离与孤独，也不愿同我仇敌谈爱情。我们现在要看清我们的责任，要认清我们要走的路程。男女的爱情，在现在中国的环境压迫下的青年，还不感着唯一的饥饿，我们这般青年最重要的责任，就要在这个‘四面楚歌’的压迫之下，把祖国救出来。”所谓“匈奴未灭,何以家为”,国仇未报,岂能儿女情长,刘大杰满纸的爱国血忱,正符合彼时“国家主义”的思想,而其好友胡云翼与崔万秋均是国家主义的信仰者,推算其加入青年党的时间,大概也是于此时。

一九二六年七月十八日,刘大杰在《醒狮周报》第九十二号,写了《国家主义文学论》,其首篇阐释国家主义文学之力作。文章开头即痛批:“中国现在的文艺作品,都成了一种脆弱的亡国时代的悲调。可以说希腊灭亡时候的哀音,送到了中国的现在。”其因何故?刘大杰说:“现在中国杂志上面的小说与诗歌,差不多没有一篇是现在中国所需要的作品。”他批评当时的文学界,多是风花雪月无病呻吟之作,不是寄情山水,就是歌咏爱情。殊不知“五卅惨案”的枪声,段祺瑞“三一八惨案”的惨杀学生,但我们的作家却只会每天写点情诗;寄托于爱情,好像文学是要这样才成其为艺术,好像不是描写爱情的小说与诗歌,看了就不感兴趣。

刘大杰以为这种歌情颂爱的作品,不限定是真的艺术。他举托尔斯泰在《艺术论》书中说过:“这样唯以传达淫欲的悲观的情感的作品,认为不是真的艺术。我们对于这样的东西,不但不应该奖励,并且应该驱逐和排斥。”而当时中国的文学界,即如托尔斯泰所说的,“唯以传达淫欲的悲观的情感的作品了”。因此刘大杰认为这样的文艺,这样虚伪的无用的文艺,在现在的中国根本没有存在的必要,是应该要加以驱逐和排斥的。

随后他话锋一转提到“本来谈到文艺,是没有含什么主义的。她是超越阶级,道德和一切的生活的表现。”不过时代和环境又和文学有密切的关系,一个时代,产生一个时代的文学;一个环境,发生一个环境的文艺。某个时代需要某种文艺,假使这种文艺是这个时代迫切需要时,刘大杰以为,我们的文艺作家,将责无旁贷地去努力追求。

刘大杰批判当时国内文坛,一些主张共产主义、和平主义、世界主义的文学思潮,他认为那些都是好高骛远与不切实际的。他沉痛指出,“中国既到了快要灭亡的一点。我们这般研究文学的人,对于国家的兴亡,应该负有相当的责任。……我们应该睁开眼睛,看透中国现代的国情和环境,究竟需要那一种文学。……我在这儿大声疾呼的,斩钉截铁的向着爱国的有为的青年说:现在中国需要的文学,是国家主义的文学。”

他接着勉励中国的青年作家,做诗人要做意大利的热血诗人邓南遮,写小说就要写都德的《最后一课》,这些作品使人读了,会兴起一股悲壮的爱国热情,而那些花儿草儿醉生梦死的恋爱言情作品,都应该烧掉毁掉。他举挪威戏剧家易卜生对祖国改革的雄图,提到“人心的大革命”,就是我们现在努力的“全民革命”,刘大杰强调看了易卜生的话,才知道文学家对于国家的责任是如何的重大了。刘大杰最后讲到他和胡云翼在信中提及,将来中国的文坛，将分为纯文学、社会主义和国家主义三派，但他更坚信国家主义派文学，是中国文学未来主流之大势所趋。

说到国家主义文学的伟大将来，刘大杰认为要我们自己来创造，他信心无比地呼吁："青年们！祖国的嗜好文艺的青年们，我们以后要正式树起国家主义的旗帜来谈文学。我们的主张，是真的有目的的国家主义的文学。这种文学，形式是写实的，内容是国家主义的。那些充满了淫欲的悲观的虚伪的无目的的东西，我们应该排斥和驱逐。"刘大杰以战斗之姿的口吻说："青年们！你们有和我们表同情的，以后我们就互相努力，有反对的，以后同在疆场上相见！"

未几，在《醒狮周报》第一〇二号，刘大杰续写《文学家与国事》，为其《国家主义文学论》一文之补充。在该文中，刘大杰历举世界伟大思想家、大文豪，如英国莎士比亚、意大利邓南遮、德国菲西特与霍卜德曼、西班牙的伊本纳兹等巨子为例，当其祖国有难时，他们是如何的以作品来振奋人心鼓舞士气，激发国人的战斗意志，和欺凌的列强、和腐败的势力抗争周旋到底；有的甚至还亲上战场与敌人拼搏，这种替祖国牺牲一切的精神，比什么都要光荣。

刘大杰回溯中国古来的文学家，大都孤标傲世，不屑与闻国事，啸傲风月，寄情山水，以高洁自我标榜，以隐逸避世为清高。如陶渊明、孟浩然、苏东坡、纳兰性德、曹雪芹等均如是。这样的文学家，都是唯

刘大杰所著《中国文学发展史》

美主义，赏乐主义的代表，其作品自然也完全是唯美、赏乐主义的作品。刘大杰称这些文学家的作品，说不到是人生的艺术，也非有目的之艺术，而是一种无目的的艺术。此无目的之艺术，在中国可谓绵延已久，它们产生了无数作家与作品，但充其量只是一种"贵族的艺术"。

刘大杰说这种"贵族的艺术"放在二十世纪的中国是不行的，在列强侵略下的中国是没有存在的余地。因为中国以前，无论如何并没有动摇国本，但现在的中国可不同了。他说："可爱的祖国，已到了快要灭亡的时机，祖国的同胞，都有做他人奴隶的危险。任你是一个怎样的孤标傲世的文学家，亡国以后，再伟大，也不过是泰戈尔的兄弟了。"所以他期许，现在的文学家，要知道自己对于国家所负的责任，比其他人来得重，因为文学家又比他人，对时代来得更敏感。

刘大杰声嘶力竭地呼吁："亲爱的青年！爱好文艺的青年！快快睁开眼睛，看看中国到了怎样的危急。唐宋元明清，都过去了。中国现在需要的文学家，不是唯美主

义赏乐主义的文学家,需要的作品,也不是那些充满了情欲的无目的的作品。我们不幸生在这个病时的中国,万幸又做了二十世纪的青年。二十世纪中国再造的责任,当然归我们这般青年负担。再造中国的无限的光荣,又何尝不是我们的希望。"

是以刘大杰慷慨激昂地鼓舞青年作家道:"文学家对于国事, 谁说不负责任。一壶酒,一树花,看花饮酒,醉后高眠的时期过去了。现在的中国,到了二十世纪的中国,到了列强侵略的中国。到了快要消沉的中国。听呵!葬钟又在敲了!葬钟又在敲了!勇敢的文士!热血的诗人!起来罢!起来罢!"直把文学家、与知识分子的角色,和风雨飘摇内忧外患的中国当时之处境,作有效及必要的连结,而此一连结之脐带,以刘大杰观之,就是倡导积极爱国的"国家主义文学"。

基本上, 刘大杰之所以参加青年党,以及他炽热的爱国情操,和同时代的闻一多参与"大江会",强调爱国至上的情形相类似。他们除了强烈爱国心外,身处异国遭受轻视的悲愤情结,可能更是主因。闻一多留学美国, 遭受白种人对有色人种的歧视,已难以忍受;何况大杰留学彼时侵略中国最甚的日本, 那种遭贱视的感觉,更是锥心刺骨之痛。在《醒狮周报》第一〇六号的"文艺特刊",他发表一篇名为《寄祖国的青年们》,将此心迹沉痛地表露出来。

他说:"在国内住着,虽处处感着军阀的专横,帝国主义的残暴。但每天所看见的,总还是祖国的碧水青山,总还是祖国的兄弟姊妹。脚一踏到异国的土地,尤其是这个处处遭人白眼的日本,你更要感到你才真是亡了国的旅客。"刘大杰之言,如同闻一多在美国写的家书言:"一个有思想之中国青年,留居美国之滋味,非笔墨所能形容。俟后年年底我归家度岁时,当与家人围炉絮谈,痛哭流涕,以泄余之积愤。"此一辛酸,诚如梁实秋在《谈闻一多》书中所评论的:"一个人或一个国家,在失掉自由的时候才最能知道自由之可贵,在得不到平等待遇的时候才最能体会到平等之重要。年轻的学生到了美国,除了极少数丧心病狂、甘心媚外、数典忘祖的以外,大都怀有强烈的爱国心。"

在敌国的屋檐下,刘大杰深有所感地说:"只要有一点人心, 只要有一点情感,对着黄昏时候的晚霞, 望望故国的烟雾,对着海水波中的明月, 望望祖国的江山,再想想自己在异国所受的人家的白眼,所听的讽刺的笑声,你的火热的泪珠,会暗暗地滴满你的衣袖。"大杰接着以安南的妓女尚且有爱国情操,中国的青年岂可麻木不仁;外国人都热爱自己的国家,中国青年怎能颓靡消沉。意大利的青年运动成功了!土耳其的青年运动成功了!有四千年文化历史的光荣的中国,怎忍坐视中国的消亡呢?所以他以寄给曾琦的一首诗:"今当世乱纷争日,正是男儿破浪时!沙场一洒头颅血,世上方知有健儿!"与所有中国青年互勉,要救中国舍我其谁。

一九二六年五月,适值"五卅惨案"一

周年纪念，刘大杰挚友胡云翼于《醒狮周报》第八十四、八十五号两期，发表对话剧《国事千钧重》，透过剧中杜一萍、董筠秋夫妇的对话，道出中华男儿在面对列强欺凌时，国事千钧重但是勇于承担的革命爱国热诚。云翼的对话剧勾起了刘大杰为文相呼应的动机。其后，他也在《醒狮周报》第一一二期发表《头颅一掷轻》独幕剧以为助阵。在前言中，刘大杰谈到："近来爱情与国事的心情，时时在心中上下。我想现在要是牵着爱人的手，在快要灭亡的中国的江滨散步的时候，未必能够感到真正的爱情的骄傲与光荣。就是做了得了诺贝尔奖金的世界著名的泰戈尔诗人，也不过是一个印度亡国奴的种子。"内容以奉劝青年，宜抛开儿女私情，献身报效国家为主旨；其后在该刊发表的独幕剧《侮辱》，叙述侨民在国外遭受欺凌虐待之事，亦仍延续此种唤醒国人，爱国自强之风格。

当然，刘大杰坚定不移的"国家主义文学论"之主张，也引起一些反对的声浪，同为湖南人，时已在《小说月报》撰稿的黎锦明，即曾为文批评他。但刘大杰不仅不为所动，反而针锋相对地在《醒狮周报》第一一五号，以《浅薄的批评者》予以反击。文中除指责黎氏不明了一件事的究竟，就喜欢提笔来批评人家外，仍不改初衷地为自己"国家主义文学论"之主张作辩护。刘大杰一再强调，"我们对于文学的主张，是不变态的，我们唯一的主张，就是攻击中国现在的充满了淫欲的无目的的文学，我们愿走出象牙之塔，来建设一种有目的的文艺。"职是之故，他还预告其与黄仲苏、胡云翼等志同道合之士，准备于一九二七年二月拟出版《青年文学周报》，由黄仲苏负责编辑，胡云翼总管事务，以积极推动他们"国家主义文学"的理论和主张。

基本上，刘大杰的国家主义文学论，主要见诸其在《醒狮周报》的三篇文章，除上述二文外，一九二七年元月二十二日，刘大杰于《醒狮周报》第一二〇号，刊布其《文学与国家》一文。强调当今世界，舆论的影响力非常之大，因此要让世界了解中国，不是靠政治上的宣传，和武力的压迫可以成功的，而是要靠文学的舆论。他说，文学舆论力量的伟大，真是不可思议，往往一两句诗，或是一篇短篇小说，就可以得知你这个民族的全部。

刘大杰说，或许有人会认为他言过其实，但须知各国的文学作品中，即蕴含各国的民族性。一个伟人或一个他样的人，不能代表他们普遍的民族性，能够把普遍的民族性，暴露在世人眼前的，就是文学。刘大杰以俄日两国为例，提到英法等文明国家，以前对这两个国家的轻蔑，直到后来读了托尔斯泰、陀斯妥耶夫斯基和德富芦花等大文豪的作品，才对俄日两国的民族性，有进一步的了解。

俄日如此，中国又何尝不是，他举中国伟大小说《红楼梦》和诗歌为例，那种只知谈情说爱，宝哥哥林妹妹的内容；那些只会感怀风月，无病呻吟的诗歌，让外国人一看，即知中国是个不求长进，安贫乐道，懦弱脆弱，自甘被奴役的民族。刘大杰忧心地痛陈:“中国现在的文艺的作品,比以前更堕落了。假使有机会让外人来读现今中国的作品,他们一定要惊异中国人情感的无聊,眼泪的滥流了。更进一步,他们一定要说中国人现在的爱情,都是肺病的爱情,中国现在的文学,都是肺病的文学罢。”刘大杰语重心长地期许:“不伟大的民族,本难产出伟大的作品。我希望祖国爱好文艺的青年,要在正路上努力。多自我修养,多读些世界名著,不要再写些充满淫欲毫无目的的作品,因为那不是真正的艺术。伟大的文学,是生命的表现,是国魂的表现,是全民族精神的表现,中国的文艺青年们!可不要将其看得太随便啊!”

平情而论,胡云翼与刘大杰二人所主张的“国家主义文学论”,就文学所扮演的角色言,是有其明显的片面与偏颇之处。但是他们的主张,若由二十世纪二十年代内忧外患,纷至沓来的中国观之,是有其一定的历史背景与时代意义的。我们承认国家主义的文学,是有其狭隘与局限性,但是在列强恣意侵略,军阀丧权辱国,中国将沦为“次殖民地”之际时,彼时的知识分子,都有股强烈的民族主义与国家主义的倾向,其反帝国主义的心态和意志也较为浓厚。

可是当祖国因循不振,政局腐败如故时,其内心之锥心之痛及焦虑之感,使他们想要快速寻求解救中国之道。青年党的“内除国贼,外抗强权”主张,满足了一部分热血青年的诉求,其国家主义,强调爱国至上的理论,更让许多青年奉为信仰。而透过文学的文艺创作,以灌输爱国思想,启发民智,亦为救国的手段之一。基本上,胡、刘二氏的见解,放在此角度上看,就能理解其何以如此主张之缘由了。

补白

空穴来风

人们一说到毫无根据的事时,往往用“空穴来风”这一成语。很多人将此语理解成无根据、无凭证、编造臆测的同义语,因为作者认为,成语说得明白,一个洞穴凭空怎可来风呀?甚至有些辞典也做了类似的错误注释。然而原意恰恰相反,“空穴来风”的准确含义是事出有因。成语源自战国时楚国人宋玉的《风赋》(枳句来巢,空穴来风)。这是宋玉引用他的老师屈原的话:因为枳树弯曲,树枝上常招引鸟儿筑巢;由于有空的洞穴,才引来了风。白居易诗中准确使用过此语:“朽株难免蠹,空穴易来风。”说腐朽的树木难免招来虫子蛀咬,空的洞穴容易引来风吹。按此解释,“空穴”和“来风”是一因一果,若作比喻,应比作说法有根据、有来由。所以,以“空穴来风”比喻不存在和没影儿的事,是不妥当的;若比喻事出有因,确有来头,则比较恰当。

盘　点

◎ 陈四益　文　　黄永厚　图

盘点，《辞海》的解释是指前任清点公家财物移交后任。现在的用途似乎更有扩大，且不管它。公家财物，可以是物质的，也可以是精神的，故而借用此词，粗略“盘点”一下执政党的风纪方面我们有过些什么“财物”。

一

盘点要有个范围。月底，商店门口挂块牌子，说是“月底盘存，停止营业”，那是盘点一月的存货。年终盘点，自然就是一年的时限了。本文的盘点，时间只限于一九七八——一九八二的五年间和一九九二——一九九七年的六年间。因为重要文献已有《三中全会以来》和《十四大以来》编选，有案可稽；内容只限党的风纪，不及其他；取材只择党中央的决定与指示。中央主要领导人的讲话固然重要，许多论述也极精辟，但毕竟以个人名义，或人亦云亡，或久不在位，虽非人走茶凉，究竟不能保证依然有效，故忍痛割舍。还有一些原则性的论述，如反对个人专断、根绝派性、要讲真话、正确对待不同意见、保证党员权利不受侵犯、选举要充分体现选举人意志、不准搞特权等党内政治生活准则，由于没有权威部门的权威性评估，很难盘点其实行效果，所以即便属于党的决定范围，也碍难涉笔，只能就事论事，择其有硬性指标者盘点之。

二

一九八〇年七月三十日，中共中央发布了《关于坚持“少宣传个人”的几个问题的指示》。其中第一条说“从现在起，除非中央有专门决定，一律不得新建关于老一代革命家个人的纪念堂、纪念馆、纪念亭、纪念碑等建筑。正在建设的和虽已建成但尚可改造的，应尽可能改建为其他社会经济文化福利设施。”“至于现尚在世的中央领导同志的故乡、母校和曾经活动的场所，一律不得进行任何形式的纪念布置，已有的布置一律撤销，并须将撤销情况向中央报告。”

三十年过去，这一“指示”未闻撤销，但对个人的宣传有变本加厉之势，新一代领导人的陵墓、碑石、纪念建筑远超前人，越来越宏伟，越来越壮观了。

三

一九八一年五月七日，中共中央发布了《关于各级领导干部要亲自动手起草重要文件，不要一切由秘书代劳的指示》。“指示”称这是进一步改善党的领导制度的重要措施。中央规定“今后，领导者（指各级党委的第一书记、分工负责某一方面工作的书记、国家机关的部长、省长、市长，其他各部门、各单位类推）个人的重要讲话、报告，一律要亲自动手起草。领导机关的重要文件，一律由领导者（或指定一位负责同志，或由若干人合作，一人负主责）亲自动手，亲自指导、主持起草工作。所谓亲自动手，主要是指领导者必须开动脑筋，提出文件的基本思想，包括主要的观点、意见、办法。”不但如此，指示还规定：“在自己主管的会议上的主要发言和会议结论，也都要自己准备。”指示还说，“领导干部的讲话、报告，作为精神产品，应是他们的大脑这个加工厂制作出来的”，“是一种不能假手别人的艰苦的创造性劳动。如果没有这个过程，虽然写出了文件或讲了话，作了报告，但思想、观点和语言都是别人的”。“这实际上是放弃了自己的领导责任”，“是腐朽的官僚主义恶习在我们党的领导工作上的一种反映，是某些同志革命意志衰退、缺乏政治责任心、工作上失职或无能的一种表现。”

这一指示发布至今，也已三十年了，每当看到听到那些了无新意，全无个性，照抄照转的文件、报告时，每当报告人照本宣科、甚至连句读都读不断时，我总怀疑，他们是否知道中央曾经有过这样一份“指示”。

四

一九九三年四月二十七日，中共中央办公厅、国务院办公厅发布了《关于严禁党政机关及其工作人员在公务活动中接受和赠送礼金、有价证券的通知》；一九九五年四月三十日又发布了《关于对党和国家机关工作人员在国内交往中收受礼品实行登记制度的规定》。

前一个《通知》规定：“各级党政机关及其工作人员（包括离休、退休干部和受党政机关委托、聘任从事公务活动的人员），特别是领导机关和领导干部，在公务活动包括礼仪庆典、新闻发布会和经济活动中，不得以任何名义和变相形式接受礼金和有价证券。凡违背规定接受礼金和有价证券者，要坚决追究，根据数额多少和情节轻重，给予党纪、政纪处分。对索要或暗示对方赠送礼金和有价证券的，要从重处分。触犯刑律的，要依法惩处。”

后一个《规定》要求：“党和国家机关工作人员在国内交往中，不得收受可能影响公正执行公务的礼品馈赠，因各种原因未能拒收的礼品，必须登记上交。”

这两项规定，从此后的报道来看，似乎也形同虚设，追究未见“坚决”；处分未见“从重”。不然，每到节后，路边小店“回收”贵重烟酒等礼品的生意怎会那样火爆。现在的礼品烟酒，一条一瓶，都是上千上万了。

行领导干部收入申报。是《规定》不曾实行？是实行流于形式？还是《规定》已经撤销？未见解释，只好存而不论。

五

一九九五年四月三十日，中共中央办公厅和国务院办公厅发布了《关于党政机关县(处)级以上领导干部收入申报的规定》。《规定》要求各党政机关、人大机关、行政机关、政协机关、审判机关的县(处)级领导干部必须申报的收入，包括一、工资；二、各类奖金、津贴、补贴及福利费；三、从事咨询、讲学、写作、审稿、书画等劳务所得；四、事业单位的领导干部、企业单位的负责人承包经营、承租经营所得。如果申报人不申报或者不如实申报收入的，由所在党组织、行政部门或者纪检监察机关责令其申报、改正，并视情节轻重给予批评教育或者党纪政纪处分。

《规定》发布至今已经过去十五年了。不知怎的，报刊上的文章还在不断讨论实行领导干部收入申报。是《规定》不曾实行？是实行流于形式？还是《规定》已经撤销？未见解释，只好存而不论。

六

一九九七年三月二十八日中共中央发布的《中国共产党党员领导干部廉洁从政若干准则(试行)》，是到此时为止内容最为详尽的一个文件了。《准则》开宗明义就说："执政党的党风关系党的生死存亡。""党员领导干部廉洁从政是新时期从严治党、端正党风的重要前提"。

《准则》不仅规定了不准索要管理、服务对象的钱物；不准接受可能影响公务的礼物馈赠和宴请；不准接受礼金和各种有价证券；不准接受下属单位和其他企业、事业单位或者个人赠送的信用卡及其他支付凭证，还规定了不准个人经商、办企业；不准在经济实体中兼职或者兼职取

酬；不准公费出国旅游或者变相出国旅游；不准用公款参与高消费娱乐活动和获取各种形式的俱乐部会员资格；不准为配偶、子女及其他亲友经商、办企业提供便利和优惠条件；省部级以上领导干部的配偶、子女及其配偶，不准在该领导干部管辖的地区及管辖的业务范围个人经商办企业和在外商独资企业任职；以及不准在国内公务活动中接受超过规定标准的接待；不准违规配备、使用小汽车；不准擅自用公款配备、使用通信工具，等等。

如果这些规定都得到了全面、严格的实施，那么，几千亿的公款吃喝，几千亿的公费旅游，几千亿的公车费用，究竟从何而来？而领导干部的配偶、子女及其配偶经商违反此规定的不知凡几，也未闻怎样加以限制。

七

盘点一通，发现“存货”甚多，“销售”不畅。“积压”严重，“流通”受阻。

去年“两会”，有代表、委员提出议案，要求国家制定法规，杜绝所谓“公务用烟”。理由很简单也很直白。因为吸烟只是一种个人嗜好，国家没有理由为公务人员的个人嗜好买单。一切从事公务活动的场所都是公共场所（包括宾馆、餐厅、办公室、会议厅、接待厅、交通工具等等），因而都是禁烟场所，不需要任何“公务用烟”。“公务用烟”这个名目根本不能成立。允许所谓“公务用烟”，就是滥用职权、侵耗国帑。此议案得到有关方面的回复，道是国家已有许多相关规定，无需另行制定。从上面简略盘点来看，已有的规定并未得到认真执行。如果规定是规定，我行我素，那么规定不过是挂在墙上的点缀，不订也罢。如果已有的规定还是想认真贯彻，那么，明确规定了的事项尚且碍难遵守，何况还没有点明的“公务用烟”？怎么可以用一个已有相关规定便一推了之！

八

自从一九八〇年陈云提出“执政党的党风问题是有关党的生死存亡的问题”，迄今已经三十年了。三十年来，党风如何，值得盘点。一九八〇年，胡耀邦看到一份材料，说有一个省，一至九月份请客送礼就花了一千五百万，他说，如果别的省都这样，全国就得三四个亿。有些单位随便可以吃夜餐，每人三角钱，两千万人吃一百天，就是几个亿。他把这些都归入挥霍国家和集体的财产，说——确实丢脸呀！他大概怎么也想不到，三十年后仅公款吃喝早已超过那时千倍。那时，令老一辈忧心忡忡的党风，以今视之，只是风起于青苹之末。

或曰：那时国力有限嘛。但是，国力充裕就是为了供官员挥霍？

黄永厚先生希望埋葬这种无视党的政策与纪律的现象，画了一座政策健忘症者墓。这恐怕是一切厌恶恶劣风气者共同的良好愿望。一个执政党，如果历三十年都不能管好自己的党员，尤其是党员领导干部，那么，恐怕执政党的党风真的已经关系到党的生死存亡了。

"收租院"的前世今生

◎述　弢

曾经风光一时的"收租院"大型泥塑，到改革开放年代备受冷落，甚至遭人唾弃。岂料最近突然火了起来，又是进京展出，又是国外获奖。大牌媒体积极跟进，争相报道。一时沉渣泛起，令人有"今夕何夕"之感。

有人把"收租院"说成是那个时代人们的"集体记忆"，我们就来看看那都是怎样的"集体记忆"吧。

四川古称天府之国，实际上主要指的是成都平原，这里气候温和，物产丰饶。两千多年前李冰父子修建了都江堰水利工程，灌区土地从此自流灌溉，旱涝无虞。

地处都江堰灌区的大邑县有个安仁镇，这里的文彩中学远近闻名。出资办学的人叫刘文彩，乃著名起义将领、原水利部长刘文辉之兄，早已在一九四九年病逝。方圆几十里内，刘文彩是有口皆碑的"刘大善人"。当地有碑文称刘文彩慷慨好义，颇具燕赵豪侠风。晚年，他个人出资二亿五千万(当时折合二百多万美元)兴办了当时全省师资、设备最好的文彩中学，并刻碑明示：学校成立之日起，刘家不再对校产拥有所有权和使用权。一九九二年，中共大邑县县委统计：刘文彩是历史上对大邑县贡献最大的第一人，例如成都至大邑的公路，万成堰水利工程，当地的发电厂和水电厂，均系他出资修建。刘文辉主政的西康省(现为四川省的一部分)，在刘文彩家业发达时曾得到刘文彩大量捐助，那也是西康迄今为止发展最快的时期。

据在刘家当过长工的谷能山说：我在他家吃得很好，三天一个小牙祭(打牙祭就是吃带荤菜的饭)，七天一个大牙祭，肉随便吃。现年七十七岁，共产党员、复员军人唐学成说他家佃了刘文彩十几亩田，有一年天旱收成不好，牛又让土匪抢走了，交不起租子，收租的管事把唐学成的父亲带到安仁镇找刘文彩，父亲向刘文彩下跪说今年牛遭抢了交不起租，刘文彩把人扶起来说不要跪，有事站起来说，今年交不起就算了，明年交明年的。唐学成父亲转

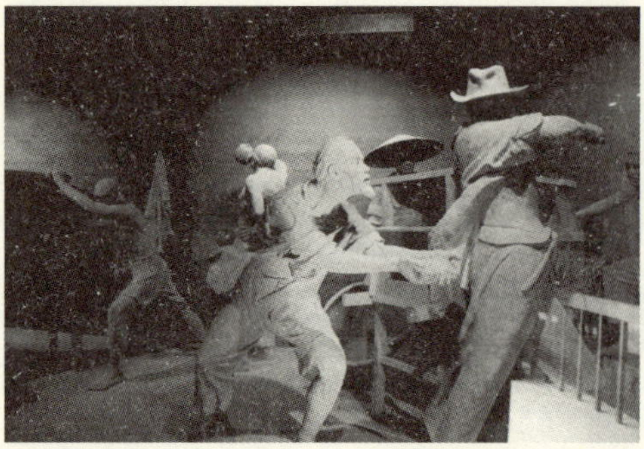

泥塑《收租院》(局部)

泥塑《收租院》(局部)

身走了两步,刘文彩又问:“你遭抢的是啥子牛?”“黄牛。”没想到过两天刘文彩买了一头大黄牛叫手下人给唐学成父亲送去。九十岁的老佃户李福清说:去交租子高兴得很,那里摆了十几张桌子,交了就吃饭,管饱,有些人把自家的小孩也带来了。

刘文彩收的租子多不多呢?当地种庄稼一年收两季,刘文彩收租只收一季稻谷,平均一亩一石(dàn),也就是一半,另一季麦子农民全部自得,老贫农李福清说算起来交租占总收成的百分之三十。大家都说解放后交的公粮比给刘文彩交的租子多得多。时任生产队长的罗友志讲,交公粮每亩需交三百五十斤大米和二百斤麦子。刘文彩只收一石稻谷,折合成大米才二百九十斤。

四川有个著名作家叫马识途,姜文影片《让子弹飞》便是根据马识途的小说《夜谭十记》中《盗官记》改编而成,马识途曾是“收租院”的策划人之一。他在一九九五年第三期《龙门阵》上的一篇文章中,无意中透露了人民公社时期四川农民交公粮的情况:

据社员说,那几年征购粮食征得太多,把他们的口粮也搜刮得没留下多少了,有的地方简直是翻箱倒柜,整得鸡飞狗跳。有的地方关系紧张到社员反抗,不得不派武装去镇压,有的社员对我说,连机关枪都对他们架起来了。”文章还说:“中央就向四川多征购二十亿斤粮食,向中央说了大话,就要兑现,不得不把社员的口粮也征购了一部分,这样一来,哪有不饿死人的呢?

始于一九五八年的总路线、大跃进、人民公社化,号称三面红旗,是我党历史上一次重大失误,它给四川农民带来了深重的灾难。据大邑县县志(一九八三年版)记载,一九五八至一九六二年全县的人口数字分别为(一九五〇年 303 350 人),一九五八年 346 770 人,一九五九年 317 673 人,一九六〇年 295 188 人,一九六一年 281 491 人,一九六二年 280 906 人。也就是说,一九五八年至一九六二年,全县人口减少了 65854 人。平均每五个人中就有一人死亡。这个数字在四川各县中名列前茅。安仁镇农民自然未能幸免。其中,又以居住在刘文彩庄园附近的民安村民众受害最深。他们最了解事情真相，也最容易接触来自各地的参观者，当局唯恐他们站出来揭穿弥天大谎，便来了一场清洗，把这些知情者全家老小统统驱赶到一个叫“八管区”的地方去。离乡背井，无依无靠，其中不少人就在大饥荒中丢了性命。

在饿殍遍地、户户哀歌的一九六二年，最高领袖发出“千万不要忘记阶级斗争”的号召，还说“阶级斗争要年年讲，月月讲，天天讲”。于是“忆苦思甜活动”广泛开展，“不忘阶级苦，牢记血泪仇！”的呐喊声响彻全国。四川美术学院的收租院雕塑工程就是在这样的政治气候下启动的。一九六五年，该院的两位教员和五名雕塑系毕业班学生兴致勃勃地奔赴大邑，准备大干一场。不料在采访过程中就遇到难题。他们先找到刘文彩的长工吕忠普，用阶级斗争的理论启发他，让他说刘文彩的坏话，吕忠普却说了许多刘文彩的好话，于是又找到吕忠普对门的邻居谷能山，见谷能山长得高大强健，本想把他树成反抗刘文彩剥削压迫的英雄，没想到又碰了一鼻子灰。谷斩钉截铁地说：你就是明天拉我去枪毙，我也说他是个好人！这下艺术家翻脸了，他们立刻叫民兵来把谷抓走，当成劳改犯关押起来。更有甚者，他们恼羞成怒，居然把谷能山那充满正气的形象妖魔化，把他塑造成刘文彩的帮凶，即“收租院”里的“风风匠”。

为了政治上的需要，硬要把造福一方的开明士绅活生生地丑化成作恶多端、死有余辜的阶级敌人，难度实在太大。创作者煞费苦心，于是就无中生有地编造出“冷月英坐水牢”之类的荒唐情节（“水牢”实乃刘文彩储存鸦片之地，上下两层，上层放烟土，下层常年蓄水，以保持烟土的湿润）。

这年九月，收租院雕塑终于大功告成，并在大邑县安仁镇刘文彩地主庄园展出。当时盛况空前。这是一组长卷式的群雕，包括收租、交租、过斗等七个部分，有一百多个人物，表现旧社会地主对农民的剥削和压迫。来自省内以至全国各地的参观者摩肩接踵，不绝于途。有制片厂赶来拍纪录片，还有中小学生来此上课，不久，“收租院”正式编入中小学教材。十二月二十四日，收租院雕塑在北京中国美术馆正式开展。

可别低估了“收租院”的潜移默化作用。一九六六年那个“红八月”中，北京大街小巷风声鹤唳，人人自危。不知有多少无辜百姓死于暴徒的屠刀之下。为何稚气未脱的“革命小将”要对无辜百姓大开杀戒呢？原因很简单：在他们的心目中，那全都是“万恶的阶级敌人”，死了活该！别忘了这些孩子都是在《半夜鸡叫》以及“收租院”雕塑…… 等等“革命文艺作品”的熏陶下“茁壮成长”起来的。

一九八一年经专门班子慎重调查核实，确认刘文彩的水牢和地牢均系子虚乌有，所谓“行刑室”也纯属虚构，“大地主”是硬挂上的，水牢根本不存在，整个刘氏收租院的故事全是假的。

原来如此！议

戏曲之家族禁忌

◎郭启宏

回乡与友人谈及少小趣事，在座有林公者，资深编剧也，上世纪五十年代初已然“落笔生风，藉藉声名不负公”，当是时，林公有潮剧《曹宗与余娓娘》问世，该剧取材于本邦饶平县民间传说，属爱情悲剧，曹、余生前为宗族逼迫不得完婚，死后化为二株高耸的木棉树，枝枝覆盖，叶叶交通，若《孔雀东南飞》之缠绵。二主角实有其人，曹系东界乡及第才子，余乃黄冈镇大家闺秀，孰知该剧甫演，余姓宗族便兴师聚众砸戏园子，说是侮辱了余姓祖姑，幸得公安出面，未酿惨祸。由林公大作谈到潮剧经典《苏六娘》，据说更早时候某戏班子曾携此剧到饶平县东里一带演出，被当地杨姓宗族砸打而狼狈逃离，盖因剧中有个反面人物，是讼棍之子，名唤杨子良。于是，话题转为戏曲之家族禁忌。

中国的戏曲原有高台教化的效应。儿时听母亲讲述，昔日戏班子生计艰难，夜里演戏，日间乞食，村丁愚妇每见秦香莲（之饰演者）必唏嘘落泪，令其满碗满盆而归，及见陈世美（之饰演者）非但不施粥，且一顿臭骂，时或扬起扫帚。母亲的讲述非关个案、不是孤证，是相当普遍的存在。

就说这出《铡美案》，就其版本，也有许多演绎。记得当年在中山大学从王季思先生研习宋元文学，曾参与整理“车王府曲本”，我就见过异乎寻常的版本，其间有一京剧抄本，老包开铡之际，秦氏香莲忽然动起“夫妻之情”，要求“刀下留人”，弄得老包持冠在手，喟然长叹，嗣后还是老包说服了秦氏，秦氏掩面而泣。这一抄本显然是民间艺人的创造，虽然有其审美价值之异向，却不妨碍高台教化之功效。

更有奇者，一九四八年，吉林公主岭，马长久戏班正在演出，戏剧流程如风如水，及至尾声，唱老包的演员演出了另一个戏路，劝说秦香莲认太后为干妈，断陈世美充军发配……（郭子插评：这个戏路化悲为喜，颇有些当今“后现代”的颠覆与解构，一笑耳！）这时，观众不答应了！有文字记载这样写道：“（观众）纷纷起哄，都说：‘这是《铡美案》吗？像这样的坏蛋怎么能充军发配呢？你是哪国的老包？重断，快，铡死陈世美！’有的观众气愤不过，还往台上扔坐垫，打老包，非让他重唱不可，无奈，收了场的戏只得重演一遍。扮老包的演员临时抓词，编了四句：‘老包无奈又出台，再把驸马带上来。列位莫把本官怪，这就铡死狗奴才。’四句唱完，台下热烈鼓掌。台上包公急忙传令张龙、赵虎、王超、马汉，按倒陈世美开铡。观众这才高兴而散。”（见《中国戏曲志·吉林卷》）也许是现实生活让村丁愚妇感觉太过郁闷、太过憋屈、太过冤枉，他们只好寄望于明君、廉吏、游侠乃至绿林草莽，于是，“不杀奸臣不散戏”，便成了他们的审美信条。

还是这出《铡美案》！在湖北均州一带却遭到禁演。据说缘由是剧中虚构的陈世美是对当地清官陈熟美的诋毁。据《均州志》称，均州人陈年谷，字熟美，本是顺（治）康（熙）年间的清官，并无劣迹；又据童德伦考证，顺治十五年，陈熟美的同窗好友仇梦麟、胡梦蝶从均州到京城找陈熟美求官，被陈婉言拒绝，遂恼羞成怒，归途中偶从曲剧《琵琶记》中负心的蔡伯喈身上得到启发，便花钱雇人编传奇以泄愤，初名《赛琵琶》，后演绎为《铡美案》。（事见童德伦《陈年谷秘史》）

《铡美案》在均州演出和遭禁的情况，史上虽无完整记载，坊间却有零星传闻。二〇〇五年十二月中央电视台《探索·发现》栏目播出《〈铡美案〉断考》，内中便有陈年谷的第十代孙陈吉棋的叙述：“我小的时候，据我父亲说，我祖父年轻的时候，河南有个剧团到我们县上来演《铡美案》，当时我祖父四兄弟，还邀约了些亲朋好友到剧场，就砸了戏箱，打了演员，把剧团撵出了均县，从此以后，这出戏在我们县上再没有演出过。”作为参照系，原湖北丹江口豫剧团团长彭书斌也肯定地说，“解放以后，虽然没有人再去为这个事那么认真了，但也没有演，因为演了也没有人看，也没有票房。”（见《〈铡美案〉断考》）。

《铡美案》该是域中突出的显例，事实上家族禁忌在中国几乎随处可见。谓予不信，请翻开《中国戏曲志》，这部洋洋洒洒的大书涵盖了全中国各个省份的家族禁忌，例如：

江西——曹姓忌演《击鼓骂曹》、《捉放曹》，马姓忌演《夜战马超》，陈姓忌演《陈姑赶船》，严姓忌演《打严嵩》，张姓忌演《活捉三郎》、《薛刚闹花灯》，刘姓忌演《目连》，龙姓忌演《斩金角老龙》……（以上参见《中国戏曲志·江西卷》）

山东——潘集、潘庄忌演《骂殿》等杨家将剧目，高庄和回族住地忌演《高老庄》，定陶县东关曹姓忌演《曹瑞莲踏雪》，定陶县西关田姓忌演《田三春捣灶》，孔府禁演《打严嵩》，闵姓忌演《芦花记》，阳谷潘姓忌演《水浒传》，王庄、王村忌演《锯大缸》，黄楼、黄口忌演《三烈配》……（以上参见《中国戏曲志·山东卷》）

陕西——安康忌唱《破洪州》，紫阳不唱《雷打张继保》，汉阴蒲溪不唱《审头刺汤》，后坝不唱《拾玉镯》，岚皋不唱《胡二八闹酒馆》……（以上参见《中国戏曲志·陕西卷》）

江苏——丹徒大路乡忌演《双合印》，陈武乡忌演《双下山》，茂西乡前、后潘村

忌演《杨家将》，环城乡刘亭村忌演《狸猫换太子》……（以上参见《中国戏曲志·江苏卷》）

安徽——桐城禁演《乌金记》（又名《桐城奇案》）……（以上参见《中国戏曲志·安徽卷》）

甘肃——赵姓忌演《八义图》……（以上参见《中国戏曲志·甘肃卷》）

河北——邯郸曲周县忌演《玉堂春》，东万庄忌演《刘公案》，西景萌忌演《三上轿》……（以上参见《中国戏曲志·河北卷》）

……

虚构的戏剧作品面对现实群体的禁忌，该是何等的尴尬！依循创作规律，创作者本来为真善美而作，创作者无意于百家姓里分出好赖，在创作者眼里，赵钱孙李周吴郑王，本来就是一个个符号，除非另有寄托，可那也是创作者的自由，是创作者手握彤管的权利，即便真名实姓，早已“被升华”为艺术形象，岂可同日而语？依我看来，该尴尬的倒是现实中这个摇晃着“禁忌”大旗的群体！这个群体不去考察艺术效果、社会效益，为狭隘的宗族利益所捆绑而不自觉，为腐朽的封建理念所桎梏而不自知，这才是真正的悲剧！便以《铡美案》为例，我们有必要为陈世美翻案吗？他是个虚构的艺术形象，翻的什么案？我们有必要为陈熟美翻案吗？他是个清官廉吏，本无案可翻！我把话说开来，可笑的是现实中的愚人群体，世上本无事，庸人自扰之，即便头上戴着乌纱帽者，也去承袭封建家族的遗风，说什么这也“犯忌讳”，那也“有影射”，硬是自己码套自己钻，搞假设敌，对号入座，大概因为捆绑了创作者，又桎梏了评论家，还自以为得意呢。

中国戏曲之家族禁忌是一种丑陋的存在，究其原因，固然有“同姓一家”的族权思想作祟，也因戏曲艺人历来地位低下备受欺凌；然而，追本溯源，禁忌究竟来自统治者集团。今从野史中摘得二则“轶闻”：

其一、李洪春《京剧长谈》有载：“著名武老生‘红眼王四’王福寿，虽没挨过竿子，可也没得过银子，倒不是他唱得不好，而是因为他在外边跟人家合伙开了一个‘羊肉床子’（羊肉铺）。这个生意犯忌了，慈禧属羊的，她说：‘不许给王四赏钱，他天天刮我，我还赏他？’”

其二、丁汝芹《清代内廷演剧史话》有载：“雍正帝偶然一次观看杂剧《绣襦记·打子》……因艺人演唱、表演俱佳，雍正帝很高兴，赏予食品。演（常州刺史）郑儋的艺人不经意说道，不知现今常州刺史是谁，雍正帝勃然大怒，说：‘你本是优伶贱辈，怎么敢大胆问起官员？这种风气实不可助长。’立即命人把那伶人打死在棍棒之下。”

在今天看来，野史二则也许叫人啼笑皆非，“开羊肉铺”犯了“属羊的”，这叫什么禁忌？问一句话，或许不该问，多嘴多舌吧，也算犯了禁忌、落个杖毙？当然，如果联系起有清一代惨无人道的文字狱，倒也不算稀奇，若戴名世、查嗣庭、陆生楠辈大儒们都满门抄斩,株连九族,杖毙个把优伶又算得什么?原来禁忌跟随皇权,无处不在!

记不得哪位西方思想家说过,统治者的思想就是统治的思想,被统治者自然地接受了统治的思想。我以为,被统治者同时也自然地理解了,贯彻了,执行了,而且往往比统治者更有甚之,时下语曰——更"给力",何况禁戏者即便算在被统治之列,手中也还握有"四权"之一的"族权"呢!于是我们看到,时至今日,戏曲之家族禁忌依然隐隐约约地存在着,时而混同于堂而皇之的本乡风俗习惯,时而被冠上"入境问禁,入乡问忌,入门问讳"的所谓"礼法"。据说湖北均州一带至今仍然无人敢演《铡美案》,又偏有花样翻新者,居然出现了一部翻案的戏曲——《陈世美喊冤》,真让人弄不明白,难道今天还是封建宗法社会?

(作者附注:本文中有若干引文转引自张勇风《中国戏曲家族禁忌探略》[《文化遗产》2010 年第四期]一文,因手边无原始资料,未加核对,倘有舛误,当由转引者自负。)

补白

温家宝:"我从来没有灰心过!"

温家宝总理在与网友交流时,谈到了他的经历。温家宝说:

我不仅承受过不理解,甚至承受过挫折,我的成长不是一帆风顺的。但是我没有一天屈服过,屈服困难、屈服压力。我总是想,我会成为一个有用的人。

当我上地质学院(1960 - 1965 年)的时候,正赶上困难时期,第一学期就患上了肺结核,休学半年。学地质又患上肺结核,还要休学半年,那时吃不饱,这对我是一个很大的打击。当时我的理想就是希望能到边远的地方去,我在毕业时曾写过两份血书,要志愿到西藏去。但后来学校留我做研究生。

研究生毕业后,即使有留在北京的条件,我依然到了西北。到西北以后,开始在农村劳动一年,后来开始从事专业工作。第一年是淘重沙,这是一个专业名词,很多人可能不懂,就是通过淘沙,把重金属物质分离,然后我就开始接触业务,先是做小组长,然后做大组长,先是记录,然后能写报告。冬天整理的时候,有了空闲,我每年都要做一个计划,今年学力学,明年学数学,后年学英语,再有时间学点历史,我从来没有灰心过。我想青年人只要坚持自己的理想和信念,就一定能够取得成功。

流氓为什么流亡

◎刘春水

二〇〇八年去世的贾植芳先生有两枚闲章:“洪宪生人”、“秦坑余民”,一九三六年出生于罗马尼亚的的诺曼·马内阿却是纳粹集中营的幸存者。一九四一年,五岁的他与全家人一起被遣送到乌克兰的一个集中营,但他活到了德国战败,死里逃生返回罗马尼亚。对于这段经历,马内阿在他的回忆录《流氓的归来》(吉林出版集团有限责任公司)中写道:“一九四五年四月,我是个九岁的老男人。”然而,四十一年后的的一九八六年十二月,已是五十岁的马内阿借出访之机,在外滞留不归,再次开始了自己的流亡生活,在西柏林盘桓一年后,方到美国,从此长居纽约。

究竟是什么原因让已是知名作家并获过多次大奖的马内阿放弃自己的祖国而流亡天涯呢?在诺曼·马内阿随笔集《论小丑:独裁者和艺术家》(吉林出版集团有限责任公司)中,其中一篇写于一九九〇年春天美国巴德学院的《审查者报告》为我们揭开了这团疑云。

原来,就在马内阿再次流亡的那一年,他在罗马尼亚出版了被评论界认为是他最好的文学作品:长篇小说《黑信封》。然而,小说的出版却经历了“一场持久的消耗战”,马内阿在《审查者报告》中记录这场荒谬的战斗:他们不断“提出可笑的新要求,整整半年我每天都在为某些章节、某些句子,或是某个单词和他们争执”。在文中,马内阿附录了一份长达十二页的当时审查者的报告。报告中,审查者指出,小说展示了一个“完全消极、压抑和丑陋”的布加勒斯特,对小说的主题、人物、场景、语言等都作了详细的评判,并拉了一个长长的修改清单,指令作者删去部分章节和“过于嘲弄怪诞的评论”,其中仅要求被删除的日常生活负面现象就有十二条,如关于街道、泥泞、垃圾、黑暗、队伍、商品紧缺、疲倦而野蛮的人和混乱的描写;缩减关于精神病院里少年酗酒的章节;关于由于经济原因缩短残疾人受教育时间的法律等等。此外,还要求作者“加入一些正面肯定的文字”,如以“美丽的春日”来突出首都的“明媚和充满生机”等。虽然,三易其稿后,作品终于出版,但作家的痛苦和恐惧并没有因为这表面的胜利而减轻,这份冗长审查报告唤起马内阿内心深处关于集中营和独裁恐怖统治的可怕回忆,并最终促使他离开了自己的祖国,“罗马尼亚文学被迫在隐蔽而机敏的符号中寻找避难所,以含糊不明的形式生存下来。”这是他真正意义上的流亡。

对此，一位罗马尼亚女诗人对他说：“不管发生什么,我们都得生活在这里,我们要在自己语言环境里,坚持到最后。”

马内阿回答:“但是为了写作,我们首先得活着。坟地里满是不能再写作的作家。他们留下来了,在坟墓里,他们不再能写了。”

虽然,马内阿认为,流亡不是最好的选择。除了内心的流亡,只要是流亡,都应尽一切可能去避免。离开你的国家、家庭、朋友、书,还有你的文化和根基,只能是一种最后的、绝望的、终极的办法。但在坚持与流亡之间,马内阿还是选择了流亡。因为只有选择流亡,去远方写作,他才能说出真相。而对知识分子的流亡有着切身之痛的萨义德曾说，我们都是在远方写作。流亡前夜，马内阿对自己说:“实际上,所有幸存者在适应的都是生活,无论他们是黑色、绿色或红色专政的幸存者。他们这么做了,以不合理的常态,而这种常态就是生活本身。”

十年后的一九九七年春天,幸存者马内阿第二次重返罗马尼亚,对自己的祖国进行了为期十二天的访问,“在太迟的九年之后，我终于出现在我母亲的葬礼上，以及我祖国的葬礼上。”然而,他发现:“在抵达了这个直到有一天为止一直是‘家’的地方，我却想念我留在身后的那些东西,在美国的那些东西。”最后,他回到了他流亡生活的最后庇护所，地点是在纽约,上西区,曼哈顿。

诗人北岛曾说,在外漂泊,中文是唯一的行李。在英语的世界中,在远方,幸存者马内阿坚持用罗马尼亚文继续自己的创作。而在罗马尼亚的文化和历史中,“流氓”一词有一种特殊的含义,它意指被放逐者、局外人、孤独的人、独立的思想者。

补白

邓小平不想当国家主席

“文革”结束后,邓小平再次复出任中共中央副主席,到一九八一年六月底,他又兼任中央军委主席,但他终其一生都没有当过国家主席,对于这一问题,他在当年九月会见香港《明报》的创始人金庸时,说出了自己的想法。他说:“当国家主席,资格嘛,不是没有。不过我还想多活几年,多为国家人民办点事,一当国家主席恐怕就要缩短寿命。现在和中国建立外交关系的国家有一百二十多个,每年有许多国家的元首来访问,国家主席就要迎送、接待、设宴,这许多应酬要花很多时间和精力,搞得多了就很累。”

鸿爪掠影(三)(之二)

◎王学泰

(续上卷)

三、初进三中队三小队

1. 号内人物扫描

■ 三个执行号

我被分在三中队三小队一组。我住的监室中有两个“监龄”最长的老号,一个是执行员刘永志。大约有六十来岁,他资格是最老的,是一九四八年就被关起来了(1948年平谷就已经解放,他是在该地被捕的),一九七六年还没有到期,已经蹲了二十八年大牢。他是个反革命杀人犯,其实“反革命”有点勉强,他的犯罪动机可能就是图财害命。那还是一九四〇年代,他与父亲在平谷给一个老板打工,为贪图财物,父子俩把老板杀了。这个老板是个地下党,平谷解放后,通缉他父子。刘永志把他爸爸出卖了,结果父亲被判死刑,他检举有功,轻判死刑缓二。死缓一般就不处死了,两年后改判为无期,无期八年后改判有期二十年或十八年,他因为表现好,受到过减刑,我到三中队时他还差两三个月就到期了。这个在监狱中过了大半辈子的老人已经与监狱生活合二而一了。在监狱中,他是那样协调自然,从没有不自由和别扭的感觉,也许除了监狱,他也没有过过多少时候的正常人的生活,即使过过,也是遥远的过去了,早已忘却。

他睡在大通铺左端(执行员一般睡在通铺的两端),行李、日常生活用品都收拾得干干净净、整洁有序。人已谢顶,头皮光亮,再生布的小白短褂,洗得刷白。他常常靠在属于他的小角落里叭哒叭哒抽小旱烟袋。通常,他一语不发,只盯着别人,只要发现与监狱氛围有不和谐音,立马就会制止、或者汇报。比如人家谈到老婆孩子,他就会制止:“嗨!说点别的,这不利于改造!”谈吃谈喝谈女人是监狱中永恒的主题，人家一说到吃，他马上就会严厉质问："监狱吃得不好吗？我觉得比我小时候在家吃得好多啦！"他心中只有监狱这一本词典，一开口就是监狱语言，其词汇不能溢出监狱词典之外，别的话不会说，别的词也没有。他最引为自豪的是二十世纪五十年代的改造窑台（就是现在的陶然亭公园）工程，包括拆永定门到右安门那段城墙。他常说："那时，每天我们干十个钟头，解放军端着'三八大盖'（大约他就知道这一种大枪）押着，我们抬土、背砖，我光跑镣就趟断了十来副，二十天一副。那是闹着玩的！"所谓"跑镣"是指细长的脚镣，犯人外出劳动时带的。他说这些洋洋自得的劲头，仿佛是当官的炫耀权力，有钱人晾晒财富，就凭这一点他就有权看不起那些只会围着机台转来转去压塑料凉鞋的犯人。

我初到这个监室就感觉到，这个人无知又讨厌，你不招他，他会管你，而且无事不管；只有在我旁边的"反革命流氓犯"徐连生能够制服他。他年轻，自称流氓，什么脏话都能骂出口来。刘永志一冲他来，徐便指着脸骂他，揭他的老底，口若悬河，秽语连珠，骂得他张口结舌，直到气得喘不过气来为止。此时全屋的人都想笑，真是恶人自有恶人磨。幸亏他快到期了，很快就离开三中队，到了出监队，我们才逃脱了一场恶梦。

另一个执行员叫董清旻，他年轻，才三十来岁，为人精细，手也巧，经常做点小东西，写美术字。长得有点女相，仿佛明代仕女图上的人物，很文气，平常老抱着琵琶弹练习曲，有时也弹《春江花夜月》《十面埋伏》（当时"评法批儒"它被定位为法家代表进步古曲，而《霸王卸甲》被定为儒家反动古曲。理由是前者赞美擒获项羽，后者同情项羽）。他也是"现行反革命罪"（无非也就是议论了一下"文革"）被判十年。他认罪，每开会发言必然联系自己的罪行，批判一通。他的口头禅是"老想出去，出去干什么？里外还不是一样"。听多了，有一次我驳斥他说："你这是对监狱的美化，还是对社会的丑化。"他只是神秘地笑一笑，不反驳，也不回答。

他是中专毕业生，学的是印刷装订，现在北京印刷学院大约就是这个中专发展来的。其所在学校在现今的孔庙。他跟我谈过好几次"文革"初期，一九六六年红八月时，在孔庙大成殿广场上批斗北京文艺界的"黑帮"，破"四旧"。他绘声绘色，说：老舍、侯喜瑞、荀慧生一帮三四十人，围成一圈儿，有的跪着，有的低头弯腰站着。中间把京戏行头、盔头、道具、古今书籍堆得像小山一样，点起大火开烧。八月天正热，这些"黑帮"像烤鸭一样接受熊熊烈火的熏烤，红卫兵拿着演戏用的刀枪把子，打那些老头，老舍就被打破了头，血流满面。这些学生也真下得去手。老人一个个冒着油汗，在脸上留下黑的、红的（有血）、白的（京剧行头上的银粉）道子，又可笑、又可怜。批斗完之后，孔庙的松柏树上挂满了金粉银粉，都看不到绿色了。红卫兵感觉到劲还没有使完，又找来梯子斧子去劈大成殿上面的“大成至圣先师”的匾额。不想常年不动匾额的后面有马蜂窝，斧子一劈，惊动了马蜂，倾巢而出。那个勇敢的红卫兵从梯子上滚了下来，摔个半死。董数次对我说到此事，可能这场大批斗以及焚毁文物给他的刺激太深了。

在监室中，董清旻是个抹稀泥的角色，比如刘永志挑毛病，他往往会把大事化小，小事化了。徐连生痛骂刘永志时，他也在徐基本上尽兴之后，出面制止一下。安慰一下刘永志。刘永志出监后，换了木匠马宜来替刘，马宜也是个忠厚人，从此监室的气氛好多了。我在这里呆了两年，始终没有感到特别受压抑，与董、马这两个执行号有很大关系。

董清旻一九七九年平反。出监后，从文字学家康殷学习篆刻，给旅游中国的外国人刻章。他买了一台摩托车作交通工具，跑各大饭店接活，连夜刻完第二天送到旅馆，不耽误人家的行程。那时我住六铺炕，他住鼓楼后街，常骑着摩托到我那里坐一会，因而得知他生活有了很大改善。董结婚时我曾到他家祝贺，见到他的老爸，八十多了，依然精神矍铄、衣履俨然、风度翩翩，仿佛随时准备出席什么重大典礼。他是位老医生，日本占领东北时学的西医，生活自律颇严，听说享寿百岁。结婚不久，董清旻就到日本谋生了，最初也是以篆刻，开个小店，后来连家属也接了去，做起了买卖，十多年前入了日籍。回来探亲，有时还到我家坐一坐，示我以“司马清民”的名片。我们谈起一监往事，恍若前尘。

马宜是个极为灵巧的木匠，三十多岁，可是初一看，简直就像五十多岁的。门牙也没了，脸上能打褶子的地方也都打了褶子，满面风尘，一脸沧桑。他是门头沟区的，小时候家里穷，当过和尚，办法事，放焰口都跟着师傅去；吹拉弹唱，不说样样精通，大多都能拿得起来。大跃进，破除迷信，和尚没饭吃了，不得已，才还俗。他喜好说笑，最初听他说自己是小和尚以为是开玩笑，马宜为了证明他真的当过和尚，一次睡觉前在室内念起大悲咒（梵语，他不懂意思，只是死记那些“音”），人们才信当和尚一事并非是神侃。为了维持生计他改行当了木匠。马宜是因为参与武斗，又有点“反动言论”才被判了八年。像他这样轻刑犯也被留在一监，大约与他会木工有关。看守很相信他，给他单开了一个木工室，地点就在我们所住筒道的顶端。小屋里摆满了斧子、砍刀、锯子、刨子等，这些都能成为凶器的工具是监狱当局特别关注的，严禁犯人接触的。三中队大约只有他才能单独掌握使用这些工具。马宜手艺心思与他的粗陋的相貌成反比，他不仅能做各种家具，三中队从房子到工具的维修都是他一人担当，还能给队长干点私活，如打把椅子，修修立柜等。他还会做乐器。三中队有个能作曲、并能担任乐队指挥的人，名叫马贵峰。政府叫他组织了一个乐队，领导大家唱革命歌曲（也就是现在所谓的“红歌”）。这个乐队除了董清旻有自备琵琶、还有三四把小提琴和监狱原有的锣、镲、鼓之外，其他二三十个人的乐器都是马宜做的。包括中提琴、大提琴、贝司，二胡、四胡、月琴，各种笛子、唢呐等。我看他做大贝司，真是辛苦，都是用砂纸一点点打磨的，而且边调音、边美化琴的外观。笛子、唢呐马宜都能吹，他的门牙都掉了，拢不住气，为此他用硬塑料做了一个假门牙戴在嘴上，练习、排练、演出时用，平时摘下来，否则会妨碍他吃饭。他爱笑，一笑就应了过去蒙学书中说的“狗窦大开”，显得特别滑稽。他也把监狱当成家，也许在外面他没有任何亲人了。马宜是凭着自己的能力和憨厚在干部中留下的好印象的，这一点与刘永志不同。

■ 同监室的另外几位

前面说这个监室有两个“监龄”长的老号除了刘永志之外，还有一个是杂务张贵。他是个近郊的农民，四方脸，头很大、头顶全秃，他的习惯动作就是用拇指残缺的右手（开注塑机时压的）抚摸自己的光而亮的头皮，仿佛他老有难解之事似的。张贵一九五〇年就进来了，到一九七六年他也快六十了，牙快掉光了。吃窝头时都是把窝头碾碎了，泡在菜汤里然后灌入口中慢慢用牙床子咀嚼。他上过几年学，当过一年国民党青年军。国民党从北京撤退后，他就自动回家了。家里有媳妇和女儿。有一次村里宰了羊，村民分肉，村子的支部书记在井台上洗肉，血水汤子流了一地，也流到井里。张贵去打水，看着书记这样做他有气，认为把水井弄脏了，就与他吵了起来。书记说，你一个国民党兵，哪有你说话的份？那是在解放初，有大小历史问题的人们还没有“夹起尾巴做人”的意识。张贵脾气火爆，就与书记吵了起来。两人跳着脚对骂。张贵气得大叫：“看我不花了你。”（意为用碗打破头，使之血流满面）书记说：“看我不送了你。”张贵还强嘴说：“你送！你送！”结果书记真的叫两个民兵把他绑了送到派出所。张贵最初以为，就是个打架的事，关两天也就出来了。不料正赶上了镇压反革命运动，把他定为阶级报复，一下子判了无期徒刑。后来书记换了十来个了，那位跟他打架的书记也因为强奸罪被判徒刑了，听说也从一监经过（如被判刑必然经过一监）。可是张贵照旧服刑，照旧还是“反革命阶级报复”。不过，我听同室的犯人议论这些时，张贵也快到期了，已经不在车间干活，在筒道当杂务了。扫扫地，传达个事情，平常没事也就在筒道口一坐，除了队长从那里走过，他要稍抬抬屁股，表示起立外，真是很清闲。

张贵也是监狱坐久了，好像不觉得是在监狱，平常一幅散淡的样子，很难看出他是犯人。张贵谈自己的经历也很坦然，似乎也不觉得那些就是苦难。徐连生很爱学她的女儿数年前一次接见时说的话“爸，我和我妈就跟我叔一块过了”。张贵听了也就憨厚地笑一笑：“反正肥水没流外人田。”惹的满屋子人大笑。

挨着张贵的是个工人，名叫刘义山。这是个大块头，大四方脸黝黑，双眉间有个黑痦子。一双胳膊肌肉鼓鼓的，好像现在练健美的。他是石油部门的建设工人，专门建设炼油厂、石化基地等工程。刘义山是管工，接管子、套丝、涨管这些力气活他都干得很熟练，因为我也干过一段管工，所以常与他聊干管工的事。大约也就是这种强力劳动才使得他如此健壮吧。刘义山沉默寡言，只要闲着，他总是坐在小板凳上、趴在炕头写。我以为他在写上诉，一次下工偶然问起，他回答："哪敢上诉，我判的是死缓，一上诉，拉出去毙了，我老爹还不急死。""那你写什么？""就是练字，旁边有什么就照着写什么。有报纸就抄报纸，有毛选就抄毛选。"这也是一怪。后来才渐渐知道他的案子在当时是个"惊天大案"，不仅轰动北京，而且形成中央文件，举国皆知。

刘义山就是父子二人，很贫困，他只念到小学就去当学徒工了。大约觉得自己没文化，字写得难看，下了工没事就练字。他买了小学生用的横格本，一笔一画在上面抄写，用完了再买一本，不知抄了多少本了。作为石油部的基建工人是四处流动的。刘原先在湖南一个基地搞基建，得到一本手抄本的小说《第二次握手》。他没事就抄这本小说，抄完了，基建也完工了。他们转到北京东方红炼油厂（现今叫燕山石油化工厂）搞基建，就把这本手抄小说带到北京。从此这本小说就在北京流传。那时人们的精神生活太枯燥了，就这样一本艺术性一般的小说，因为题材新颖，被人们狂抄，抄来抄去，很快就在北京流行起来。我都看到过一本，是我弟弟他们工厂流传的。后被北新桥街道一个"小脚侦缉队"的老太太发现了，作为阶级斗争新动向上报到北京市委，北京市委管意识形态的报送到主管意识形态的姚文元那里。姚文元批示说"这是一本很坏的东西，实际上是搞修正主义，反对毛主席的革命路线。他写了一个科学家集团，如郭老、吴有训，写了很多人。如果不熟悉情况，不可能写出来。还写了与外国的关系，如写了吴健雄。这不是一般的坏书，也决不是工人能搞出来的"。既然知道决不是"工人能搞出来的"，可是这个只是传抄了一下的工人还是被判了死缓。刘义山还是以抄写打发时间，有一次看守随便翻翻他的抄写本，突然，他很惊讶，责备他说："怎么你还抄江青的'为人民立新功'啊？"刘义山回答说："我也不知道它是什么？反正抄的都是监号里有的书。"幸亏，此时人们已经不太计较这个了。

上面说的都是认罪的。室内还有两位不认罪的，一个是睡在我旁边的，上一章我曾谈到过的、在K字楼被从严处理判二十年的那位。到了一监我才知道他真正的案情。原来他身处高干家庭，看的内部材料多，"文革"当中生产下降，经济面临崩溃的情景，令他十分忧心。他给毛主席写了二十封信，指责中央犯了左倾错误。这个案子当时闹得很大，有一次预审中去了将近一百多个预审员。他悄悄跟我说："真他妈的吓人，将近一百个预审员，黑压压一片，跟听我讲课一样。我就咬住了一点。我给毛主席写信，怎么到了你们这里。是毛主席转给你们的？有毛主席转信的指示吗？没有！那你们就是剥夺毛主席他老人家的收信自由。你们才是犯罪。后来他们打我……”说着他对着我转转腰“你听，这腰都被打坏了，一转动就响”。粉碎“四人帮”不久（大约一年），他就保外就医了。我平反后，还到他家去过。他父亲是北京旧市委的领导，彭真被打倒后，他也被斗过，后来被解放，本来已经作为领导干部进了新市委的班子，因为儿子出事，再度受到牵连。

另外一位不认罪的是石景山的中学语文教师刘。他毕业于北京师范大学中文系，戴着一副深度的近视眼镜，个不高，也就一米六多，脸也小，脚也小，手也小，真有点小巧玲珑的感觉。他真是个很执拗的人，收工后大家都在筒道里歇着闲聊、或抽烟，室内只有三人老不出屋，一个是董清旻坐在他的小角落里拨弄琵琶，一是刘义山像小学生一样在练习本上一笔一画地写字。这位刘老师就是写上诉。我劝他说：“没有用”。他也只是笑笑，不置可否。写完上诉后，他开始写小说了。这是经过政府许可的，所以他买了稿纸，一本正经地写。听他说小说写的是他们家乡早年的革命事迹的。其家在湖南益阳，旁有资水流过，他的小说名就叫《悠悠资水》。每当他写累了的时候就在筒道里背着手散步，走到我身旁会低声对我说说他的小说的进度，或诡秘地笑一笑。我平反出狱前，他的小说已经写完了，放在监狱保管室里。粉粹“四人帮”后瞬息万变的政局是他最关心的，这时他常常悄悄地与人交换对政局的看法，实际上此时已经没有必要像他那样神神秘秘地与人交换意见了。

■ 还有一个可怜人

在我左侧隔着上书毛主席的那位，是个快六十的老人。号里的犯人对他没有好脸色，几乎谁都骂他。他长着一幅冬瓜脸，但脸蛋子两侧的肌肉松弛，已经完全耷拉下来。一幅八字眉，仿佛随时准备哭。他姓张，北京密云人。公子哥出身，学过医，解放后自己行医，“文革”来了，被禁止了。再加上有些历史问题，弄得衣食无着。他急得给“中央文革”小组写信，给江青写信，没人理他。此时碰巧台湾对大陆广播，他听说国民党帮助支持大陆的反共人士。于是他按照广播中告诉他的地址，给台湾写信，说他们是反共地下组织，要台湾支持，快寄钱来。信寄出去了，钱没来，公安局来了，把他抓了起来。当时还以为他有多大的组织，审讯了很久，张连句整话都说不利落，先以为他装傻，后来才知道这是真的。他就是穷疯了，才出此下策。判了十五年，来到一监。张臃肿贪吃，地震逃跑时还摔断了一只胳膊，在监狱里接了接也没有完全恢复，一只胳膊老是端着，穿衣吃饭都不利落，弄得又脏又邋遢。而且不论干什么，比如集合出工，上床睡觉，打饭都比人们慢半拍，要人催，连董清旻那么温和的人，也常常因为他会误事而申斥他，弄得人人讨厌。他又有“同性恋”倾向，据说曾经摸过挨着他睡的一个小青年的下体。纯粹的男人群体中（比如监狱、军队）对于这类人十分痛恨，这大约是他特别招骂的最重要的理由。粉粹“四人帮”后，批判“文革”中的种种极“左”的不人道行为，大家很开心，他也跟着傻笑。徐连生就说他：“你笑什么？这有你什么事？”张伯华急扯白脸地笑：“我也高兴，我也反‘文革’，判决书里还写了呐……”徐抢白他：“那你干嘛给江青写信？江青是你干妈？”张支支吾吾说不出一句整话来，脸上呈现出一幅痛苦的样子。后来他身体越来越差，连咳嗽带喘，监狱把他送到延庆的老弱病残队了。不知道他结局如何？人老说可怜之人必有可恨之处，是不是宽容点，可恨之人必有可怜之处呢！

2. 本筒道的杂务

这是我初到三中队三小队一组监室的情况，除了这些人外，每天与我们打交道还有本筒道的杂务。杂务也是三班倒，是三人，除了张贵外，另外两个姓张与姓孙。

姓张的外号叫“大了”，不知谁给他起的（“文革”前，反革命中队中多是旧社会来的各种人物，自然也有不少北京痞子，估计是他们起的）。旧社会妓院男掌柜的俗称“大了”（或称大茶壶），因为娱乐业、下处等处都是多事的场所，主持这种行业的人黑白两道都得说得上话，吃得开，这样才能化解各种矛盾冲突，平安喜乐地赚大钱，因而这个总管事的被称为“大了”，含有赞美之意。这个人五十多岁，听说“三反五反”时（1950年代初）就进来了。他的一张大长脸上，长着一坨犹大式的鼻子，一看就是幅“奸臣”的样子。他嘴非常碎，经常唠唠叨叨，几乎挑所有人的毛病，给人的印象非常坏。一些老号老拿他开心，让人感到有些侮弄他的意思，但很少有人同情他。后来“大了”到期走了，人们才公正地说：“‘大了’，人不坏。他说你，怕你出事。他很少给人汇报。犯人在筒道出点事，到他那里也就给‘了’了。”

孙姓杂务，比“大了”更老，六十多了，花白头发，圆脸。他往往很有尊严地在筒道门口的凳子上一坐，不管犯人还是队长从他前面过，他都是一动不动，稳稳地坐在那里，很少管事。有时三个杂务张贵、“大了”、老孙都坐在杂务值班的筒道口，当看守从此路过时，老孙纹丝不动地，坐在那里，好像什么也没发生一样；张贵就只抬抬屁股，而“大了”就会突然立起站得笔直，并向队长献媚地笑一笑，尽管他的笑容很难看。后来才知道，老孙在进监狱前原是个部长级的干部，老革命，山东人。“文革”初期抄家，抄出了他的日记，日记中议论了他的老乡江青、康生，便被抓了起来。像这样级别的干部一般就由公安部送到秦城了。不知怎么搞得把他整到了K字楼，因为证据确凿（写在日记本——按照文明规则，这种取证方式就是野蛮的、不允许的），经过当时的军管法院被以“现行反革命罪”被判八年。他为人耿直，在监狱中还坚持一点个人尊严，不过三中队的干部也不怎么为难他。他与干部很少说话，跟犯人话很多，我新进监的与他尚不相熟，有一次他还问我，《水浒传》中的李逵是不是监狱里的杂务啊？我回答他说：“李逵是个小牢子。相当干部中的小队长。

李逵还能外出跟人赌钱，同宋大哥一起到浔阳楼上喝酒吃鱼呢？您能吗？”他笑起来：“我和李大哥还是不能相比。”老孙之所以能坚持点尊严，不全因为他原来的身份，也在于他自尊自爱，几年一贯；不像另一位高干，每当看守中指导员或队长训话，其实说的大多是监狱套话，他也站得笔直聆听，不时地还要点点头，仿佛是在享受妙语纶音，“点点滴滴到心头”似的，令人目不忍睹。不过老孙还是蹲满了八年的，粉碎“四人帮”不久，他也到期了，转到出监队。那时北京的社会上还很僵化，他出去了，反而觉得没有能谈话的人了，有三中队的犯人到出监队去取东西时，他捎进一首五律，前六句记不得了，其结尾两句是“举目无谈者，长吁自惋伤”。出去了反而没有能够谈话的人了，可见当时他的心境。我平反之后在报上看到他的消息，他不仅平反，一度官复原职，后来好像又进了全国科协的领导班子。大约于一九九〇年代去世。老孙是个好老头。

3. 在劳改厂

“清河”是北京犯人劳动场所的总名。我所在的是“清河塑料厂”，生产塑料凉鞋。我所在的车间有五台卧式注塑机，七八台立式的。卧式注塑机压制聚氯乙稀（俗称硬塑料）凉鞋，大多是十七号以下的小孩鞋，立式注塑机压的是发泡的聚乙烯（俗称泡沫塑料）凉鞋，是大人穿的。我被分配在三号卧式机上工作，我接一小队的班，二小队接我的班，三班倒，因为注塑机一开动就没法停，停了一定要把塑料使用干净，再启动很麻烦，调好机筒温度，需要较长的时间，耽误生产。

在“卧三”上干活的一小队的是李少白，二队的叫李佐新。粉碎“四人帮”后，我与少白先后被平反出狱。而李佐新是门头沟“大峪红旗”的，他只是在“文革”中参加武斗，死了人。原未判刑，只是在一监押着（因为武斗不好定性），“文革”后定为反革命的“打砸抢”，于是这个小青年被处死了。

少白与我同岁，刑期也一样，都是十三年，不过他进来早，一九七〇年代初就入监了，属于老号。他爱好足球，最初考上了北京体育学院足球系，上了两年，转到北京邮电学院，所以“文革”时还没有毕业。他在家里与兄弟、老妈等人议论过江青及“文革”，“一打三反”时被揭了出来，这在当时是了不得的大罪状。结果弄得两人被判刑（少白与他的弟弟少文），母亲被戴上“现行反革命分子”的帽子，交给革命群众监督改造。母亲当年也是民国间的名媛，真是情何以堪！

李少白消瘦，戴一副近视眼镜，颇有书生气。父亲是北京邮电学院教授，但喜欢西洋音乐，希望儿子能学音乐，给他起名为“舒伯”（舒伯特的缩写）。不想儿子却爱好体育，不好音乐，而且写的字像火柴棍堆积，或说像甲骨文，简单“舒伯”两字写不好，于是，删繁就简，改为“少白”，许多人以为慕李白而取了少白。虽然少白不喜欢音乐，但对诗、对艺术确有很好的感觉。他的新诗写得不错，在监狱时常常要搞些文艺活动，要写点应景的歌词、小诗一类，就这些应酬的作品少白写的也往往有新意。可惜平反后，他专力于艺术摄影，不写诗了。当然在这物欲横流的时代也没有诗，现在他是"紫禁城"的专职摄影师，还组织了"影友会"，很活跃。我初见到他时，他显得比较"闷"，不善言辞。我接他的班时，他简单地问了问我的情况，这时他有点高兴了，"这下子好了，来个学中文的，以后我们不懂的古诗就问你了"。于是他收拾好自己几个小卡片，上面写的都是他在班上背诵的英文与诗词。少白此后与我交往颇多，下面再补充。

我第一天上机台干活，有点手足无措。压制塑料凉鞋不是一个特别简单的活。机筒的温度低了，塑料没有充分熔化，挤出的塑料疙疙瘩瘩，颜色也不一样；温度高了塑料煳了，便会有些煳点散落在鞋面上，很难看，成为废品。塑料注入进了模具后，什么时候开机取出，太早，鞋软而烫，而且易于变形；晚了，鞋变硬了从模具上取不下来，这也是两难。我正感到特别尴尬时，同监室的徐连生来了。他是三小队的保全工（中队的保全工上正班，小队的保全工跟班走），负责机台维修和排除故障。他帮我设置好自动协调，压鞋正常了。徐连生便坐在放置生产成品的工作台上考起我来。提的都是文学与诗词上的问题，特别多的是一些诗词中典故的解释。大约他常用这种态度考新来的有一定学历的犯人，很随意。我很快一一回答了他，而且大大超过他的提问。他突然走了，后来我才知道原来他就我的回答去问保全工中的一位老号李聘伟去了。李是一九五八年划为右派，后来升级进了监狱的，被判无期。他读过大学，因为坐牢久，读书也多，文学与诗词的知识自然要比只有初中文化水平的徐连生高许多，得到他的肯定后，徐连生回来了。对我说，您今后就是我师傅。这句本来是开玩笑的话，后来他还是常管我叫师傅，又说"我是小和尚，你是老和尚"（在监狱都被剃秃头）。董清旻给我起了一个老夫子的绰号，徐也跟着叫我夫子。

徐连生比我只小六七岁。当时他二十七，我三十四。然而从外观上看，他显得小。他十七岁就进了局子，十八岁被判二十年，在监狱里已经呆了近十年。但监狱是个"保鲜盒"，人一进了监狱，岁数就停滞了，进来时多大，出去时还多大。当然不是生理上的"保鲜"，而是心理、心态或性格上的"保鲜"。人一进了监狱，原有社会关系中断了。原来在社会上积累一切，顷刻消失。在社会他可能是丈夫、父亲，可能是老师、教授，可能是领导、或受到一定人群尊重的长者。到了监狱，这些统统消失了，你只是个徒具姓名的犯人，有的监狱还不许叫名字只许叫"某号"（一监没有这个传统）。人几乎被还原为赤裸裸的没有正常的社会联系的自然人。这个地方没有任何人买你的账、尊重你，除了靠自己的定力重新积累人望，但那也需要低调和谦卑。三中队二小队有个据说是美国特务的陈虚威（有人质疑他说，你真的是美国特务？尼克松访华之后，怎么不把你要走。每当此时，老陈或急不择言地与人争辩，或是双眼黯淡下来，一语不发）。他从一九五〇年代就被押在秦城，一九七〇年代被判二十年，送到一监，牙都快掉光了，两腮深陷，可是还觉得自己是个青年，动不动就双手握拳，要与小伙子玩玩拳击。徐连生也是这样，他还觉得自己是初中生，少不更事，调调皮没多大关系。也许真的是来得久了，他调皮也没有见过看守责罚。这样，像我这三十好几的人，当然可以做他师傅了。

徐连生是门头沟城子人，祖父是办教育的，从解放前就做小学校长，在当地有威望。他从小好闹，一到“文化大革命”，停课了，成了脱缰的野马，搅乱社会秩序是不可避免的。可是“文革”中的哪个学生不搅乱社会秩序呢？毛主席鼓动他们起来不就是让他们打乱秩序、把世界搅得乱乱的吗？可能这个放荡不羁的徐连生又说了一些“反动话”，遂以“反革命流氓”罪被判处重刑。

徐连生虽小，但由于入监时间久，保全工活动范围大和队长对他不太计较，在三中队他的活动能量是比较大的。他又与我同一监室，睡在我的右侧，经常问我点问题，于是便到处替我宣扬，使我很快融入三中队。（下卷待续）

补白

国家主席“有点虚君共和的味道”

我国宪法学界的泰斗、八十五岁高龄的蒋碧昆，半个多世纪前参与了新中国第一部宪法制订工作。他回忆说：在一九五九年他曾专程去看望了舅舅——时任全国人大常委会委员长的刘少奇。两人长谈了一个小时。蒋碧昆问我国的国家主席到底有什么样的特点？刘少奇的回答是，“有点虚君共和的味道”，他没有进一步说下去。这次见面一个月之后，在一九五九年四月召开的第二届全国人民代表大会上，刘少奇当选为国家主席。多年后，蒋碧昆才理解刘少奇当时说这番话时的复杂心情。在当时，就如刘少奇多次强调的，这个国家只有一个主席，那就是毛主席。

多年后，蒋碧昆通过档案获知：一九五四年五月二十九日，刘少奇主持宪法起草委员会第四次全体会议。讨论检察机关能否查办全国人民代表大会代表时，刘少奇认为，全国人民代表大会代表、常务委员会委员、中华人民共和国主席、副主席、国务院总理、副总理犯了法，要经过全国人民代表大会常务委员会批准，检察机关才能查办。

大千世界，每天都发生着许多意想不到的变化，各种问题，各种疑惑迎面而来，答案在哪里？不妨到书本中去找找。“书友圆桌”这个栏目，就是书友通过阅读，发表对某一问题见解的园地。

——编　者

现代风险带来的思考

一场海啸引起的核危机，全球一系列的连锁反应，足以说明现代风险社会的某些特征：难以感知却影响深远的破坏形式，时刻等待着自然灾难趁势而起。在资本流动与现代传播模式下，现代风险裹挟着种种恐慌、利益、争夺在全球范围内快速转移。这便是日本福岛核电站的核泄露事件为何如此牵动着异邦人心。

在这场近距离的危机中，一系列风险理论学家关心的问题在我们周遭近距离的呈现。这里，我们借助阅读来思考现代风险引发的一些问题——

救灾政治学

◎维　舟

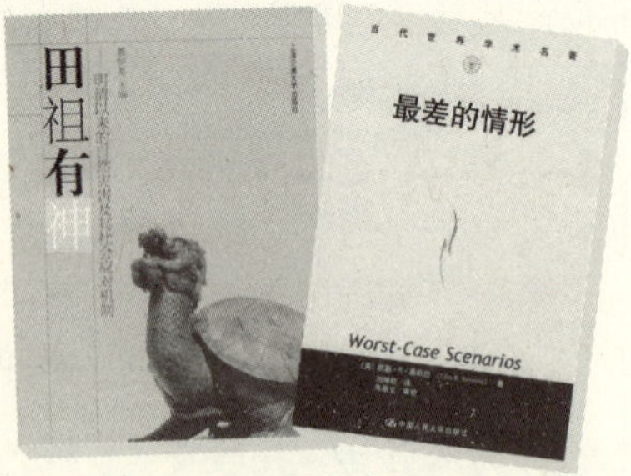

日本大地震是一个最新的例证，表明在现代的风险社会中，政府应对突发性自然灾害的能力将在多大程度上影响其合法性和支持率。对日本菅直人政权来说，地震可说是个机会：震前已摇摇欲坠的内阁重新获得了国民的支持，尽管具体表现仍遭到诸多指责，但地震发生十天后，菅直人的支持率仍然从谷底的百分之二十飙升到了百分之三十六。

再比较这些年海地、智利、新西兰以及国内汶川的地震中各国政府的救灾表现，会发现这些应对不仅产生了重大的政治后果，而且本身也是当地政治的体现，并被原有的政治形态所决定。

在现代的救灾政治中，人们总是会注视灾难发生时国家政府的作为。然而，正如《田祖有神：明清以来的自然灾害及其社会应对机制》一书中所展现的，传统上，救灾主要是基层社会的责任，通常情况下以人们的自我施救为主，除非特大灾情消弭了基层社会的救灾能力。农耕时代，人们对于天灾，也常常以一种宿命论的态度接受。在其他农业社会亦能找到相像的例子，如一八六六年，孟加拉饥荒中许多农村家庭慢慢饿死，却没有一声怨言。

但在现实中，社会自救的分寸却很难把握。如果我们翻阅《爱尔兰史》，一八四五至一八四九年间爱尔兰大饥荒时，英国财政部次官查尔斯·屈维廉决定停止救济，理由是“避免人民习惯于依赖政府”。这一决定对当地政治产生了极深远的影响，预计八十万人饿死，并有一百五十万人移民海外，播撒了对英国政府不满的火种。这使爱尔兰人确信：未来应以某种方式处理自己的事务。同样地，习惯于自救的中国传统社会，也有许多叛乱是由天灾触发的——元明两朝都是因政府未应对好范围广泛的旱灾而最终覆灭的。

现代人生活在一个专家主导的风险社会，人们在遭遇突发性灾害时，对政府的期望也有所不同了；总之，政府很难承受自己的无动于衷所导致的代价。而这种预期，事实上又为政府权力深入基层创造出了前所未有的条件。正如王建革在《农牧生态与传统蒙古社会》中论证的，一九四九年后对抗雪灾的过程，也是基层社会被重新组织的过程。一九五五年内蒙古发生大范围雪灾，损失牲畜二百五十一万头；为了避免这种大灾可能引发的社会不稳定，当地政府深层介入组织牧民定居化并指导抗灾，其结果使国家权力第一次渗透到了基层蒙古族社会。然而，在应对特大自然灾害时，非政府组织和社会力量依然能起到不可替代的作用，有时他们反应比政府还快（如这次日本地震中，黑社会组织“山口组”比政府更快给灾民发放救济），但已经很难完全依靠社会自救了，尤其是核泄漏这种事故。

平心而论，九级大地震和核泄漏属于低概率高风险事件，一般人很少认为这种事必定会发生，为此倾注大量资源也可能是不明智的——就像一个人过马路时也不会时刻绷紧神经提防自己被车撞死。哈佛大学风险规制项目主任桑斯坦在他的著作《最差的情形》中，指出了人们对于此类事件两种常见的错误反应：过度反应和彻底忽视。集中精力关注这种“最差情形”（如防止概率很低的恐怖袭击或核泄漏），有时甚至可能是出自一定政客的私利。对灾民来说，这是另一个警示：在一次意外事件拨动了人们对重大且高风险灾害的恐惧之后，人们那种不安全感也可能促使人们重新评估相关政策——德国绿党最近在选举的大胜就拜这次核泄漏事故所赐。究竟如何平衡这些决策，则有赖于开放的公共讨论环境。

【推荐书目】：

《田祖有神：明清以来的自然灾害及其社会应对机制》，曹树基 著，交通大学出版社，2007年7月。

《最差的情形》[美]凯斯·R·桑斯坦 著，刘坤轮 译，中国人民大学出版社，2010年5月。

公民如何应对风险

◎贾　敏

风险作为现代社会的有机表现形式，已经日益成为日常生活的一部分。公民如何正确地理解和看待风险，并以此降低自身和社群与风险发生的“交易成本”，已然是个迫切的话题。

风险是现代社会的一种常态。乌尔里希·贝克在《风险社会》中为我们详细勾勒现代社会中风险模式的诸多层面：伴随科学技术的昌明发展，不可测性、不可估算性以及不可感知性的特征正在取代原有自然风险赋予的灾害场景。不妨想象一下，一个静默的核电站废墟的场景给予现代人的心灵震撼有多么大。

就所影响的地域范围而言，借助新媒体技术呈现的现代风险极为容易传播，所带来的针对个人和社会的恐惧感也就更容易复制。因此现代风险本质上是全球性的，并借助资本的流动实现了风险的转移。

不得不承认，即使在西方发达国家，民众对于风险的认识仍然是残缺或是片面的，尤其是对以自然科技为代表的现代风险缺乏必要的重视。法学家桑斯坦在其近著《谣言》中，较为透彻地分析在资讯发达的现代社会中，接受过良好教育的公民为何依然受到谣言的蛊惑。

桑斯坦认为，事实经验的缺乏，情感与偏见滋生了谣言的温床；加之现代传媒手段的催化，乃造成风险事件的复杂化。只有摸清了谣言散布者背后的心理动机和传播图景，才能在源头上减弱谣言对于风险事件成本的负荷。这样看来，“无盐以对”现象的出现，本质上是现代社会中公民间无言以对的产物。

回到公民如何应对风险的轨道上。就个体而言，很少有人能够面对迫在眉睫的风险而不感到焦虑，但追寻一种与焦虑同行的处事原则并不见得困难。罗洛·梅的《焦虑的意义》对那些无视风险存在而选择逃避的现代人提出了忠告：表象的舒缓方式、物质的堆砌、以及情感的泛滥不过是大众传媒误导民众的惯用方式；只有在名为“焦虑”学院受过教育的学生，才能够面对当下乃至未来的焦虑经验，而不至于被吞没。风险社会的存在不啻是对公民心理素养的一种锤炼。

个体的涓涓溪流终究要回归社会之中。社会以怎样的方式接受个体，决定了这个社会的体质和其未来。在一个以“合情合理的自利”（托克维尔语）为典范的社会里，规避风险的最佳方式就是构建一种黏合性的社会资本，哈佛教授普特南如是说。《独自打保龄》是一份诊断美国社区凝聚力日益衰退的社会学报告，作者试图说明，一个积极而常态化的公民参与机制对于社会建设的重要性，尤其是在社会面临重大风险考验之时，其情景也就显得愈发的清晰。

【推荐书目】：

《风险社会》[德]乌尔里希·贝克 著，何博闻 译，译林出版社，2003年12月。

《谣言》[法]让-诺埃尔·卡普费雷 著，郑若麟 译，上海人民出版社，2008年12月。

《焦虑的意义》[美] 罗洛·梅 著，朱侃如 译，广西师范大学出版社，2010年12月。

《独自打保龄》[美]罗伯特·帕特南 著，刘 波 译，北京大学出版社，2011年1月。

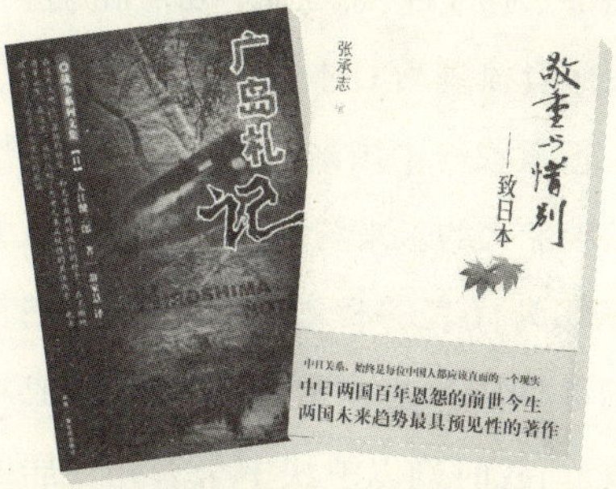

比邻若天涯

◎鸣　之

说到日本，从小我们就学会用“一衣带水”去形容。而稍通历史的人，又都会说日本与我们“同文同种”。然而，这个“一衣带水”“同文同种”的邻邦却常常令我们感到是如此不同，最近的例子是日本地震。让我们不可思议，日本地震中几乎没有楼房倒塌，更有甚者，震后受灾群众大多被安置在学校（想想我们的汶川地震）。地震中日本普通民众的反应，镇定得让人吃惊。虽然震后缺衣少食，却只见到商店门口人们默默排着长队，没有出现抢购风潮，更没有听说商家囤积居奇、哄抬物价（想想我们的食盐风波）。这个国家有太多事情让我们不懂：这究竟是一个什么样的国家？它的人民又是什么样的人民？

然而，如果我们稍稍抛开这理智淡定

到不可思议的乌托邦图景，深入看一下日本国人对于这场灾难的争论，那又完全是另一幅景象。二〇一一年三月二十八日《纽约客》刊载了一封“东京来信”，作者便是著名的诺贝尔文学奖得主大江健三郎。在这篇名为《历史重演》中，大江健三郎重申他在《广岛札记》中对日本民族性的批判：一个和平的民族，带着对于强国的幻想而与毁灭性的风险结盟。对于日本战后道路的选择大江心怀苦涩：日本既然选择了把对它投下原子弹的美国作为盟友与保护者，这便意味着笼罩在日本上空的核阴影绝不会散去。从核爆炸到核辐射，是什么导演了这场诡异的轮回？我想这便是大江健三郎一直为之写作的“暧昧的日本”。

说起日本的民族性，美国人类学家鲁思·本尼迪克特的大作《菊与刀》，已与其观点一样广为人知：“菊”是日本皇室家徽，“刀”是武士道文化象征，这两个符号分别代表了日本人不无分裂的双重性格，它同时也是日本文化的两面：爱美却黩武，尚礼却好斗，喜新却顽固，服从却不驯。然而自日本开国一百四十多年以来，现代化进程已经使得日本从“美丽的日本”（川端康成语）走向了“暧昧的日本”（大江健三郎语）。从对传统自足自信到向西方顶礼膜拜的日本，从毫不迟滞的扩张到萎顿惨败的日本，从向西欧全方位开放却并没有得到西欧的理解的日本，可以说日本的“暧昧性”正是日本在向西方向文明向强大迈进的过程中，国人和国家被撕裂开的创口。

日本终究是异邦，然反观现代化过程中的中国与日本又是何其相似？然而作为中国人，现在的我们对日本的近代又是知之甚少的，也许是一种“选择性遗忘”，因为日本在近代冉冉升起之时，正是大清步步衰败之日。我们对近代的记忆几乎被屈辱与痛苦充满，这使我们做不到平心静气去审视对手究竟如何崛起，更无从谈起从对手那里学习也自然没有理性的反思。张承志《敬重与惜别：致日本》的问世无异于一声棒喝。这书写得极热烈，但同时也极冷峻。作者从一个当年的关东军情报员服部老人的故事说起，这故事几乎包囊了日本题目的一切：日本的近代、亚细亚主义、与欧洲竞争、满洲与蒙古、浪人与志士、感恩与谢罪、左与右、忠与义、战与和、胜与败……作者梳理着日本，心里想的却是中国，他思考着与中国渐行渐远的日本，想的是民族主义的未来与出路。如果说以大江健三郎为代表的日本知识分子时刻在惨痛的教训中反思来得太过轻易的成功与惨败，而我时刻以泱泱中华天朝自居的国人，是否也可以从近代日本的曲折变迁中找到当代中国反思的镜子？

【推荐书目】：

《广岛札记》[日]大江健三郎 著，翁家慧 译，中国广播电视出版社，2009年1月。

《敬重与惜别》张承志 著，中国友谊出版公司，2009年1月。

历史并非往事

——近期历史类书籍回顾

◎王晓渔

进入网络时代，许多历史事件纷纷“破冰”，但传说和真相并存，需要一一甄别。“故事会”式的历史读物逐渐无法满足需求，公众对历史的阅读向纵深方向发展，学者的历史研究著作和当事人的个人回忆录成为公共阅读的热点。历史并非往事，可以挥之即去。

专业研究对接公共阅读

学术著作的读者，通常以专业学者为主。随着学术的专门化，很多学科的研究成果不仅公众望而却步，其他学科的研究者、同一学科其他方向的研究者都会“隔行如隔山”。但是，历史类尤其是近现代史方向的学术著作，这几年频频登上排行榜。二〇一〇年，高华、王奇生等学者的学术著作，在各种媒体的年度图书盘点中被反复提及。

大约十余年前，在香港中文大学的《二十一世纪》杂志读到《“肃AB团”事件的历史考察》，从此记住了作者高华先生。《“肃AB团”事件的历史考察》没有收入广东人民出版社出版的高华的**《革命年代》**(2010年1月)一书，但是，这本书依然值得阅读。**《革命年代》**主要聚焦于一九二八年以后的历史，包括南京国民政府、长征、延安和共和国等。

考据常常成为饾饤之学，但高华的版本校勘别有洞天，这里试以两篇文章为例。

在《红军长征的历史叙述是怎样形成的？》里，他梳理了长征的再生产流程。一九三六年八月，毛泽东和军委总政治部主任杨尚昆联署，发起征集长征经历的征稿活动，主要目的是扩大国际影响和进行募捐宣传，稿件于一九三七年二月编辑成《红军长征记》。照理说来，《红军长征记》应该大张旗鼓地进行推广，官兵人手一本。但是，书稿除了供斯诺等人参考，直至一九四二年十一月才作为“党内参考资料”付印，规定“不得转借他人，不准再行翻印”。一九五四年，该书以《中国工农红军第一方面军长征记》为题，在内部发行的《党史资料》上分三期发表，删去了五篇文章。一九五五年，人民出版社公开出版同名书籍，所收文章仅是一九四二年版的一半。二〇〇六年，中央文献出版社以《亲历长征——来自红军长征者的原始记录》为题重新出版，是七十年来《红军长征记》第一次公开、完整地见诸读者，一九五四年删除的五篇文章也重见天日。从目录来看，这本书颇为值得一读，如《茅台酒》、《老娘也要戳你一杆子》、《吃冰琪林》等。

在《“新人”的诞生》里，毛泽东的名篇《改造我们的学习》也被恢复历史原貌。毛在演讲中列举了教条主义最恶劣的表现，其中之一是：“十七、八岁的娃娃，教他们啃《资本论》、《反杜林论》”。毛痛斥“那些将马列主义当宗教教条看待的人”，并且以人民群众喜闻乐见的方式戏称：“狗屎可以肥田，人屎可以喂狗。教条呢，既不能肥田，又不能喂狗，有什么用处呢？”包括这篇演讲稿在内的二十二个文件成为延安整风中的必读文件，党员需要撰写反省笔记，康生宣布“学习委员会有权临时调阅每个同志的笔记”。此外，中央总学委专门发出《关于肃清延安“小广播”的通知》，要求每个同志必须填写“小广播表”，汇报同志们之间的反动言论，中央党校有个积极分子上交了八百多条自己的“小广播”。遗憾的是，当时人人学习的二十二个文件，比如前面引用的《改造我们的学习》片段，不见于《毛泽东选集》。

书中可读的文章不仅这两篇，这里不再一一转述。很多细节都值得反刍，比如边区和其他根据地的教师，身份从“自由职业者”转变成“毛主席的教育战士”；比如延安的托儿所叫做“洛杉矶托儿所”，不是“莫斯科托儿所”；比如一九五一年江苏各主要城市建立“宣传网”和报告员制度；比如庐山会议后，毛泽东让杨尚昆每月去两次彭德怀处，杨尚昆曾于下午四点半去彭处探望，当晚十二点将情况向刘少奇、周恩来、彭真汇报。

王奇生先生此前在专业以外并无公众名声，但是他的著作出版之后，迅速在读者中传播，这说明专业研究和公共阅读并不矛盾，而且两者的对接，将成为未来阅读格局的一种潮流。

一九二八年是一个被忽略的年份，它的重要性并不亚于一九一一年或一九四九年。王奇生的**《革命与反革命：社会文化视野下的民国政治》**（社会科学文献出版社，2010年1月），自陈以一种“去熟悉化”的眼光重新检视近代中国革命，追问革命文化和革命政治文化是如何建构起来的。“去熟悉化”有些拗口，借用一个文学术语，可以称作“陌生化”。王奇生指出，革命话语的建构，国民党起到筚路蓝缕的作用。革命的前提就是敌我之分，革命话语必然衍生一套关于反革命的言说。一九二七年，国共两党联合执政的武汉国民政府司法部制定《反革命罪条例》，武汉临时联席会议审议通过，中国历史上首次将“反革命”定为刑事罪名，这个罪名在大陆存在了七十年之久，直至一九九七年从刑法中消失。

《革命与反革命》的第五章、第六章，分别讲述上海和广东的地下工作者，一为都市社会、一为乡村社会，一为一九二五至一九二七年、一为一九二七至一九三二年，却有异曲同工之处。这两章的资料分别来自中央档案馆和上海市档案馆的《上海革命历史文件汇集》和中央档案馆和广东省档案馆的《广东革命历史文件汇集》，其中经验教训值得重视。

除了这两本与中国近现代史有关的学术著作,两本分别与苏联历史和德国历史有关的学术著作也值得重视,它们是勒佩尼斯的**《德国历史中的文化诱惑》**(刘春芳、高新华译,译林出版社,2010年5月)和伯林的**《苏联的心灵:共产主义时代的俄国文化》**(潘永强、刘北成译,译林出版社,2010年7月)。

《德国历史中的文化诱惑》对国家社会主义的美学魅力进行了精细的分析,提醒读者反思文化诱惑和美学魅力背后的政治问题,指出只注重文化(以及美学)、却忽略政治是通往奴役之路。作者勒佩尼斯先生曾经担任德国柏林高等研究院院长,他在访谈《我期望具有创造性的混乱》(《时代周报》2010年8月9日)里指出,担任院长期间,希望所有获得邀请的学者"随心所欲地生活",此外只有两点要求:"或者写一本很好的书;或者不写一本不好的书"。有次,一个学者向他告别时致谢:"院长先生,今年我成果累累,你看我写出了想写的书,而且书受到了好评。非常感谢你。"但勒佩尼斯却"特别伤心",他这样评论:"我想我做错了什么事,让他把书写出来了。我的愿望是希望他通过与这些音乐家、科学家或学者交流,能够发现他原来的想法有问题,想写的书写不下去。具有创造性的混乱——这是我特别期望的,这种情况下有了结果我反而不高兴。""创造性的混乱",这个概念尤其值得中国读者重视,我们习惯把秩序、规则、整齐、稳定当作最高价值,却没有注意到,这往往以丧失创造力为代价。

一九九〇年,伯林在《不死的俄国知识阶层》为俄国知识阶层能够幸存于一场漫长的劫难而惊喜。在他看来,俄国知识阶层的谱系可以追溯到一八一五到一八三〇年间那些主张个人和政治自由的作家们,后继者是一九一七年二月革命的主要发起者,再后来是苏联时代残存的阿赫玛托娃、帕斯捷尔纳克和他们的朋友、支持者。伯林表示,过去的两年,"我见到了许多苏联的公民,他们相对年轻,而且显然是许许多多同辈中的典型代表,他们看起来继承了老一代知识阶层的道德品质、正直的思想、敏锐的想象力和极强的个人魅力。"知识阶层的薪尽火传,再寒冷的天气也无法阻断,个人记忆的延续同样如此。

个人记忆抵抗集体遗忘

野夫先生的**《尘世·挽歌》**(新星出版社,2010年3月),是《江上的母亲》(台北:南方家园事业有限公司,2009年5月)的大陆版。可惜野夫近作《民国屐痕》,没有来得及收入此书。**《尘世·挽歌》**的家族史系列,讲述了"我们大陆这些年"。有时,个人记忆是抵抗集体遗忘的最好方式。

其中《是非恩仇二十年》、《卿本佳人,奈何做贼》,是章诒和的《谁把聂绀弩送进了监狱?》和《卧底》的当代版,只是"地下工作者"从文化老人换成了文学中年。谁说历史已成往事?相似的情节日日演、月月演、年年演。章诒和、野夫的文章,仅是一家之言,如果有不当之处,大可摆事实、举例子、讲道理，予以反驳。可是，士林之中却有不少清流，声色俱厉地谴责他们不够宽容，过于在意历史，以至于章诒和不得不撰文表示：“我没错。”

只要对章诒和、野夫的文章稍有接触，就会发现两位已经宽容到“几乎丧失原则”的程度。章诒和在《卧底》最后写道：“一个人不论你做过什么，能够反躬自问，就好。”野夫在《卿本佳人，奈何做贼》里表示“从来不要求个人在暴力机器面前的坚强”。难道遗忘才是宽容？那不是宽容，而是绥靖。士林清流一边号召宽容卧底以表明自己的菩萨心肠，一边又苛责旧事重提的书生以表明自己的金刚怒目，似乎有些精神分裂。对章诒和、野夫最严厉的指控不是缺乏宽容，而是指控他们进行“清算”，并且由此得出结论，这与“文革”手法无异。“文革”的“清算”动用了国家机器和群众运动，章诒和、野夫仅是一介书生，手无寸铁，哪里能“清算”别人？

赵越胜先生的《燃灯者》（香港：牛津大学出版社，2010年）只有三篇文章《辅成先生》、《忆宾雁》、《骊歌清酒忆旧时》，三位主人公，周辅成先生虽是学界宿耆却名声不彰，刘宾雁先生一度为读者所知，后来逐渐淡出视野，唐克先生是赵越胜的旧友，无人识得。《燃灯者》使三位主人公回到读者面前。

辅成先生虽居学术重镇，却处江湖之远。占到全书一半篇幅的《辅成先生》，记载了辅成先生的感慨，在一个思想定于一尊的时代，“礼失求诸野”也是可望而不可即的事，就算林下泉间有遗贤，要么默默终老，要么死于非命。辅成先生曾经这样评价好友许思园先生：“他在特有的孤特外，更有他特有的天真，使人觉得这个世界究竟还有一些在天空下独往独来的人，令孤独的人不觉得孤独。他好似月夜里一颗孤星，并不被睡着的人看见，但却为那些整夜不能入睡的人，忽然从床上透过明窗发现——它的光是何等清明。”赵越胜以为“这段话再恰当不过地描述了先生的一生所求”，这段话也适合所有林下泉间的“无名之辈”。

齐邦媛先生的回忆录《巨流河》（三联书店，2010年10月），读来“悲欣交集”。最初在书店见到此书，因为对作者有些陌生，没敢轻举妄动。大约三年前，媒体热炒鹿桥的《未央歌》（黄山书社，2007年12月），盛名之下、其实难副，让人心有余悸。后来知道齐邦媛是齐世英先生的千金，先后在中兴大学、台湾大学任教，桃李天下，依然未敢轻举妄动。“子以父贵”、“师以徒贵”，乃至父子、师徒互相抬轿子的现象，比比皆是。再后来，读到《时代周报》（2010年11月15日）的访谈，齐邦媛称：“印象最深刻的是抗战时期（1937–1945）我长大成人的八年。在那八年里，未被敌人占领的西南各省已有公平严格的大学联合招生考试制度，政府在极困难的战时国库中拨出专款作战区学生公费，坚持不到最后一日，弦歌不辍。”

波澜不惊却气象万千，知道不可将《巨流河》和《未央歌》等量齐观，匆匆找到此书。每天读六七十页《巨流河》，不舍得一口气读完。

暂且不说宏大的主题，单是那些生命中的细节就让人念念不忘。一九四一年，齐邦媛所在的南开合唱团参加“千人大合唱”，结束后几辆军用大卡车送他们返回，在路上，卡车后面挡板脱落，学生们跌落地上，但没有受伤。《巨流河》这样写道：“那晚，我们在残破的公路上一面追卡车一面笑，沿路流过的嘉陵江在月亮初升之时美如仙境，战火死亡阴影下的青春有了片刻的喘息，那短暂的快乐令人永生难忘。”

《巨流河》有一处细节错误，齐邦媛讲到南开四十三班五十周年纪念集里有傅国涌同学的《呼唤人的教育》。傅国涌先生生于一九六七年，虽然他的这篇文章里讲到当年南开中学的老师，但他不是当时的“同学”。当然，这种细节错误完全不影响整本书的品质。

读过《巨流河》，一种乡愁挥之不去，虽然我所生活的时空和《巨流河》并无交集。这是文化的乡愁，在《巨流河》和前面提及的那些书里，都可以感受到故国之思，不是对故国君主之思，而是对故国文化之思。看到故国文化不绝如线，一则以喜、一则以悲，喜于“千年暗室，一灯即明”，悲乎“俟河之清，人寿几何”。“国破山河在”，并不让人彻底绝望，因为生生不息、弦歌不辍，人情世风尚能“春风吹又生”。“国在山河破”才是最让人绝望的，山河变色、礼崩乐坏，只能“欲语泪先流”。

在唐德刚先生的示范下，口述史在这几年获得一定的关注，但是也成为一些作者速成著作的终南捷径。记忆中比较糟糕的是引发争议的**《吴敬琏传：一个经济学家的肖像》**（中信出版社，2010年2月），作者吴晓波先生对传主吴敬琏先生做过二十多个小时的口述史记录，虽然他表示这只是正式进行口述史记录的时间，与吴敬琏的交流时间不限于此，但是这种快马加鞭的做法还是让人感到遗憾。吴晓波在经济史以及当代中国经济上的观点，很值得倾听，可惜他的速成著作多了一点。

在**《许倬云谈话录》**（李怀宇撰写，广西师范大学出版社，2010年1月）里，许倬云先生反复表示：“国家主义是灾害，民族主义是国家主义的外套。”他还指出：“最大的全人类和最小的个人，这两项是真实不虚的。”因此，他愿意尊敬每个个人，也爱全人类，但是对于国、族、姓保持存疑。江平先生口述的**《沉浮与枯荣：八十自述》**（陈夏红整理，法律出版社，2010年9月），展现了个人视角的共和国法学史。在相当长一段时间里，法学被政治替代，而这“政治”，不是指公共生活，而是高层的权力斗争和底层的群众运动合二为一。江平先生在自序中回忆李慎之先生对他说过的一段话：“你们是搞法治的，最终会发现法治的困惑在于政治，法治离不开政治，中国现有的政治制度，你们是绕不开的。”进而言之，法学的价值所在，就是努力将政治从“高层的权力斗争和底层的群众运动”正本清源为“公共生活”，首先需要实行宪政。这些先生的感言，值得深思。

以法律确定国家与个人权界

——保路运动百年回首

◎坚 白

今年是辛亥革命一百周年。缅怀革命先烈，继绍共和传统，无疑将成为今年全球华人一个重要的纪念主题。然而，较之辛亥革命，百年前由清廷的铁路国有化事件而引发的保路运动，对于今日步入改革深水区的中国社会，或许更具有启示意义。

关于近代中国铁路建设，先摘抄一段徐中约《中国近代史》中的论述：

> 在十九世纪七十、八十年代，中国人曾强烈地反对在华修筑铁路，而至甲午战争后，却出现了修建铁路的热潮。一八九六年，清廷委任盛宣怀为一家新办铁路公司的总监，盛原本希望从政府与私人，也从外国贷款那里来募集资金，但由于政府与私人无力出很多资金，从而使筑路资金主要来自外国人。此后十年中，在外国资金的赞助下，许多铁路兴办起来了，其中最著名的为京汉线（北京—汉口）与沪宁线（上海—南京）。——还需强调一点，这时的铁路属于合股官办，外资拥有股份。

进入二十世纪以后，由于合股官办的种种弊端，加之担忧在铁路方面主权丧失有可能导致的恶果，朝野上下越来越倾向于以民间集资的方式兴建铁路。一九〇三年四川总督锡良上奏，请求“自设川汉铁路公司，以避利源而保主权”。一九〇五年，湖广总督张之洞从美国公司手中收回广州至汉口的粤汉铁路的建路权，改由商办；一九〇七年，川汉铁路也在几经所有权转换之后，正式改由商办。

一九一一年，清廷预备立宪业已宣示五年，《钦定宪法大纲》制订两年，资政院成立一年，各省谘议局也已组建。资政院和谘议局作为民意机关，拥有监督国家和各省行政机关的权力。然而，一九一一年五月九日，清廷却在没有交付民意机关批准的情况下，发布谕令，定下了将原系商办的铁路干线收归国有的政策。

从效率角度而言，清廷的铁路国有化

政策不可谓不具合理性。因为商办铁路不仅面临资金不足、管理不善等实际困难，而且缺乏统筹和协调，难免造成线路重复建设、难以衔接等严重问题。不妨再摘抄一段徐中约的论述："在湖南，虽然对土地、稻米、财产及薪金都征收了新税，但也仅筹集到五百万两，而建筑开支却是六千万两。广东省仅凑集了所需的半数资金。四川士绅与官员也发现，很少有人出资购买铁路公司股票。此外，由于公司监理侵吞了二百万两而使局势更加混乱。"而铁路国有化之后，可以通过向外国借债，大幅筹措建设资金；可以举全国之力，统一调度，集中安排。十九世纪后期，许多发达国家都经历过铁路由商办改为国有的发展阶段，有先例可循。

当然，要将铁路收归国有，必须从商办铁路公司手中赎回原属于商办公司股民的股票。清廷的措施是以国家股票，换取商民持有的商办铁路股票。首当其冲的是已经兴办六至八年的粤汉、川汉铁路。对于铁路国有化的后果，清廷认为：因为商办铁路势将"民穷财尽，欲图富强而转滋贫弱。是以干路归国有命下之日，薄海百姓必无阻挠之虞"。正是出于这种乐观的估计，五月九日，清廷正式将粤汉、川汉两路收归国有；五月二十日，盛宣怀与四国银行团签订了一份四十年的粤汉、川汉铁路借款协定，借款六百万英镑，年息五厘。

然而，事与愿违，由于清廷蓄意绕过民意机关审查批准的正当程序，任意漠视

1913年修建的"辛亥秋保路死事纪念碑"

错综复杂的债权债务关系，故上谕一出，牵涉其中的粤、湘、鄂、川四省即群情大哗，尤以四川商民的反应最为强烈。更何况，就在下诏将铁路收归国有的前一天，清廷实行责任内阁制，在十三名国务大臣中，满洲贵族九人，汉人仅为四人，而在满洲贵族中又有七人是皇族，史称"皇族内阁"。由这样一个"家天下"的内阁推行国有化，自然难以取信于民。何况，向外国银行大举借贷，也不免让人担心路权再度为外人所操纵。

其实，商民的普遍立场并非反对国有化，而是要求"人民办路用款，应照数拨还现银"，不接受以股票换股票。换言之，"保路"本为手段，"索款"才是目标。当时有大臣洞悉其中利害，建议清廷："请速颁定期还款之谕，风潮自息。"

换了任何一个现代政府，此时都会诉诸危机公关，争取民众谅解，先安定人心，

再徐图对策。但清廷非但没有任何类似于“定期还款之谕”这样的补救之举，反而将汹涌的舆情视为民众“不知朝廷维持全国路政之深意”的狭隘无知。五月二十二日，清廷降旨，命令四川、湖南停止收租股，切断了这两省商办铁路的经济来源。一石激起千层浪。

一九一一年六月五日的《大公报》对清廷的铁路国有化政策评论说：“天下唯权利二字最足起激烈竞争，故世界文明各国莫不订有法律……非但个人不能侵害国家权利，即国家亦不能侵害个人权利。权利不均，竞争因之而起，竞争一起，祸乱随之。此在专制时代犹不能以威力相迫压，况立宪时代乎？今政府对待湘鄂人民争路之举不能不窃杞忧矣。”

此时，粤、湘、鄂、川四省的铁路投资者已经群情激愤，陆续组建“保路会”以捍卫自己的既得利益，并动员各省民意机关谘议局来争取应有的权利，派代表前往北京向朝廷请愿。六月十六日，四川咨议局议长蒲殿俊、副议长罗纶等人发起成立保路同志会，得到四川总督王人文批准。就在第二天，六月十七日，清廷提出补偿铁路投资者，湘、鄂两省全额偿还；广东偿还百分之六十，剩下百分之四十以政府债券支付，政府在铁路盈利十年后赎回债券；唯独四川由于既成事实的侵吞与亏空，清廷仅发给可赎债券，年息六厘——事实上此时川汉铁路尚有七百万两结余，但清廷一分钱也不返还股东。结果湘、鄂、粤三省的风潮渐渐平息，但遭到不公平待遇的四川更加群情激愤。

事实上，传统帝制中国一向缺少个人权利的法律观念，包括财产的私人所有权概念。以皇帝为代表的王朝才是私人财产的最终决定者，王朝动辄可以籍没家产、超额征敛赋役、掠夺私人土地、制止私人贸易，等等。铁路国有化事件发生之时，虽然名义上业已开启立宪进程，但清廷并不具备“国家亦不能侵害个人权利”的现代观念，也不具备重大政策需要经由民意机关同意的宪政意识。

八月，清廷发出上谕，钦派原任川汉铁路公司驻宜昌总理李稷勋担任国家铁路驻宜昌总理，责成接替王人文署理四川总督的赵尔丰惩办争路绅民。八月二十四日，成都“各学堂一律罢课，阖城一律罢市”，危机一触即发。清廷从传统王朝的思维定势出发，下令赵尔丰“切实弹压，毋任嚣张”。

九月一日，川汉铁路股东会正式作出抗粮抗捐税的决议。九月二日，清廷再度下令赵尔丰“切实弹压”保路川民。九月四日，赵尔丰致电内阁明确表态，说川人不听解散，唯有兵力剿办。九月七日，赵尔丰诱捕保路运动领袖蒲殿俊和罗纶，并派兵射杀前往总督府请愿的民众，死伤无数，伏尸纵横，血流遍地，赵尔丰竟下令三日不准收尸。当天晚上，同盟会员、哥老会首领秦载赓即在华阳誓师起义，冒着滂沱大雨向成都进军。四川各地均随之爆发武装起义。事实证明，从四川保路运动到湖北武昌起义，仅是一步之遥。

近年来有史家考证，卷入“保路运动”的部分商民，出发点只是想让国家为自己在商办铁路公司中的亏空埋单，其动机与人格均不足为训。这类考证诚然有助于还原历史本身的丰富性，但其实并未否定、而是恰恰佐证了当年《大公报》评论中的观点：“天下唯权利二字最足起激烈竞争，故世界文明各国莫不订有法律。”

清廷处理铁路国有化事件的一系列举措，充分暴露了晚清新政的不可置信。“民无信不立”。以法律确定国家与个人权界，是建设现代国家的前提。

二○○四年三月十四日通过的《中华人民共和国宪法修正案》规定：“公民的合法的私有财产不受侵犯。国家依照法律规定保护公民的私有财产权和继承权。国家为了公共利益的需要，可以依照法律规定对公民的私有财产实行征收或者征用并给予补偿。”上述条款标志着国家与个人权界在宪法层面的根本确定，虽然，众所周知，它们在实践中尚待有效落实。

“廉锷非关上帝才，百年淬厉电光开。”值此保路运动、辛亥革命百年之际，中国改革也步入了“改变经济发展方式”的新阶段。可以想象，在这一新的历史阶段，各种各样的社会矛盾将会层出不穷，各种各样的权利竞争也将此起彼伏。无论如何，我们都需要谨记当年清廷铁路国有化事件的历史教训：“非但个人不能侵害国家权利，即国家亦不能侵害个人权利。”

补白

一生清廉的段祺瑞

段祺瑞生活俭朴，从不吃滋补品，但烟瘾很大，下棋或办公时，纸烟决不离口。在北方时，长期吸红司令牌烟，当时每听(50支)八角。到上海后知道这牌子的烟涨到一元以上，遂改吸国产白金龙牌，当时每听四角多。他常告诫晚辈不许奢侈浪费。亲戚眷属偶尔穿时髦或艳丽衣服，都不敢去见他。民国军政界要人谁没有自己的宅邸？恰恰段祺瑞就没有。当年在北京住的府学胡同那套房子是袁世凯和别人打麻将赢的，输家把价值三十万大洋的房子抵押给袁，他转手就送给段，段不肯受此大礼，袁说，这是我送给干女儿(段祺瑞二太张蘅)的嫁妆。此房并没有房契，袁世凯死后房主拿着房契找段祺瑞要房，身为总理的他只好搬家。后来他的部属、学生凑钱在吉兆胡同盖了所房子，他才搬了过去。段下野去天津后，家里人口多，平时也无积蓄，常要受部下、学生的接济才能过得下去。

联盟为什么脆弱

◎陈　弢

莫斯科，一九五〇年代末的一天，对身边的苏联同学听爵士乐、谈恋爱、考试作弊等“资产阶级生活陋习”感到愤懑不已的某中国留学生这样问他的苏联朋友，“为什么苏联学生不多参加一点政治学习呢？”苏联学生答复，“俄国革命刚刚结束后，苏联一度曾经同样紧张，不过后来就放松了，同样的事情最终也会在中国发生。”据说，苏联学生的回答一度让这位中国留学生非常生气。

人们不由得要赞许这位苏联年轻人的独到政治眼光，因为他的预言几十年之后成为了现实。这段对话出自哈佛大学的博士后研究人员马意莉(Elizabeth McGuire)《两个革命之间：在苏联的中国学生》一文，这篇文章和其他来自塞尔维亚、美国、俄罗斯、日本、德国、加拿大、匈牙利、英国以及中国等九个国家学者的论著一起被收入了二〇一〇年十一月由社科文献出版社出版的《脆弱的联盟：冷战与中苏关系》一书中。

这本书是国内冷战国际史研究的最新成果。真正意义上的冷战国际史研究兴起于上世纪九十年代初期。以苏联解体和东欧易辙作为冷战结束的标志事件，这一巨变给了国际关系史学者一个全新的时空构架，使他们能够更客观、全面地考察整个冷战的历史过程。同时，苏联和东欧档案文献的大量解密，又第一次给研究者提供了千载难逢的宝贵机会，使他们能够发现铁幕背后隐藏着的历史真相。作为一种研究范式的冷战史研究，强调运用第一手档案，跨国界、跨地区的双边甚至多边的国际化研究或合作。它既关注传统的高层政治，大国关系，多边关系的自上而下视角，也自下而上地从经济社会文化等多角度进行考察，并研究其和上层政治的相互作用，从而全面地描述冷战年代的历史。因此，冷战国际史研究提供的这一冷战时期的全球史视角，无疑是对传统外交史和国际关系史研究的超越。

本书是一本十分厚重的著作。这种厚重不仅在于其秉承了社科文献出版社一贯的高价格传统，更体现在它开创性地囊括了如此众多的不同语言，不同国家学者的最新冷战史研究成果。在于它不仅将中苏双边关系研究延伸到了中苏与美国、中苏与东欧和中苏与第三世界国家的关系维度上，还将政治军事和外交等传统国际关系研究角度扩大到了经济社会教育文化等各个侧面。尤其重要的一点，也是本书的主要学术特征之一，在于书中几乎所有的研究者都不停留于运用单独一门或两门语言的材料进行研究分析，四五门甚至是六七门不同语言的材料使用在书中比比皆是。正如一位国际知名的冷战史专家所说，这些论文作为一个整体将传统的中苏关系史研究推向了更高的研究层次和研究领域。

如果说传统的外交史研究学者犹如福尔摩斯一样，根据蛛丝马迹，模拟上层决策过程，扮演着政治考古分析员角色。那么冷战国际史研究的学者就既是解析政治达芬奇密码的分析员，同时又是能读懂多种密码的语言天才。出于冷战国际史研究的基本要求，相关学者对档案文件有一种狂热的追求。大凡冷战史的学术会议，各国学者关心的第一件事就是谁发现了新的档案，对档案的描述成了会议期间和茶歇时段的热门话题。在这本书中，包括中国学者在内的各国学者，都至少熟练地掌握一门或多门外语。本书中《一九六〇年代苏联对发展中国家政策与中国的挑战》一文作者，耶鲁的弗里德曼(Friedman)掌握七门外语，光是为了寻找研究所需的多边档案，就逐一走访了五大洲多个国家。在北京的中国外交部档案室里，随时可能发现他的身影。同样年轻的俄国人拉钦科(Radchenko)，除了在本书中贡献了《苏联外交机构的干部交替与对华政策转变(1985-1986)》一文之外，已经在国际上出版了三本有影响力的冷战史著作(三本著作分别是有关核问题，冷战在第三世界以及中苏分裂问题，足见其宽广的研究兴趣和语言能力)。

回到本文开头处所引的中苏学生的对话。相对于苏联学生所提及的那种变化目前怎样在中国发生，冷战史学家们对那段尘封的岁月往事倾注着更多的兴趣。事实上，对于中苏同盟，冷战中社会主义阵营最重要的双边关系而言，似乎也同样存在一种类似于现代化进程中的先发型国家和后发型国家的区分。本书指出，以苏联为代表的先发型革命国家，和中国这类后发型革命国家由于处于不同革命进程上的“年龄差距”，更确切地说，是革命老大哥的“中年危机”和尚处于“普世革命早期阶段的小兄弟”之间在对世界格局的认识，革命目标，意识形态，革命手段等种种问题上的巨大分歧使得立志于东风压倒西风的国际社会主义阵营如何操作成为巨大的现实和理论问题。正是这一分歧从根本上使得中苏同盟矛盾重重，异常“脆弱”。本书正是理解和说明这一分歧，并探讨这一分歧对国际社会主义阵营及冷战影响的尝试。

传统的国际关系同盟及同盟困境理论认为，国与国之间同盟关系是松散的，随时可能发生变化。因此，结盟的两国互相担心彼此背叛，与敌国结盟等“被抛弃”(abandonment)的行为。另一方面，它们又害怕由于盟友的行为而“被牵连”(Entrapment)进与自身利益相悖的冲突中去。这样，为了避免被盟友抛弃，你就必须以实际行动支持盟友，博得盟友的信任，然而这样做却会增加“被牵连”的风险；而当你想避免“被牵连”进盟友与他国无谓的争斗，与盟友保持距离，在盟友与他国冲突时不做深入干预时，你又面临了“被抛弃”的风险。传统理论认为，这种“被抛弃”和“被牵连”的风险构成了同盟的基本困境。然而，正如本书和近年来相关的冷战史研究所表明的，社会主义阵营的同盟关系是如此脆弱，很大程度上并不是出于阵营内部各国从国家利益观出发，在“被抛弃”和“被牵连”之间进行理性权衡的结果。而是由于共产党上台执政的先后顺序，即所谓“年龄差距”上出现的同盟内部等级结构，以及伴随这种等级结构而来的上级领导下级的党纪组织原则和民族国家主权平等原则的严重混淆。于是国际社会主义运动长期存在以苏联为中心，其他国家为边缘的等级制，非理性结构中。这种等级结构甚至深入到阵营内部的社会和文化交往层面。苏联拥有阵营内部国际文体交流活动的绝对决定权，头等奖大都按惯例授给苏联代表，苏联文学作品的翻译远远超过其他国家的总和(有关社会主义阵营的文化交流，见书中傅朗的文章)。在这种情况下，意识形态里的同志加兄弟关系掩盖了大量国家利益之间的冲突，而谁拥有意识形态的解释权，谁就成为阵营盟主，从而领导整个国际共运。这是造成中苏同盟分裂的根本原因，也是社会主义同盟的结构困境。

对国内冷战史以及世界史学界来说，本书另一重大贡献在于将社会主义同盟作为一个整体纳入了考察范围。中苏同盟作为社会主义阵营最重要的同盟关系，它从形成、演变到分裂无疑地对其他社会主义国家和整个国际共运产生了重大影响。另一方面，这一阵营内部其他国家如何对待中苏同盟及其分裂，如何处理和中共苏共两大巨头的关系的行为也同样影响了争夺国际共运领导权的中苏两国。冷战时期国际关系所具有的这种全方位、多国对历史进程发生影响(西方同盟阵营内部的国际关系也具有同样适合)的特性要求研究者跨出双边关系的传统考察视野，将三边甚至更多边的国际互动纳入研究范围之内。本书中周万(塞尔维亚人)的《与中苏争夺第三世界：一九五八——一九五九年铁托的亚非之行》，王俊逸(匈牙利人)的《中苏关系正常化过程中的中国与东欧的关系》，傅朗(德国人)《政治认同：一九五〇年代中国与苏联、东欧的文化交流》等三篇文章，正是这种社会主义同盟内部多边关系进行研究的尝试。本书稍有不足之处，在于还缺少来自越南、古巴等社会主义阵营其他国家方面的论述。这种研究以往出于语言，资金以及认识不够等各方面因素被忽视了，但对全面认识中苏同盟来说显然也是非常重要的。

这本书的出版，不仅给国内目前尚且拘泥于传统外交史和国际关系史的学者带来了深深的危机感。对于国内冷战史研究的其他领域，尤其是冷战时期西方阵营同盟史的学者来说，也是一次警醒。试想，要是昔日铁幕后的故事都可以讲得这么精彩，那么无论在资料开放程度还是学术积淀方面都远为成熟的“资本主义同盟”内部的故事又还有多少惊奇等待我们去开掘呢？

欲情漫漫思无邪

◎汪家明

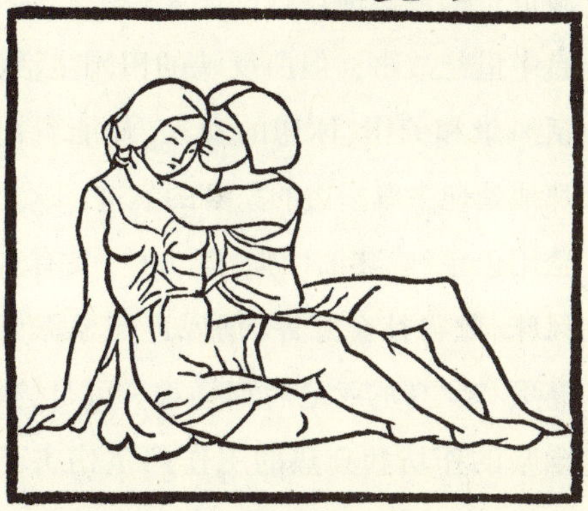

沈培金先生从香港寄来一本英文版的大画册，打开一看，是马约尔的木刻集。极简约的线条，年轻健美的裸体，天真大胆的姿态，处处体现着古典朴素纯洁的精神。品味之高，令我惊讶。查资料才知道，这个马约尔不是别人，正是与罗丹齐名的、二十世纪初象征主义雕塑家，《河》《大气》《地中海》《塞尚纪念碑》等著名雕塑的作者，画册里的木刻是古罗马和古希腊文学作品的插图。我自叹孤陋寡闻，从来没听说过马约尔还是一个书籍插图画家。而且我敢说，在我周围，看过这些美妙插图的人不多。

马约尔的生平，也许喜爱艺术的人并不陌生。他一八六一年生于法国东部比利牛斯省距西班牙边境仅几公里的巴纽尔斯村,父亲是水手、小土地所有者,兼做纺织生意。他很小的时候,父母就去世了,是婶婶把他抚养大。他长大后,想学画画,可婶婶不认为他有这方面的天分,极力反对,后来勉强同意。他独身去巴黎求师,历尽艰难,终于考上高等美术学校,毕业后画了一些画,但反响平平,似乎证明了婶婶的看法。为了生活,他曾画过舞台布景,还去私立美术学校教过书。浑浑噩噩到三十二岁那年,一次在博物馆里浏览,他被一组十六世纪的织毯所吸引,突然产生强烈冲动,想要自己动手,恢复这门古老的实用艺术。来年他返回家乡,开了一家织毯作坊,雇了几名女工,自己作底图,指导她们织造,并且尝试从当地植物中提取染料进行染色。他设计的图案,题材大多取自中世纪故事,但所反映的田园生活,包括风景和劳作、休憩的女人,却能看出他那地处地中海岸边的家乡的痕迹。这些织毯用色单纯、装饰性强,既古朴,又有现代风味,颇得社会好评,据说连印象派画家高更和罗马尼亚皇后都喜欢。可是,狭窄幽暗的作坊和狂热的工作严重伤害了他的眼睛,使他几乎失明(有六个月什么也看不见),无奈之下,转而专心于不怎么费眼的雕塑创作。这一年,他四十岁(1901)。

早在前一年,马约尔消遣时以妻子为模特儿捏塑了圆雕小像《丽达》。《丽达》是传统题材,具有叙事性,比如与她纠缠在一起的鹅总是少不了的道具。可是马约尔的《丽达》只有一个坐着的裸女,仅靠她低首回眸、左手微举、身体倾斜躲闪的造型,暗示希腊神话中著名的故事。这件二十七厘米高的小像被一位艺评家买去并拿给罗丹看,罗丹称赞说:“它很引人注目,因为它毫不卖弄炫耀。”也许这就是马约尔转向雕塑的外在推力了。

至今难以解释的是,马约尔在雕塑上几乎一下子就找到了自己的表现方式。一九〇二年至一九〇五年创作的《地中海》,是他一系列不朽雕塑的奠基之作。这个女体雕像是在多次粘土习作的基础上,最后以石雕完成的,高一百一十七厘米。现收藏于巴黎奥赛博物馆。作品中象征着“地中海”的女子,右臂向后支撑着身体,左臂支在腿上,手托着低垂的头,神态安详,如同坐在海滩上沉思。人体身上凹凸面极少,只有大弧度转折的体面,光照下,明暗起伏很弱,皮肤光滑丰腴,充满生机,表现出马约尔对地中海和地中海周边居民和文化的理解。

在以后的作品中,马约尔主要选择女人体作为他的表现对象。在他看来,女人体是大自然的缩影,是他表现寓意和象征的无尽宝库。所以他给作品起名为《地中海》《山》《河》《大气》《夏》《夜》等。相比之下,马约尔更倾心于少女美丽胴体的质朴,他对于那些未经受生活磨难的青春怀有深切的热爱。《河》是一个跌倒的女子,双腿一前一后自然弯曲,双手张开,头垂下,头发像浪花一样四散,神情似惊惶又似陶醉。她乳房小而饱满、腹部结实、腿粗壮,身体的弧线从脚到头起伏着,波动着,如同正被一股看不见的洪流卷走,抑或她

本身就是一条奔腾不息的河流，粗犷、放纵、健康。《河》充分展示了裸体所具有的无限魅力，人体被赋予如此丰富和广阔的含义，几乎无法用语词阐述。《河》还有两个姐妹：《山》和《大气》，它们以同样的手法，构成自然三部曲，是马约尔的代表作。

马约尔创作的大部分雕刻都标有两个日期，一是开工日期，二是他认为完工的日期。这两个日期通常相距很远，这期间他常常会有许多习作，进行各种各样的试验，有时根本改变了最初的创作。所以，他的作品中几乎没有什么神来之笔和即

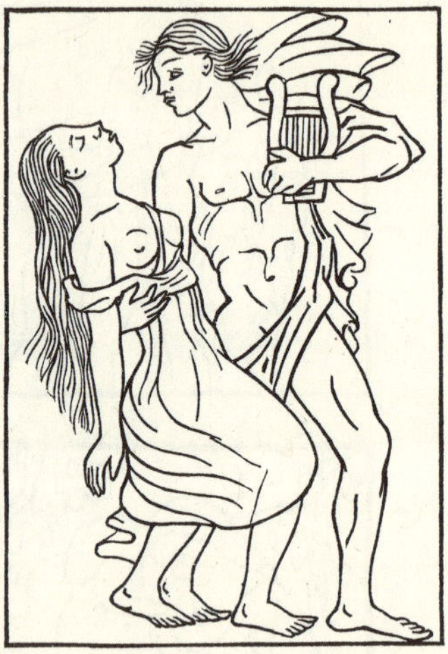

兴效果，都是依靠传统方法，耐心琢磨而渐渐显露出风格。说到底，这一切还是由他的个性和审美偏好所决定的。从他在博物馆见到十六世纪的织毯时，就被古典艺术的魅力击中，从此决定了他的一生。他主张雕像应保持古希腊罗马的洁净精神，强调人体静止和永恒的性质。评论家认为，马约尔将建筑学原理引入了雕塑，使雕塑艺术发生了巨大的变革。他是一个摆脱传统"雕"和"塑"的艺术家，他的作品更多地表现为"建"和"造"，具有建筑般的气势。

马约尔雕塑的另一个特征，是他永远在做减法。他成功地运用削减细节的手法来获得力量。他希望用最少的词表达最多的意思，对于个性的表现不太关注，而重视对普遍精神的概括。他的作品没有太多的轮廓的变化。他说："我只有几个主要的部分，就是这些也嫌太多。"假如说罗丹的理想是把大理石和青铜变成肉体，那么马约尔的理想则是将肉体化为大理石和青铜。罗丹代表流动的力，马约尔则昭示了内聚的力。

马约尔被称为现代象征主义雕塑家。

其实他是一个古典主义至上者，他本人并没有“现代”的追求。他只是尝试把大自然的豪迈之气和雄伟力量赋予女人体。这些女人体充满着生命，但它们不是具体的人，是大自然的象征。也许，这就是评论界所指谓的马约尔的“象征主义”？

马约尔在雕塑创作中的审美理想，也明显表现在他的木刻画上。一九〇八年他去希腊旅游，对一路上看到的、古代保留下来的风景和风俗感到非常惊奇，那种感觉就像回到老家一样。这引起他对古罗马、古希腊的文学的兴趣。在出版商的要求下，他画了一系列草稿，在回家之后很短的时间内，用一棵古老的梨树雕刻了一些古代文学作品的木刻插图。这棵梨树是他在家乡巴纽尔斯的财产，一场暴风雪刮倒了它。但这项工作没有专心进行下去。也许他当时对木刻只抱着消遣的态度吧，如果不是暴风雪吹倒了心爱的老梨树，就不会有这些木刻画。直到一九二六年，他六十四岁时，才完整出版了他为古罗马诗人维吉尔的《牧歌》的插图。后来他又为维吉尔的另一部名作《农事诗》、古希腊作家朗戈斯的爱情小说《达夫妮丝和赫洛亚》、

古罗马诗人奥维德讲述爱的技巧的《爱的艺术》和一位无法考证的古希腊作家隆古斯的传奇小说《牧野恋歌》等创作了许多木刻画和石版画插图。沈培金先生寄给我欣赏的画册里的插图画，就是选自以上各书。

维吉尔的《牧歌》作于公元前四十年，主要描绘了田园生活，是年轻的牧羊人歌唱他们的爱情。马约尔在作木刻插图时，就像维吉尔或多或少会在他的诗中暗藏一些自己的真实生活，他也加进了他自己的生活经验，比如牧羊人的古式葬礼，就是巴纽尔斯村典型的葬礼。不过，马约尔着力刻画的，还是诗中那些情爱的细节，无论是同性爱还是异性爱（在古罗马，同性爱是习以为常的），其中不乏性爱的场面。那些千姿百态、纯真无邪的人体，用的完全是白描的手法，简约、优美、宁静，一如他的雕塑作品。毋宁说，由于木刻画易于操作，马约尔对古希腊罗马人体美的体验和追求得到更充分、多样的表现。我分明从这些人体线条中感觉出他在作画时的虔诚和愉悦。

《牧野恋歌》的故事性更强些。小说讲述了一对青春期的伴侣之间强烈的依赖感，不仅是身体上的，还有精神上的。周围的环境和四季的变化对他们的情感有着深刻的影响。这样的场景和情节正是马约尔所喜欢的。他的插图画起来得心应手。他不厌其烦地刻画一个个裸体，有的只是稍有区别，但很微妙。

维吉尔的《农事诗》作于公元前三十年间，是农村劳动的说教诗。第一部分讲土壤和庄稼，第二部分讲葡萄和橄榄的生长，第三部分讲牲畜的养殖，第四部分讲的是养蜂业(维吉尔爱好养蜂)。在画这部作品的插图时,马约尔并未严格按照内容创作,他的木刻经常与诗中所描述的相差甚远。他并不理会维吉尔喜欢描述的与政治和军事相关的场景，也基本上忽视了诗中表达出的沉重和悲哀,如暴风雨摧毁庄稼,或是瘟疫导致牛群被杀等。他执着描绘的是各种茁壮的庄稼、果木、花、草、大树、野性的灌木,温驯的牛、羊、鹅、鸡,还有务农的场面:割麦子、摘果、刨地、挤奶,以及劳动空隙的嬉戏,男女欢爱、吹笛和舞蹈……全然一个世外桃源。这些作品展示了马约尔艺术更广阔的空间。

值得注意的是，马约尔和维吉尔有一点是颇为相似的，就是对自己作品的严格态度,每件作品总是改了又改,完成的过程很漫长。实际上,无论从内容还是从形式追求的层面，马约尔与维吉尔的精神都是相通的。我相信在他的雕塑作品里也有着维吉尔的影子。

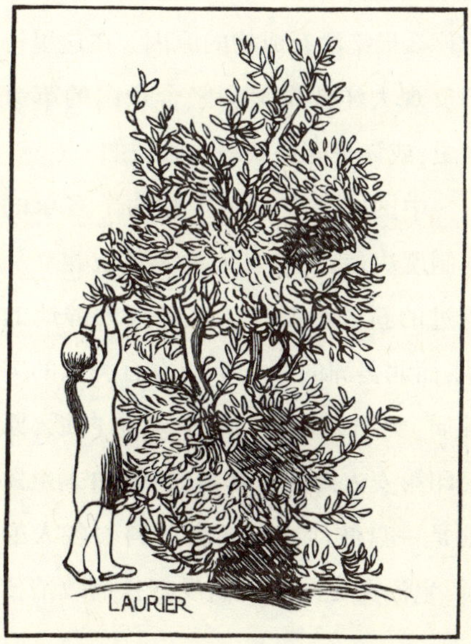

马约尔晚年功成名就后，隐居到家乡比利牛斯山区,过着与世隔绝、克勤克俭的生活。他想始终保持同大自然的交流。他总是说,自己不是通过思考,而是通过与大自然的交流来完成艺术创作。他的木刻插图大多数是在这里完成的。一九四四年九月，出版商收到了马约尔最后的木刻画，画的是《农事诗》中的蜜蜂如何采花。几天后,他因车祸身亡,葬于巴纽尔斯,享年八十三岁。到老他都认为:“做织毯是我一生中最为快活的时期。”

美国的开国元勋们是怎样建国的?

◎萧文泉

建国大业是个激动人心的题目,志士仁人们热血牺牲,击碎旧制度,从而开创万世不败的新国基,这是多么地令人神往的事。可是革命处处有,建国成功国运绵绵的却不多。辛亥革命至今恰好百年,这场革命曾被寄予重望,当革命军起时四海响应者云集,因为大家以为一个新中国将要从此矗立东亚,然后接着出现的却是军阀崛起,宵小横行,民国国运勉强维持了几十年就终结了,辛亥百年祭之际,学者们纷纷著书写文,分析革命的起因,讨论失败的根源,解释革命的意义,想要看清为什么最终没有成功的原因。在这里让我们反观大洋彼岸美利坚合众国的革命建国史,或许是能得到一些教益的。

中国的辛亥革命要和两千多年的帝国制度决裂,在华夏大地上凭空建立从未有过的新政治制度,这是开天辟地的伟业;而北美洲的那场革命也有类似的突变性质,美洲大地那时是张政治白纸,原住民印第安人尚处于部落时代,白人殖民者则是一盘散沙,自顾自照料着各人的家园,生活在美洲的人们没有任何政治传统可以继承。历史学家麦克尼尔在评论这段历史时曾说,白人到达美洲后的那几百年里,南北美洲大地上出现了人类历史上曾经尝试过的从奴隶制到民主制的所有政治制度。为什么北美的革命者建立了民主制度?更令人惊异的是这个制度显示出了非凡的生命力,两个半世纪来一直按照开国者制定的宪法运转着,以至于人们无法想象美国人哪天会脱离他们的宪政制度而走向内乱。如果说有个美国模式的话,这个模式显然是一个长治久安的模式。

距离产生美感,对人物的评价也一样。离我们远的历史人物往往就会被当作圣人。领导美国革命的那些律师,军人和庄园主们现在被尊为国父,铜像巍巍受人膜拜。但是他们其实也是些普通人,有着普通人的弱点和缺陷,互相还常常争斗不歇。只是这些缺点并没有妨碍他们完成建国大业,那个时代的北美殖民地里占主导地位的价值观、社会体制、个人品德以及运气合力作用,成就了美利坚合众国的伟大事业。

人们常常把中国辛亥革命失败的原

因归之于独掌兵权的强人，严重分裂的党派，设计不善的宪法，落后的经济基础，无能的政治家等。现在回顾起来，当时美国的政治条件也好不到哪里去，独立战争胜利以后，总司令华盛顿在大陆军队里享有至高无上的权威，他对军队的掌控一点也不比袁世凯弱。议会里联邦党人和共和党人的政治理念截然相反，事事互相掣肘。当时的大陆议会远没有现在的美国国会那么文明，议员们像我们在当代的新兴民主政体里经常看到的那样互相恶言恶语地詈骂，人身攻击是家常便饭，大打出手也时有所见。当时的美国宪法也很有些不切实际的规定，比如总统选举中得票数第一和第二的候选人即为总统和副总统。这样，竞选中对立的政敌在选举后就得成为必须共事的正副总统。美国那时经济也相当落后，很大一部分的经济基础还建立在奴隶制之上，按照正统的政治经济学，根本就不适于资本主义的上层建筑。担任新生共和国要职的许多政治家如麦迪逊和小亚当斯等根本就是些耽于书本知识的读书人，既不善于和公众交流也不会纵横捭阖灵活执政。由于美国人家家有枪支，政治问题时不时会引发各地的武装叛乱。总之，这些美国人的政治创新也很有失败的可能。

但是他们成功了。这里，美国首任总统华盛顿的作用是非常关键的，他出身于一个富有的种植主家庭，但是没有受过很好的正式学校教育。在殖民地时代他曾随着英国人和法国人打仗，令人瞩目的军功

美国首任总统华盛顿

给他带来很高的声望。独立战争爆发时，北美第二次大陆会议任命他为大陆军队的总司令，华盛顿接受了这个职务，但是不肯领取总司令的薪酬。经过多年的艰苦战斗，他的部队终于打败了装备和训练上占优势的英国军队，为美国赢得了独立。这时华盛顿的威望和权力达到了顶峰，然后，战争一结束，他马上辞去了总司令的职位。这是一个史无前例的举动，一般人都以为华盛顿会像古罗马的凯撒或英国革命时的克伦威尔那样紧握军权继续执政到底。当英国国王乔治三世听到华盛顿辞职的消息时感叹说，如果这个消息是真的，那么华盛顿真是历史上最伟大的人了。

放弃军权后的华盛顿仍然积极参与建国的大业，他主持了美国宪法的制定，并当选为美国的第一任总统，开始了草创新制度的历程。华盛顿政府里的主要成员如杰斐逊和汉密尔顿都功高位重，但是因政见不同而势如水火，幸有超脱的华盛顿在上面才保持了新政府的稳定和国家的统一。华盛顿是开国初期混乱局面中的凝

聚力量,倘若华盛顿在当选后不久患的那场大病中死去,美国的建国事业很可能不会成功。同时,正是因为美国宪法的起草者们知道华盛顿肯定是未来总统的唯一人选,所以在宪法中赋予了总统比较大的权力,这也使得后来美国能够据此建立一个以总统为首的强有力的联邦行政机构,不然的话,出于当时人们对中央权力的疑惧,不会给总统的职务以实质性权力,美国就难以成为一个统一的大国。

美国的运气在于他们的首任总统是个非常谨慎务实的人,他受教育有限,不是个知识分子,然而世事练达,深知他在总统位子上的一举一动影响深远。他说,我是在走没人走过的路,我所有的行为都会被后人援作先例。在他建立的先例中有一个意义非常深远,那就是他在两届任期满了后不再寻求连任,从总统职位上完全退下回家当平民。要知道那是在一七九七年,当时世界上绝大多数的国家都是实行世袭的君主制,国家元首终身在位是自古以来的常规,更早的英国革命成功后继续保持了终身的君王制,几乎同时代的最激进的法国大革命结果还是造就了拿破仑皇帝。两百年后的中国革命更加激进彻底,也要到“文化革命”后痛定思痛才废除了领导人的终身制。华盛顿的这个先例使美国从此再也没有专制独裁之虞。

华盛顿以后的美国总统各有特点,有的显示了很明显的缺点,几乎不适宜于总统这个职位。美国的第二任总统约翰·亚当斯为人正直,但是情绪非常不稳定,富兰克林评介说,亚当斯是个诚实聪明的人,但是有时会完全失去理智。他在美国立国过程中功劳不小,但是绝对不是一个能干的政治家,他的政府部长中有三个人实际上是在听从他的政敌的指挥,他竟浑然不觉,最要命的是,亚当斯在他的任职期间中经常不在首都。一七九九年一年中他居然有七个月住在自己的麻省老家,他的总统任期的其他三年里每年也要在自己家乡住上四个月。总统不在首都,尽随他的部长们按照各自的意愿管理国家事务。亚当斯不乏政治远见,学识也称得上渊博,但是他毫无行政组织能力,不爱和人交往,不屑于赢得民众支持,如果是在当代美国,他恐怕连地方议员都当不了,但是美国并没有因为这位总统的无能而陷入分裂。

继承亚当斯的杰斐逊是个允文允武的全才,内政外交理论实践样样在行,一直是美国人民崇拜的对象,只是近年来人们发现他对待奴隶制的态度颇为暧昧很不正确,批评他的声音才渐渐响起。作为总统,杰斐逊的第一个四年任期相当成功,但是这位深孚人望的政治家在他的第二个任期里却失误重重。他身为总统,却情绪激动地深深地卷入对他的政敌伯尔的诉讼中,结果法院还是宣判伯尔无罪,使杰斐逊在公众面前大大失分。在外交方面,他针对英国发布的贸易禁运令非常不得人心,因为它伤害了美国自己的经济,各地的反对日益激烈,但是杰斐逊却固执己见,不肯承认自己的政策错了。

在杰斐逊之后当选总统的麦迪逊也是个思想深邃的政治理论家，对美国宪法的制定和确立功劳至大，他主笔的《联邦党人》政论文集至今还是中外政治学系学生必读的经典。可是这样一位出色的知识分子，却是一个糟糕的总统人选，他的总统任期是他的生平事业的低谷。麦迪逊当政时正好是美国内外危机重重的时候，国会里的派系严重分裂，国外英法大战正酣，美国需要一个强有力的领导人，但麦迪逊不是这样一个领袖人物。他缺乏行政经验，性好退隐，不愿意以总统权力过多干预公共事务，也不知道怎样和民众交流，在他的就职演讲中，他居然用了一句长达三百七十四个词的句子来说明他的政策目标，其书生气可见一斑。

麦迪逊处理外交事务时根据的是抽象原则而不是无情的现实。在英法战争期间美国商船一直遭到英国军舰的海上拦截，麦迪逊没有冷静估计力量对比就贸然决定以向英国宣战来报复。然而美国的武装力量并没有做好打仗的准备，结果一路丧师失地，让英国军队长驱直入首都华盛顿，一把火把白宫都烧成平地。

接麦迪逊班的门罗是个相当能干和脚踏实地的总统，门罗以后，美国第二任总统的儿子小亚当斯当选总统，他却又是个不合格的行政领袖。这并不是说小亚当斯的教养不够，相反，出身名门的小亚当斯受过最好的精英教育，他的父亲从小着重培养他的德性和为公共利益服务的献身精神，带着他遍游欧洲，送他上哈佛。小

美国总统杰斐逊

亚当斯能讲七种外语，精通数学和许多种科学，对政治理论也有深刻的理解，他无疑是美国历史上最有学问的一位总统，却恐怕也是最没有政治技巧的一位。就任伊始，小亚当斯向国会提出了一整套雄心勃勃的施政方案，其目的和内容是无可非议的正确，然而他的计划超越了时代，也完全不考虑国会和民众的接受能力。在遭受到一片反对声后，小亚当斯不肯做说服工作，也不屑于妥协，结果他一事无成。早期的美国总统总是通过资助一家报纸的办法来得到一个表达自己观点的渠道，亚当斯不干，他说，我才不花钱来吹捧自己的才能和批评攻击对手。这位总统和大众之间几乎没有任何沟通，他当然没法做出什么执政成就。

美国开国后的第七位总统安德鲁·杰克逊是个完全不同的人物，他的出身和经历最接近我们的近现代史上人物。杰克逊十三岁时就参军，曾被英国军队俘虏，逮捕他的英国军官命令他擦鞋，他拒绝了，结果遭受毒打，在他的手和头上留下了永久性的伤痕。独立战争后杰克逊在西部边

境小镇混日子,斗鸡赛马决斗,赢得了个硬汉的名声。他的行伍生涯给他带来更广泛的声望,在和印第安人和英国军队等的冲突中顽强冷血,为美国夺得了不少重要的胜利。在他当选为美国总统时,他身体里还留着两颗没取出来的子弹。他的敌人把他形容为是一个一手举着战斧一手拿着剥头皮刀的家伙,随时准备消灭和他意见不一致的人。这当然是漫画式的描写,但是杰克逊确实是个只想着打垮敌人而不顾后果的人。他讨厌银行,怀疑美国银行在支持他的敌人,于是否决了给美国银行的特许权,使得美国在很长时间里没有一个中央银行,这影响了美国的经济的发展。美国宪法赋予总统以否决权,杰克逊之前的总统小心地避免使用否决权,除非涉及到违反宪法的问题。杰克逊则无所顾忌地将否决权作为一种政治武器来经常使用。换一个环境,他就是一个军阀了,可是没有,杰克逊任期的后果只是加强了总统的地位和作用,美国作为法治国家的基本政治体制没有动摇。

从华盛顿到杰克逊这七位早期总统被历史学家们看作是塑造了美国政治体制的元勋。他们一直受着美国人的普遍敬仰,但是我们看到,他们并不是圣人,作为政治家他们都有这样或那样的缺陷,在创建新国家这个充满变数的过程中,这些缺陷居然没有导致建国事业的跨台,美国没有出现军阀混战,没有沦为一个专制国家,联邦政府没有解体,地方政府没有割据,除了一场为了解决奴隶制而发生的内战,所有的争端都在法制框架里和平地解决,这是很可令人深思的。这个奇迹的发生当然取决于许多因素,从美国建国初期这些开国元勋的行为来说,尽管他们都有不足的地方,我们看到这些开国领袖们没有一个贪贿枉法的,没有一个试图不通过选举来获得权力,没有一个能够不受严格的公共道德标准的制约。小亚当斯在选举过程中得到参议院议长克雷的大力帮助,而小亚当斯一当选就任命克雷为国务卿。这个举动被认为是违反了基本政治道德而导致舆论大哗,小亚当斯在国会里遭到猛烈的抨击。政治家的个人私德也受着严密的监督,杰克逊和他的妻子结合时她妻子还没有最后完成和她前夫的离婚手续,结果杰克逊为这事受到许多人持久的批评。

当然,最主要的是,美国的公共权力从一开始就被严格地限制着,公共权力和私人权利之间的界限非常明确。公众非常警惕地戒备着不让任何公共权力私人化。华盛顿主动辞去总司令职务,两任总统后主动卸任当平民,这当然是由于他不迷恋权势的个人品德,其实也是回应了美国公众的期待。在美国的制度下总统是不可能无法无天的,公众的监督和法律的限制使总统要处处小心。杰斐逊在卸任之际说,没有一个摆脱了锁链的囚徒会有我摆脱了权力的束缚后感到的那种轻松感。如果哪天我们的高官们有这种感觉了,我们的改革也就成功了。阅

图一:1935年,南京金陵女子文理学院即景。(选自《老照片》第6辑,秦风提供)

老照片里的民国日常生活

◎冯克力

在《老照片》出版到十几辑的时候,有朋友曾经问我,编《老照片》这些年,给我留下印象最深的照片是哪一张?

他这一问,还真把我难住了。当时光是经手刊出的老照片便已不下几千张,真要张口说出一幅印象最深的,并不是件容易事。

不过,我还是很快想起了一张。那是一九三五年摄于南京金陵女子文理学院的一幅照片(图一),刊登在《老照片》第六辑里,照片定格了一位幼儿园女教师带着一群孩子在草坪上做游戏的瞬间。冬日的阳光,暖暖地,洒在年轻女教师娟秀的面庞和孩子们欢快的笑脸上,温馨而祥和。

从摄影的角度来说，这张照片无论其匀称的构图、妙曼的动感还是对人物神情恰到好处的捕捉，都堪为经典之作。但是仅凭这些，这张照片还不足以从几千张照片里脱颖而出，给我留下那么深刻的印象。这幅照片如此地触动我，还因为照片以其独有的语言向我们讲述了一个特定的时代——抗战前的民国社会的日常生活。

通常，提起民国社会，大陆的一般民众耳熟能详的是红军的伟大长征，是日本帝国主义的侵略和共产党领导的抗日斗争，是国统区的腐败以及埋葬蒋家王朝的战争。而对于民国社会的各项事业、战争以外各阶层民众的庸常生活，则所知甚少，与此相关的照片更是凤毛麟角，难得一见。

这幅照片，是台湾的老照片收藏与研究者秦风先生提供的。毋庸讳言，由于意识形态的原因，一九四九年以后大陆这边官方对民国社会的记述是有所选择的。秦风先生以其独有的地缘优势，为《老照片》提供了大量的民国影像，在很大程度上丰富、弥补了大陆民众对民国社会的认识，尤其是通过许多记录民众日常生活的老照片，向人们呈现了民国社会作为近代中国文明阶段性进程的另一面。

这张照片定格的虽只是日常生活的一个瞬间，但所折射的时代意涵也是显而易见的。北伐结束，国民政府定都南京，到了一九三五年，社会尚称安定，各项建设逐次展开，如果没有两年后日本人的大举入侵，和平发展的局面得以延续，中国的社会进程完全会是另外一种样子。而这张

图二：1936 年，摄于江苏镇江民众教育馆宣传橱窗前。（选自《老照片》第 12 辑，吴寅伯摄影）

记录民国首都民众寻常生活的照片以及画面本身所透露出的安宁与祥和，正是那个时代的某种写照。与通常印象里的“万恶旧社会”，至少是大相径庭。

还有这张摄于一九三六年的江苏镇江民众教育馆的宣传橱窗前的一幕（图二），一位身着碎花旗袍的年轻女子，带着两个女孩，在镇江民众教育馆的宣传橱窗前驻足观望，一边在向孩子讲解着什么。而写在橱窗玻璃上那条宣传口号“养护儿童是父母与教师的责任”，则表达了社会对于儿童教养的共同认知。照片的提供者黄咏梅在随文中回忆道：

那是一九三六年秋，七岁的我是二年级小学生。父亲在我四岁时因急病死于执教的外地，母亲守着我和妹妹们在镇江东门老家深宅里相依为命。我六岁入民众教育馆办的小学，校舍设在孔庙里，离我老

家不出一百米。年轻新潮的王校长是出国留学生的留守夫人，她在讲台上给我们示范刷牙，给我们讲述日本军国主义者向日本小学生灌输侵华思想的故事。还有好几位关爱我如同父母的老师，孜孜不倦地传授知识。孔庙正殿陈列着“头悬梁”、“锥刺股”、“孟母三迁”等故事的小泥人塑像，还有卫生常识方面的模型、图片，教室设在正殿后西院落的平房里。更使我感兴趣的是，遇到周末，民众教育馆为附近居民放映电影，我们小学生是必去的观众。那年代，能看到卓别林夸张的滑稽表演，虽然无声，也是莫大的享受。大舅父一人在外地工作，那年回镇江探家时，星期天和大舅母唐思萱带着表妹吴碧霞来看望我们，我高兴地陪他们去我心爱的学校参观。走近橱窗前，那张宣传画吸引了我和表妹。我们驻足细看，大舅母边看边给我们讲解，我入神聆听，表妹目不转睛地看着画上的小朋友。大舅父见此情此景，即兴抓拍下来，当时我们一点不知道。

作者结合这张照片的回忆，为我们留下了许多有价值的信息。一位幼年丧父、与母亲和妹妹们相依为命的女孩，并没有因生活困顿而失去接受教育的机会；民众教育馆及其创办的小学奉行的是“中西合璧”的施教方针，既承继传统伦理文化，又传播现代卫生科学常识，还放映西方电影……从上面的叙述里，足以看出民众教育馆所承载的一般社会功能，和为普及教育、传播文明所做的种种努力。

尤其可贵的，这不是一张为了宣传而刻意摆拍的照片，而是一位民间摄影爱好

图三：1937 年 1 月，山西文水县里村女子初级小学的师生合影。（选自《老照片》第 15 辑，高建中提供）

者对身边生活的不经意的记录，其真实性是不容置疑的。

上面两幅照片，一张拍自当时的首都，一张拍自当时的江苏省会，或为首善之区，或为经济文化发达之域。而其他地方的情况是怎样的呢？这里有一张一九三七年一月在山西文水县拍摄的照片（图三），是文水县里村一所女子初级小学的师生合影。

文水县是毛泽东亲笔题词“生的伟大、死的光荣”的刘胡兰的家乡，一九四七年，十七岁的刘胡兰被国民党军以铡刀残忍地杀害，成为中国革命史上家喻户晓的著名烈士。而这张照片中所透露的宁静与祥和，与十年后刘胡兰殉难时腥风血雨的社会氛围，却迥然有别。端坐中间的那位女子应是这所小学的校长，从穿着、气质上看，当是一位受过现代教育的女子，神情中透着自信与干练。照片上的女学生也都穿戴整齐，相貌端正，让人感觉很舒服。还有，背景中雕梁画栋的校舍也着实让人羡慕，可见那时的人们已经实践了后人虽信誓旦旦却行有未逮的承诺——“把最好的房子让给学校用”，如果我们对这一承诺不是“行有未逮”的话，可能也就不会发生汶川地震期间校舍大面积倒塌那样的悲剧了。

这张照片里，最吸引人们眼球的，是端坐在中间的那位年轻女子。大家知道，中国既有论资排辈的传统，更不乏男尊女卑的陋习，而那位女子，年纪轻轻，列坐于几个大老爷们之中，却未遑多让。

大概是受了法国年鉴派的影响，胡适先生曾经慨叹过：“《史记》里偶然记着一句‘奴婢与牛马同阑’，或者一句女子‘蹑利屐’，这种事实在我们眼里比楚汉战争重要的多了。”在他看来，“朝代的兴亡，君主的废立，经年的战事，这些‘大事’在我们眼里”反而“渐渐变成‘小事’了”。从这张寻常的乡村小学的师生合影里，则不难看出民国年间妇女解放的种种端倪和时代前行的迥然步伐。在许多时候，时代的变迁与进步，并不体现在轰轰烈烈的运动里，往往是一些琐屑的生活细节，更能反映社会的深刻变化。历史已经一次又一次地证明了，那些轰轰烈烈的“运动”不过是表面的热闹而已，并且换来的不仅不是社会的进步，反而可能是空前的倒退。

一九四九年以后，民国的一切都成了“前朝旧事”。由于意识形态的原因，对民

图四：1940年代，天津东亚公司公教信友协进会的唱诗班在排练。（选自《老照片》第16辑）

国年代的日常生活细节的误读也在所难免，对同样一张照片，往往会有截然不同的观感。

这张拍摄于一九四〇年代的照片（图四），是天津东亚公司公教信友协进会的唱诗班在排练的情形。在用苇席临时搭成的草台上，唱诗班的信众们个个阔袖重袍，手捧展开的乐谱，伴随着台下钢琴的伴奏，唱得专注而投入。整个画面于黑白相间中，弥漫着几分肃穆与庄严。

照片系笔者从北京潘家园旧货市场淘得，夹在一本一九四〇年代印制的东亚公司的企业宣传册里。宣传册用道林纸印制，图文并茂地介绍了东亚公司的产品和经营管理的情况。天津东亚毛呢纺织股份有限公司，是民国年间的著名企业家宋棐卿于一九三〇年代所创办，其生产的“抵羊牌”毛线的总销量，一度占据了国内市场百分之八十七的份额，并向东南亚十几个国家出口。宋棐卿的企业经营理念，也不乏现代意识，在企业内部施行了许多保障和增进职工利益的做法，向职工发放年终奖金、生活津贴、伤病津贴、婚丧补贴和子弟奖学金等，还设立了职工宿舍、夜校、国剧社、合唱团、医院……在一九四三年更以“赠股”的办法，将公司股份配发到每位职工，使企业员工都成为公司的股东。因宋本人出身于笃信基督教的家庭，还在企业内部建立了公教信友协进会，将宗教教义融入企业管理，形成了独具特色的企业文化。这张照片记录的，便是信友协进会唱诗班的一次排练。

宋棐卿的上述举措，说到底无非是为了化解企业经营管理中的人际矛盾，以增

图五：1948 年，竖立在长春街头的新片上映广告画。（选自《老照片》第 32 辑）

图六:1948 年,长春市一位登台表演的鼓手。(选自《老照片》第 27 辑)

加企业内部的凝聚力,从而获得最大化的效益。以今天的眼光来看,宋棐卿堪为企业经营者的楷模和"维护社会和谐稳定"的功臣了,当个"政协委员"、"人民代表"什么的,应在情理中吧。

然而,就是这样一些颇具超前性的现代企业管理举措,在后来的岁月里却一度成了宋棐卿"调和阶级矛盾"、"统治工人阶级"的罪行。这张照片则在一九六〇年代的"阶级教育展览会上",被当做"用宗教麻痹工人阶级"(后人写在照片背面的文字如是说)的罪证,被公开展示。真是此一时,彼一时也。

民国几十年,除了抗战前有过几年的相对和平时期以外,大部分时间都处在动荡与战乱之中,这无疑给民众的日常生活造成了很大影响。但战乱与动荡并不就是民众生活的全部,即使身处战乱中,老百姓的日子照常得过。战争虽然可以在很大程度上改变着百姓的生活,却无法使它中断。这两幅照片(图五、图六)均拍摄于一九四八年的长春,图五是竖立在长春街头的大幅新片上映广告画,图六是在长春一间酒吧登台表演的鼓手。

此时国共内战方酣,长春已处在解放军几十万大军的重重包围之中,不仅十几万国民党守军与外界的联系逐渐中断,一般百姓的出入,也受到严格的限制,一场空前的饥馑正一步步逼向这座城市。生活在长春城里的人们,已不止一次地听到远处传来的隆隆炮声,但这并不妨碍最新的美国大片一部接一部地上映,架子鼓手一旦登台演出,还是那么西装革履,头发依旧梳理得丝毫不乱,专注地沉浸在自己敲出的鼓点里……从照片上看,架子鼓手的家什似乎过于简陋了,只有一面大鼓、一面小鼓,外加一个立镲,然而相对于远处隐隐传来的炮声,这里发出的却是属于市井的、民间的音符,传递着平民大众对和平生活的向往与期盼。

海外书情

读书人梦露

◎ 齐家欣

《零简散叶：诗歌，笔记和信件》
M.梦露 著
法拉、斯特劳斯和吉罗出版社

玛莉莲·梦露是个非常不寻常的明星，从二十世纪初到今天，世界上的女明星繁如过江之鲫，但是没有一位具有她那样的魅力，没有一位的面孔和身影能够像她的面孔和身影那样成为一个符号和象征，也没有一位能够在逝世后这么多年还为人念念不忘，最近接连出版了好几部关于梦露的书，涉及到她生平的各个方面，包括她的文学生活。

梦露出身低微，尽管美貌出众，开始也只有靠当摄影模特为生。她是摄影家的理想模特，无论他们从什么角度拍摄，甚至从她的背后拍，总能够拍到非常吸引人的照片。这不光是因为梦露长得漂亮，更是因为她有一种独特的带着淡淡忧伤神情的气韵。拥有千百万粉丝的梦露从不快乐，她出生在一家慈善医院，是个私生女。她的离了婚的母亲并不想要她，这个念头一直困扰着梦露。她曾伤感地说，"我的生命是个错误，我想母亲从没要过我，我妨碍了她，我让她丢脸了，一个离婚的女人本来已经问题多多，再加上一个私生女就更难了。我希望，我一直希望妈妈是要我的。"这个童年的心理创伤影响了她一生，她渴望有一个家庭，却从没有可以依托的丈夫和自己的孩子，这使得梦露的心理非常脆弱，也酿成了她在银幕上和照片里的那种难以模仿的欲泪还笑的神情。

很难说梦露是高雅艺术的代表，她是个极俗的大众偶像。但是，大众把她当作梦中情人，她自己的梦想却是文学。梦露留下的物品中有四百多本书，都不是那种用来装饰客厅的精装书籍，而是真正用来阅读的廉价平装书，她读过的书包括《草叶集》《嘉莉妹妹》《太阳照样升起》《永别了武器》《在路上》等等，有一张照片上她在读乔伊斯的《尤利西斯》，正好读到了结尾部分。她喜爱作家，嫁给阿瑟·密勒并不是为了附庸风雅。在她的遗物里有一封毛姆给她的回信，感谢她寄去的生日祝愿。说明她在繁忙的拍摄日程中居然还记着作家毛姆的生日。梦露写得一手好字，她的笔记本上留着她尝试着写下的诗篇，诗本身不怎么出色，但是你很难把这些诗歌片断和人们心目中的梦露形象连接起来。现在人们把她留下的文字结集出版了，让我们看到了意想不到的梦露的文化素养。

我们还能吃到海鱼吗？

◎ 姜信文

《四种鱼》
P.格林伯格 著
艾伦·雷恩出版社

全世界的食客们都注意到，最近几十年来，鱼市场上出售的海鱼的种类越来越少，鱼的个头越来越小，总的数量也每下愈况。很显然，海洋捕捞业遇到了危机，能捕捉到的鱼不再那么多那么丰富了，曾经被认为是广袤无垠丰饶无边的大海原来也是个资源有限的地方，现在正面临着渔业资源枯竭的灾难。

造成海洋捕捞业危机的正是海洋捕捞业自己，过度捕捞是海洋鱼类锐减的基本原因。海洋原是一个生态平衡的系统，海洋里面的生物都是在相同的环境下经过长期进化而互相依存地生活在一起的，现在突然来了钢铁的捕捞船，它们并不是在天然环境里进化而成的产物，这些外来掠食者的力量超出了海洋里生物的保护自身的本能，并且，它们的技术改进速度飞快，短短几十年中捕捞能力成倍地增加，大大超过了自然界适应变化的速度，这样就打乱了海洋生物环境的平衡。

自然界的各类掠食者和被食者之间原来有一个自动平衡的机制，掠食者必须获得比维持自身生命更多的能量以进行捕食，如果被食者数量太少，捕食者也就无法大量繁殖，数量自然减少，这样反过来给被食者造成更多生存空间以增加繁殖数量；并且，海洋生物是构成一个食物链的，所谓的大鱼吃小鱼，小鱼吃虾米。每一个连环上数量的减少会导致上一个层次的生物的数量的减少，同样，每一个上层的生物的数量的减少也反过来导致下层生物的数量增加。也就是说，虾米少了，会使大鱼也少，而大鱼少了，不久虾米就会多起来。自然界就是这样保持着生物群的繁衍。

现代捕鱼船的出现使这个自动调节机制不复有效，因为捕捞业追求的实际上不是捕捞到的鱼的数量，而是获得的利润。竭泽而渔的结果使捕到的鱼少了，但是经济学的原则是少则为贵，鱼的单位价格上升了，即使到岸的鱼少了，船主照样能赚到钱，因此目的在于钱财的人类掠食者和自然界的掠食者不同，并不因为被食者少了而减少捕食，他们会一直捕捞到最后一条鱼，然后把这条鱼以天价卖出去。

拯救海洋渔业的办法是有的，就是理性地限制和管理海洋捕捞，可是，至今为止国际上有关保护海洋渔业的一切辩论谈判和禁渔努力都成果有限，人类的贪欲和自私很可能将使人类的餐桌上没有海鱼。

可怕的成功

◎ 沙碧林

《AK-47和战争的演变》
C.J.切佛斯 著
艾伦·雷恩出版社

当年苏联的工农业实在令人不敢恭维，苏联工厂的产品以傻大粗笨著称。但是有一个例外，那就是它的武器工业，苏联的武器工业也不全令人钦佩，只有一个产品却是独步天下，那就是著名的自动步枪AK-47，常常也以它的发明者的名字而被称做卡拉希尼科夫步枪。

卡拉希尼科夫步枪威力强大坚固耐用，几乎可以在任何条件下使用，不管是赤道的高温和极地的奇寒，都不能使它出故障，这种步枪几乎从不卡壳，扣动扳机随时都能开火。更奇妙的是这种功能强大的步枪的结构却非常简单，熟练的枪手在三十秒钟里就能把它装配起来。卡拉希尼科夫步枪的创造也不同寻常，它不是出自某个枪械大师之手，也不是哪家尖端军工科研所的产品，发明人卡拉希尼科夫原来只是个苏联军队中的普通士兵，他动脑筋设计出了这种步枪，经过专家委员会的评审，居然就造成了历史上最成功的单兵武器。

卡拉希尼科夫步枪是个奇迹，但是却是个令人胆寒的奇迹。卡拉希尼科夫设计他的步枪的时候第二次世界大战刚结束，保卫国土显然是这位小兵的主要意愿。但是战后国际形势大变，两强争霸，局部战争连绵不断，苏联生产的卡拉希尼科夫步枪大量流入世界各个战火燃烧的国家和地区，成了第三世界穷国打仗的主要武器，不管是美国支持的自由斗士还是苏联撑腰的解放战士，都喜欢使用这种价廉物美的武器。苏联解体后出现的各种叛乱集团、恐怖分子和犯罪团伙也都首选卡拉希尼科夫步枪，渐渐地卡拉希尼科夫步枪成了我们时代的武装的象征，在莫桑比克的国旗上还画着一把卡拉希尼科夫步枪。毫无疑问，卡拉希尼科夫步枪肯定是人类历史杀死人最多的轻武器

有人会问，美国是世界上研制武器最成功的国家，为什么美国的步枪倒不如苏联的出色呢？事实上美国也设计制造了他们的自动步枪M16，在越南战场上基本上就是卡拉希尼科夫步枪和M16步枪在对决。但是美国兵个个都抱怨他们手中的M-16，太容易出故障，太容易卡壳了，照一些越战老兵的说法，阵亡的美国士兵身边总有一支出了故障的M16步枪。原因是什么呢？美国的武器专家没少在他们的步枪设计上花心思，但是他们的设计思想不对

头，美国设计家们殚精竭虑，努力提高他们设计的步枪的射击精度，还花大力气来加大每发子弹的杀伤力，他们颇不以卡拉希尼科夫步枪的设计为然，觉得这种步枪的机械构造太粗糙，殊不知正因为粗糙简单，卡拉希尼科夫步枪才几乎从不出故障，卡拉希尼科夫步枪确实不精确，但是作为冲锋枪，只要把子弹像雨点似的发射出去就可以了，射击精度是没什么关系的。这就是为什么精致的M16步枪竞争不过卡拉希尼科夫步枪的原因。

我们少了一颗行星

◎郄　莉

《我怎样杀死冥王星的》
M.布朗 著
斯比格尔出版社

天文学界发布的新闻向来是告诉我们已知的天空中增加了什么新星，但是二〇〇六年的天文学一大新闻是减少了星星。那年，经过国际天文学会的投票，冥王星从太阳系的大行星名单里被除名，这么多年来当作基本常识教给小学生的太阳系九大行星不复正确，我们少了一颗行星。

对外行来说这件事情有点奇怪，自作聪明的评论家们还没少讥讽，但是实际上这是一位科学家出于对科学的责任感而做出的无私行为。

这位科学家就是美国加州理工学院的布朗。整个行动起源于他的一个发现，上世纪九十年代的一个感恩节，他去天文台工作，不巧有大雾，他没法使用那台两百英寸的海尔望远镜，不肯浪费时间的他转而去用那台陈旧的四十英寸的施密特望远镜，这台望远镜不是数字化的，拍的照片需要在暗房里冲洗出来，布朗还是在中学时玩过这种老式照片，但是也不是施密特望远镜拍下的那种专业底片。幸好那个晚上布朗在天文台里正好遇到一位老前辈，娴熟于这种现在没几个人掌握的技术。当老式的施密特望远镜拍出的照片洗出来后，布朗明白老技术有老技术的长处，比起数字化照相，它能显示出更大范围的天域，更容易揭示像行星那样移动的天体。

随后，布朗进行了数年的艰苦努力，拍摄和分析了几千张照片，最后有了重大发现，他看到了一颗新的行星，太阳系的第十颗行星。如果他宣布他的发现，他将即刻成为世界名人，整个天文学史上，整个人类历史上，发现太阳系行星的只有寥寥几人，都是最伟大的天文学家。但是，布朗面临着一个问题，他发现的行星体量很小，如果这颗天体是行星，那么太阳系或许会拥有上百颗行星，因为科学家怀疑在海王星以外那个名叫柯伊伯带的天域里还存在着好多这样大小的天体。当然不能把这些天体都归入行星这个范畴。一边是名望，一边是科学的严谨性，布朗选择了后者。他说，如果科学家的行为会促使大众具有错误的太阳系观念，那就是犯罪，我可不愿把我的声望建立在这样一个罪行之上，我必须阻止这样的事情发生。因此他就发起了针对冥王星的投票，因为如果要不把他发现的天体归为行星，那么冥王星也同样不能被称为行星，因为冥王星和他发现的天体差不多大。这样，布朗就开始了给冥王星降格的活动，最后国际天文学界支持了布朗的动议，实际为小行星的冥王星现在不再能冒充大行星了，布朗也就仍然是一个只有专业圈子里知道的默默无闻的天文学家。

世纪的回顾

◎ 钱 起

《回忆的小屋》
T. 朱特 著
企鹅出版社

这是不久前逝世的英裔美国历史学家朱特的最后一部著作，并且这是和他其他所有著作大不一样的作品。

朱特是位才华横溢的史学大家，最近翻译成汉语的《战后史》是他的代表作，显示了朱特渊博的史识和世界性的眼光。但是正在他的学术达到炉火纯青的境地的时候，一种恶疾剥夺了他的工作能力，行动神经的萎缩，使他无法动弹，却头脑清醒。这是一种非常痛苦的生存状况，特别是晚上，当护工回家了，他一个人僵卧在床上，忍受着连搔痒都不能的煎熬。这漫长的夜晚里只有思想陪伴着孤独的他，他很明白自己来日无多，思绪自然回到了过去的生活，这些深夜的回忆，到天明时他都口授给他的助手，积聚起来的口授稿就成了现在出版的这本书。

这是朱特第一部也是最后一部散文式的作品，和他其他的严谨细致的学术著作不同，充满了个人的感性意兴，使读者得以深入到这位大学者的心灵，看到他学术思维以外的另一面：敏锐，执著，乐于尝试新事物却又深深怀念着过去的旧时光。

正是这个特点使这部回忆录具有非常难得的历史价值，一个被遗忘了的时代徐徐地真实地展现在读者面前。朱特出生在伦敦的一个普通人的家庭，他童年的伦敦现在已经不存在了，他如此爱好的火车旅行现在也非常不一样了，他靠着勤奋和天分进了培养精英的剑桥大学，就在他求学期间，剑桥也变得非常不一样了，旧的传统不知不觉地消退了，一个新的更平等也更平庸的社会出现了。在这个过程中，朱特的思想也在急剧地演变，他曾经是个犹太复国主义者，献身于以色列的一个集体农庄的理想事业；他曾经是一个马克思主义者；他还曾是社团主义者。二十世纪的意识形态阵阵旋风都冲刷过他的头脑，他都信过，都失望了。他至死还是一位左翼知识分子，但是不是我们这里意义上的左翼，因为他坚信民主自由的普世价值，他不相信完全自由的市场能给社会带来幸福，他也更怀疑国家威权的正当性，他希望的是符合人类良知的社会进步。

杰奎琳编辑

◎ 吴立仁

《阅读杰姬》
G. 库恩 著
双日出版社

历届美国总统的夫人各有个性，罗斯福夫人爱琳诺以社会活动家的形象出现，老布什的夫人芭芭拉是位相夫教子的贤妻良母，而肯尼迪总统的夫人杰奎琳则是最具明星气质的一位，也是最为媒体追捧的一位，她的后半生更为不寻常。

当肯尼迪中弹时，鲜血溅了她一身。她的悲痛和镇定赢得了全世界民众的同情；但是，后来她下嫁希腊船王奥纳西斯，媒体又把她当作花边新闻的主角来对待。这场婚姻颇为耸动听闻，然而财富和美貌的联姻并没有导致幸福，老船王死后她回到了纽约，本来可以作为富孀而安享余生，但是她不想闲着，希望做点事。在两位朋友的建议下，她选择了图书出版业，进入有名的维京出版社当编辑。

一个社交明星，曾经是世界上最有权势的人和最富有的人的妻子，怎么会去做枯燥寂寞的图书编辑工作呢？许多人以为这是杰奎琳闲得无聊在想法打发时间，而在出版社方面则显然是借用名人的一个公关花招。当杰奎琳第一天去上班时，出版社办公楼下面的街道上挤满了看热闹的人，便衣警察和记者等各色人员，还有恐怖分子要扔炸弹的谣言。杰奎琳的一举一动注定都要成为社会新闻。然而，和人们的猜想不一样，她是认真的，要做一名好编辑，结果她确实成了纽约出版界的一位好编辑。

杰奎琳不肯像雇用她的出版社设想的那样拿干薪，她决心当一名称职的编辑。在编辑部里杰奎琳低调，敬业，虚心地向老编辑学习业务，很快地熟悉了编辑工作，赢得了同事们的喜爱和尊重。其间因为《纽约时报》上一篇严厉的书评使她感到很受伤，结果她辞去维京的职务，转到双日出版社，但是她从没离开编辑工作，在编辑这个岗位上杰奎琳一干就干了十九年，直到她患淋巴肿瘤逝世为止。经她手编辑出版的书多达一百多种，可算得上一位资深的成绩斐然的老编辑了，她编辑的书种类繁多、题材广泛，既有歌星迈克·杰克逊的自传，也有捷克流亡作家的作品，既有装帧豪华的礼品类图书，也有诺贝尔文学奖获得者埃及作家马福兹的翻译小说。后人或许只记得杰奎琳是肯尼迪总统的原夫人，但是真正的杰奎琳是位编辑家。

香水传奇

◎ 魏善山

《香奈儿五号的秘密》
T. 马采尔 著
哈珀柯林斯出版社

世界上最著名的香水是法国的香奈儿五号香水，时尚女性对它的疯狂迷恋已经持续了近一个世纪了,它的神秘魅力还是那么不可抵挡。

时髦的人们追求香奈儿五号,把它的香味和巴黎的奢华生活相联系,而它的主人香奈儿确实也是巴黎销金生活的产物。香奈儿是个孤儿,从小在一家管教严格的孤儿院长大,这段经历给她后来的时尚趣味留下深刻印记,使她偏好整洁干净的高雅气息。香奈儿成年后当过歌舞厅的演员,有钱人的情妇,最后投身时尚业,设计女帽。

香奈儿五号的诞生颇有传奇色彩,香奈儿有个情夫是俄罗斯流亡贵族,他是沙皇尼古拉二世的表弟,因为试图谋杀妖人拉斯普廷而出走巴黎,他把香奈儿介绍给香水专家博先生,博先生制作的香水是沙皇的最爱。就是这位博先生为香奈儿创造了香奈儿五号香水,叫五号是因为在他试制的样品中香奈儿选中其中的第五种。

香奈儿五号获得了巨大的商业成功,但是香奈儿本人并没有精明的商业头脑。她很短视地把香奈儿五号的大半产权卖给了生产商和销售商韦萨麦兄弟,后来她后悔了,一直试图收回香奈儿五号的产权,但是总不成功。第二次世界大战期间,犹太人韦萨麦兄弟被迫流亡美国,并设法在美国继续香奈儿五号的生产,而香奈儿则在法国向维希政权申请把韦萨麦在法国的产业定为无主财产,从而试图收回她的产权,但是她的请求被驳回了。香奈儿不甘心,她又公开抨击美国产的香奈儿五号质量太次,自己着手在中立国瑞士建立一条香奈儿香水生产线。最后韦萨麦兄弟还是和她达成了庭外和解,兄弟俩支付给香奈儿一笔数量可观的年金,同时同意给她买任何她想要买的东西。

所有这一切纷争都是为了那小小的瓶子里装的令人沉醉的香水。这香水也确实不凡,一瓶三十毫升的香奈儿五号包含了一千朵茉莉花的精华和几十朵来自葛哈丝的五月玫瑰的香味,一点点乙醛以及其他一些神秘的东西,目前它的价格是两百六十美元一盎司。

媒体时代的先知

◎ 高世风

《马歇尔·麦克卢汉》
D. 库普兰 著
阿特拉斯出版公司

谁都知道我们的时代是一个媒体时代,媒体包围了我们,决定了我们的思想和我们社会的面貌。指出这一点的并使我们认识媒体本质的是加拿大人麦克卢汉,他提出的媒体理论是今天所有关于媒体的理论研究的基础和出发点,但是麦克卢汉生活的时代还不是一个真正的媒体时代,他的理论预见了今天的媒体世界,他是一个媒体时代的先知。

只知道麦克卢汉的理论的人或许会以为他肯定是一个媒体业中人,至少是个出入媒体圈子的人,实际上麦克卢汉却既不是个新闻界的人士也没有在出版界工作过，甚至不能算是学院里研究媒体专业的人。他原先在剑桥师从文学批评大家I.理查兹和利维斯，深受新批评学派的影响。他研究的是十六世纪宗教革命时期的小册子，文艺复兴时代的透视法绘画和二十世纪的乔伊斯，然而就是通过这些研究他看出了媒体的意义，做出了现在每个媒体研究专业的学生都熟悉的判断："媒体就是信息。"他在他的重要著作中做出的种种分析完全适合互联网，但是他的时代离互联网的发明还远，即使当时已经出现的电视在他的年代也远远没有现在这样的广泛的影响，他预见了他死后在我们的世界发生的媒体革命。

从许多方面来看麦克卢汉都是个与众不同的人，他的身体构造就和普通人不一样，多长了一根通向大脑的动脉，他的行为表明他显然是个自闭症患者，对于一个研究媒体的理论家，这很有点反讽意味。麦克卢汉发明了"地球村"这个名词，并揭示了媒体的巨大力量，然而他并不欢迎这个变化，他说，当人们互相靠得太近了，他们就会变得更野蛮，地球村是个充满摩擦的地方。麦克卢汉相信有地狱，他认为人类已经到了地狱的门口。

媒体讲究交流，媒体理论大师麦克卢汉却是个非常难以交流的学者，他的著作晦涩难懂，也不期望别人真正懂得他的思想。他的另一句名言是：你们一点也不懂我的工作。但他不在乎。

补白

要有一个冷静的头脑

《巨流河》的作者齐邦媛已八十六岁了，她从年轻时起就对政治活动保持距离和警觉。抗战结束后，学潮运动在全国的高校蔓延，校园充满了政治动荡。还在四川上大学的齐邦媛后来回忆："我们同学百分之八十都迷共产党，越是知识分子越是迷。"不过，一个没有阶级差异、所有人爱所有人的世界如何可能？齐邦媛的父亲齐世英曾在德国海德堡读历史哲学，他告诉齐邦媛："过度的允诺都是有问题的，过度的热情也是有问题的。"齐邦媛对政治的东西总是保持一种审视，她说："知识分子要有一个冷静的头脑，对于任何主义，宁可在心中有距离地了解，慢慢地作选择，这是尊重，做人要有个样子。"闻一多的例子让她印象最为深刻，"一个那么有才气的人，竟然像个孩子一样疯狂。"

媒体不时有一些值得关注的信息，现摘录若干，以飨读者——

中国艺术品市场"超英赶美"

艺术品交易在中国发展迅速。中国二〇一〇年的艺术品拍卖总额高达83亿美元，超过了英国，成为仅次于美国的全球第二大艺术品交易市场。根据英国艺术市场联合会(BAMF)发布的报告，中国的艺术品交易额占全球市场的23%，仅次于美国的34%，高于英国的22%。据估计，二〇一〇年全球艺术和古董市场规模约有430亿欧元，较二〇〇九年增长了52%。

文化事业费成就了面子工程

过去的十年里，我国文化事业费占国家财政支出总额的比重从未超过0.5%。这些有限的资金，70%以上用于城市文化建设，被一些地方政府用于建设大型文化设施，有的竟成了地方政府的形象工程、面子工程，老百姓很难从中得到实惠。例如，一个经济并不富裕的城市耗资10亿元，建设了近7万平方米的大剧院，用20公斤黄金铺满天幕炫耀金碧辉煌，用钢总量近1万吨，宣称堪与国家大剧院、上海东方艺术中心相媲美；南方某城市，一个歌剧院投资超过10亿元，建筑面积达4.6万平方米，号称用钢总量超过"鸟巢"，建成后将成为全国第三大歌剧院。近些年，全国三十多个城市新建了投资在亿元级别的大剧院，总投资大致超过了100亿元。

豪华的剧场有了，可是一般的百姓很难踏进。奢华的建筑背后是成本过高，运营不下去，需要财政供养。据了解，全国剧院经营状况十分不乐观，一年能运营300场的剧场连一半都不到，国家大剧院一开门就要花50万，其他投资高的新剧场也是如此。高价门票使许多人望而却步。另则，从目前创作和演出队伍的状况看，适合这些剧场演出的节目也很缺乏。

二十年来我国人均购书量几乎没增长

如今我国每年出版图书近三十万种，已是当之无愧的世界出版大国。但是我国人均图书消费量却很低，平均到每个人的身上，购书量只有发达国家的几分之一甚至十几分之一。一九九〇年，我国人均图书消费量（扣除教材、教辅）为5.2册，二〇〇九年这一数字为5.6册。二十年过去了，人均购书量只增加了不到半本。除了阅读人口比重小这个原因之外，农村图书市场迟迟难以成长乃至持续萎缩，是我国人均图书消费量长期徘徊不前的另一个重要原因。根据新闻出版总署的统计数字，二〇〇一年城乡图书零售比为74:26，到二〇〇五年差距扩大为78:22，而到了二〇〇九年，差距进一步扩大为82:18。

富可敌国的中国省份

英国《经济学人》发表文章说：中国是当今世界第二大经济体，但是中国的某些省份单独拿出来算，也会在全球大家庭中排名很高，甚至可以和一些国家和地区相提并论。比如广东的GDP几乎相当于印度尼西亚，江苏和山东的产值均超过了瑞士，浙江则和奥地利相当，四川跟马来西亚近似，上海的GDP可以和芬兰等发达国家相提并论，而宁夏的GDP则相当于埃塞俄比亚。尽管有些省份可能夸大了自己的产值——各省公布的GDP总和高出全国总GDP的10%，但是后者也已经随时间持续上调，说明任何夸大都不为过。

农民工人数已达二亿三千万

据农业部抽样调查估计，一九九七年农民工人数为4461万人，一九九八年为5481万人，一九九九年6683万人，二〇〇一年为8961万人，二〇〇二年为9400多万人，二〇〇三年为1.1亿人，二〇〇四年为1.2亿人，至二〇一〇年已达2.3亿人。

统计数字显示，出省务工较多的省区为：安徽1300万；河南1201万；四川1181万；湖南1063万；江苏844万（包括本省）；广西790万；重庆700万；湖北590万；贵州560万；江西537万；陕西442万。

为陈良宇辩护的人

◎高子程

被称为“中国首席刑辩大律师”的高子程，曾参与陈良宇案、陈同海案、央视大火案等轰动全国的刑事案件的辩护。在《悬崖边的辩护》(文化艺术出版社出版)一书中，高子程介绍了为这些案件辩护的经过，现将他担任陈良宇辩护律师的有关情况摘介如下——

二〇〇六年九月，时任中央政治局委员、上海市委书记的陈良宇被免职的消息一传出，各种坊间传闻风起云动，预示着这又是一起轰动朝野的大案。

我虽然是律师，但丝毫没觉得自己会和这样的大事有什么交集。关注当然很关注，这样重量级的社会新闻，没理由不关注。

二〇〇七年中秋节前夕，我在办公室里接到一个电话。对方是一名妇女，声音很沉稳，自称是陈良宇的妻子，询问我是否愿意为陈良宇辩护。

我当时几乎完全不相信，还以为是哪个朋友在和我开玩笑。作为一个律师，有朋友和我开玩笑说要我为某个大案辩护是常有的。在之后的谈话中，我发现对方不像是开玩笑。毕竟是一个陌生人打来的陌生电话，谈得却是一个惊天动地的大案，我要是轻易相信，那也太没有律师范儿了。为辨真假，我邀请她到北京来，到我的律师事务所来谈这个案件。

二〇〇七年中秋节一过，陈良宇的妻子就走进了我的事务所。

现实再一次告诉我，思维定式是靠不住的。在未见之前，我和大多数人一样，觉得像陈良宇妻子这样的人物，要么是举止高雅、谈吐不俗；要么是衣着华贵、态度轻慢,总之是要有别于常人的。

陈良宇的妻子恰恰不是这样,装束简洁、心态平静,和我说的每一句话,都是用征求意见的口吻。朴素、平和,无论是第一次见面,还是后来频繁接触,她留给我的印象没有变过。或许这就是她别于常人的地方,很有素养。

陈良宇的妻子告诉我,此前上海方面曾经给她推荐过十几个当地比较有名气的律师,更有人毛遂自荐地找到她,但是她都没有答应,她选择律师的第一要求就是低调,其次当然是业务能力了。

即便是从当时算起,我已经为很多官员做过刑事辩护了,有些也是轰动一时的大案,比如二〇〇五年“马德卖官案”中的绥化市市长。虽然这些案件的报道中不时会出现我的名字,但一定不会有我过多的言论,这或许是陈良宇家属觉得我低调的原因。

其实我之所以不愿意接受媒体的专访,不全然是低调的缘故,主要是觉得媒体关注噱头远甚于关注真相。为了追求所谓的轰动效应,他们甚至会肢解我的原话,而经过剪裁、嫁接的对话内容,表达出来的意思,和我真实的想法南辕北辙。文字记者学会镜头切换的蒙太奇技术,那比流氓会武术简单多了,我实在是不想瞠目结舌地看着报刊上登出来的所谓“采访”,于是选择远离。

我接受了陈良宇妻子的委托,没有犹豫。说实话,我真不是想通过接这个案子让自己的履历表更“闪耀”,没有必要,我的履历表里就算没有这个案子,已经很出彩了。我接这个案子,最重要的是对自己有信心,觉得以自己从事同类案件的丰富经验,有能力把辩护工作做好,无愧于当事人。

接受委托后不久,我向有关方面申请会见陈良宇,很快得到批准。

第一次去见陈良宇应该是在二〇〇七年的十月,地点是著名的秦城监狱。

秦城监狱位于北京燕山东麓,是司法部直属监狱。最早是由苏联专家设计的,主要关押中央及省部级职务犯罪的重要罪犯和外籍犯人。秦城监狱关押过的名人那可就太多了,在我看来,发生在秦城监狱的故事,如同一部共和国历史的另类缩影。

虽在监狱中羁押,陈良宇在生活方面还是得到了优待,不用穿统一的嫌疑人服装,可以穿自己的衣服。初次见面,陈良宇穿着整洁的西装,头发也很整洁,精神状态不是很好,很烦躁。

在媒体报道中,陈良宇是一个“胆子大,态度强硬,能办事,也能闯祸”的干部,从他烦躁的态度中,我依稀可以看得出他往昔的强硬个性。开始时,陈良宇以为我和他的会面是办案单位提审,很不耐烦。

我告诉他:我是你妻子委托的辩护律师,准备为你进行辩护。你有权利接受,也有权利要求更换律师。

陈良宇知道我是家人委托的律师时很激动,我知道他和家里失去联系很久了。他几乎是迫不及待地问了第一个问题，他八十多岁的老父亲身体状况如何。看着陈良宇两鬓微白的头发，我为他的孝心有些感动。

说点题外话，你绝对可以不信，事实上我也不确认，只是个人觉得有个看似毫无必然联系的规律。如果一个案犯有父母，他见到律师先问的不是父母，而是老婆孩子，那他的刑期好像总是比预想的重些。话说回来，孝心虽然不能准确体现一个人的人格，也不能减免他的罪行，但有孝心终究是好事。

关于陈良宇家里的情况，根据有关规定，都属于不涉及案情的事情，我可以转告。于是，我告诉了他家里的情况，让他不要担心。陈良宇频频点头，表示出对我的信任，并表示愿意积极配合我的辩护工作。

根据我国法律的规定，律师在侦查阶段会见在押嫌疑人，是不可以谈论案情的，只能进行法律咨询。可我发现，陈良宇对于法律基本不懂，所以每次会见都演变成我给他进行突击普法教育。

我不得不细致地给陈良宇解释他所涉嫌的几个罪名，再详细解释什么样的情况属于犯罪，什么样的情况不属于犯罪，就像是在学校里给学生讲基本的法律课一样。陈良宇听得很仔细，并且详细地做着记录，如果不是在监狱里，那情形简直就和领导干部上法制课一样。

后来在进入审判阶段后，我又见过陈良宇多次。遗憾的是，我俩在进行案情交流时，我发现我之前给他所讲的法律概念几乎等于白讲。他甚至还是分不清楚什么是犯罪、什么是行政责任，我只好最大限度地从他那里了解一些对我辩护工作有用的资料，为即将到来的庭审做准备。

陈良宇对法律知识的陌生，在我看来是有代表性的，想想看，某种程度上代表了部分中国官员的知识背景。像陈良宇这批官员，同战争年代打过仗的第一代中国官员不同，套用西方政治学中的称呼，他是“技术官员群体中的一个代表”，依靠轰轰烈烈的旧城改造工程赢得了政治资本，成就了辉煌的仕途。

“技术官员”的特点是懂政治、懂建设，在改革开放三十年的历史进程中，这样的知识背景和从政习惯，是符合主流趋势的。在我看来，潜在的弱点就是对法律知识的陌生，这种陌生的根源在于他们对权力的认同远胜于对法律的尊重。忽视的后果就是容易模糊权与法之间的界限，也不懂得在面临牢狱之灾时，运用法律知识来保护自己。

像陈良宇这样级别的案件，审理之前，一般都会进行庭前彩排，依照惯例，法院一般不会通知律师参加的，这次也一样。二〇〇八年三月二十五日开庭时的衔接和流程上来看，庭前彩排一定是相当严密的，各个环节衔接得很完美，甚至连什么时间让陈良宇休息或去洗手间，都有严格的预案。

从陈良宇被带进法庭，到宣读公诉书、法庭调查和辩论等全过程，陈良宇表现得相当配合，一直显得彬彬有礼。

后来有媒体曾经报道过这样一个细节，在法庭辩论过程中，陈良宇曾经发出呛声，让我就某一问题不要再辩解了，说那个问题他是负有责任的。这其实是媒体断章取义的报道。

当时确实是法庭辩论阶段，我提出在陈良宇弟弟倒卖土地的问题上，陈良宇不应该承担刑事责任。对于我的这条辩护意见，公诉人持反对意见，我们就此争论起来。这时候陈良宇突然插话说："你别争了，在那个问题上我是有责任的。"

事实上，陈良宇所说的"责任"是指领导责任，他自认为自己该负行政责任。但是他忘了，我和公诉人争的可是刑事责任啊，从这一点看，陈良宇对法律概念的理解实在是模糊。

在法庭辩论中，我和公诉人争论的焦点自然是社保基金案。众所周知，陈良宇是被社保基金案牵扯出来的，检察机关指控他滥用职权。滥用职权有个根本的前提条件，就是当事人存在主观故意。从我了解的情况看，陈良宇同意运用社保基金，他的出发点是好的。我国各地社保基金一般都是在银行里放着，或多或少会受到通货膨胀的影响。陈良宇为了减少通货膨胀的损失，在具有充足担保的情况下，将该笔基金借贷给了某中直单位(《人民日报》社)的下属公司，并且该笔款项按期全额返回，还赚取了百分之六的利息，弥补了社保基金因通货膨胀而造成的损失。最关键的一点，当时的上海市社保局局长居然从法律上给陈良宇做了解释工作，让陈良宇感觉社保基金借贷是合法的，才有了后来的结果。从这个关节点可以看出，陈良宇对于违规使用社保基金是不存在主观故意的，说他滥用职权，"滥"字是立不住的。

后来我想，如果当时的社保局局长真正懂法，他就不会给陈良宇做想当然的法律解释；如果陈良宇懂法，他也许根本不会接受局长的解释……

熟悉陈良宇的人，都觉得他本身没有多大的罪责，其实是被自己的弟弟和儿子害了。如果他弟弟不炒地皮，他儿子不加入华闻控股，或许会有不一样的结局……

我不想过多评价这种说法，我想的是陈良宇的弟弟和儿子是被谁害的呢？换位思考一下，伴随着陈良宇在仕途上的成功，他的弟弟、他的儿子几乎时时刻刻要面对数之不尽的诱惑，而且更要命的是，这些诱惑根本不需要你去找，这些诱惑像早高峰地铁站的人流，拥着、挤着、排着队找你。

显而易见，陈良宇的弟弟和儿子没有钢铁般的意志，没有敏感的危机意识，他们或许只是想着最大化地实现人生价值，而且看上去毫无困难。走到哪里都是渴盼结交的笑脸，办事情甚至不用寒暄就有人抢着买面子……

很多人问我，你当时是否担心陈良宇也会和几乎同时期审的郑筱萸一样，被处以极刑？我的回答是否定的，检察机关指控陈良宇的罪名中，受贿罪固然是有死刑的，但并不意味着陈良宇会被判处死刑，根据我所掌握的案情，陈良宇罪不至死，很多乡镇干部受贿的金额恐怕都要超过他，他被判处死刑的可能性不大。

还有很多人认为，陈良宇的案件和此前很多高官的案件一样，都是在开庭之前就有判决结果的内定案件。

我可以负责地告诉大家，这不是一个内定案件，是一个经过公正审理的案子，是现代司法进步的标志。在以往，确实有一些案件被内定了，庭审之前有关领导就把案件的结果定焉，使最终的庭审变成了过场。陈良宇案不是这样的，检察机关指证他受贿、滥用职权和玩忽职守三宗罪，经过我的辩护，法院最终只认定了受贿罪和滥用职权罪。审判陈良宇的程序是公正的，绝对不存在内定的情况。和从前一些高官的案件相比照，你可以看到我国法制进步的轨迹。

在秦城监狱和陈良宇频繁接触，让我对他的认识逐步加深。他的强硬个性让他有种敢担当的勇气，这种勇气是他仕途进步的基石，同样是这种勇气，让他缺少了一个位高权重者应有的审慎；他的善良一定曾助推他的事业更上一层楼，但也让他忽视对身边人的警醒，固然他曾打过自己的弟弟，但他终究没有做更多……

我不是在为陈良宇的人格辩护，我只是个律师，我所要做的只是在检察机关指控他的罪行里，找到不构成犯罪的问题，切实维护他的合法权益。

补 白

我们的电视还非常落后

《新周刊》主办的“中国电视榜”不久前揭晓，崔永元在谈到这一电视榜时说：我们做电视的人，特别知道中国电视和世界上那些先进的电视差距有多大。如果你让我自己来说，我觉得中国电视的水平在世界电视的水平，可能还不如中国足球队在世界的水平，真的，非常落后。我们可能只有设备是一流的，其他的都谈不上一流。

崔永元的《我的抗战》获得了“二〇一〇年中国电视榜·榜外榜”的推委会特别大奖，在发表获奖感言时，崔永元说：“首先我特别意外，没有想到这个奖是斜的，因为现在社会就是这样，你不知道什么是正的，什么是斜的。现在领奖几乎成为了生活常态，如果我们愿意领奖，今天就可以领三个奖，但是我们选择了这个奖，也是特别偶然。我昨天还在天津睡觉，我的同事发短信说你来不来领这个奖，然后我说不去他给不给？他说不去也给，我说那就领。如果是非得去才给，那咱们就不要了。因为这种奖没有什么意义。”

赵丹的磨难

◎赵　青

在中国影坛上，几十年都不会被观众遗忘的影星并不多，赵丹就是其中的一位，人们至今还记得他从上世纪三十年代起，在银幕上创造的一个个形象。

然而，他为电影的一生，过得并不愉快。特别是在“文革”中受到很大的磨难，再次得到“解放”后，又不能实现朝思暮想的一个个银幕梦。由他女儿赵青撰写的《我和爹爹赵丹》(北京大学出版社出版)披露了许多鲜为人知的经过，现摘录如下——

一九六六年十月九日，子夜时分，我爹赵丹所住的上海湖南路八号三层，被一批口戴大口罩，臂别“红卫兵”袖章的十几个造反派，撕下海燕厂造反派的封条大肆抄家。唯一引起他们兴趣的是信件、照片、杂志……甚至于连钢琴的空腔，镜框的里芯都一一打开，完全是训练有素，富有经验的抄家能手，一直到东方露出鱼肚白，才提着几大包查抄的物品，下楼去了。

后来才知这批人是空军特种部队造反派，奉江青命，目的是要追回江青与他第三个丈夫唐纳的一些信件、照片和有关资料。

同一天，郑君里、顾而已家也被同样抄了家。

江青妄想一笔抹去她肮脏的过去，下毒手害死了多少好人啊！当年红极一时的电影明星和导演们：郑君里、顾而已、应云卫、舒绣文等人因批斗而惨死，上官云珠跳楼自尽，徐韬身投钱塘江自沉的噩耗，相继传来。

这时正当全国红卫兵大串联。我的堂

弟(叔叔赵冲的长子)赵羽和我爹的养子周伟先后到北京,在我家住过一阵子。我从他们口中得知我爹惨遭迫害的情况:我爹被揪斗得十分厉害,不仅在厂里斗,还经常在社会上示众揪斗,有时一天要被揪斗七八场子。不少人是看电影明星出洋相。

只有周民一个人是"保爹派"。谁贴我爹的标语,周民夜深人静时就去门口撕下来。我爹劝他:"民民,你年轻,要为自己前途着想啊!"

周民说:"我不怕。爸爸,你是无辜的,我相信你是个好人!"

在那种气氛下,周民能这么想是很不容易的,我听后深为感动。就是"文革"后我爹也亲自向我夸过周民。因此我爹对周民是格外的喜爱,连我对他也是十分尊重。

"四人帮"死不放过我爹。在一九六七年十二月八日,我爹跟白杨阿姨等人一起正式被宣布逮捕,手铐脚镣,锒铛入狱。这一关又是五年多。在狱中是死是活?杳无音信!

一九七二年冬,我又再次回上海探亲,我爹还在监狱中待着,仍是杳无音信。

一天宗英妈妈要约我和冲叔叔谈话,就定在了冲叔叔家。宗英妈妈很郑重其事,只跟我和冲叔叔谈,这样我们三人进了冲叔叔卧室,把门关紧。

宗英妈妈开门见山地说:"听说你爹爹就要从提篮桥监狱假释出来了。"

我一听爹爹快出来了,高兴得心快跳出来了,可往下听不对劲儿了。

"在他放出来前,我要向你们赵家人

赵丹"十年浩劫"后首次在电视台亮相

讲清楚。因为阿丹定了敌我矛盾,为了你弟妹阿桔、阿左、阿劲他们不背上反革命家属的黑锅,为了他们将来有个好出路,争取光明的前途,我决定在你爹爹假释出来后,正式同他离婚。"

我和叔叔听了大吃一惊,这点我是万万没想到。冲叔叔愣了一会儿,急忙央求她:"阿嫂,求求你,可千万别这样忍心抛弃哥哥。阿嫂,你就可怜可怜我苦命的阿哥吧……"

宗英妈妈说:"现在讲阶级路线,敌我矛盾就是阶级敌人!我也是给逼迫得没法子了。"

我几乎是求宗英妈妈:"妈妈,你千万别这样做!现在我们北京正在学习八三四一部队政策经验,推一推就是敌我矛盾,拉一拉就是人民内部矛盾。我爹又不是死不悔改，我们大家拉他一把，不就回到人民内部矛盾了吗！”

宗英妈妈说：“你们替我想想。我是先给你们打个招呼，我不得不这么做！”我和叔叔两人再次劝说她、央求她，她却再也不回话，就这样结束了这次谈话。

我爹在监狱关押了整整五年零三个月，才作为“假释”放出来。但他的问题还未做“最后结论”，他下放在奉贤农场继续监督劳动。每个月底可以进城回家一次。

一九七四年，“批林批孔”和“反击右倾翻案风”运动正处高潮，上海来电告知外婆病危。我硬着头皮请假，工宣队终于批准，我急忙回上海看我爹。

因为事先联系了，农场提前放我爹回家等着。父女在离乱中相见，抱头痛哭！

不知哭了多久，我抬头看爹爹，害怕得不敢认。他，几乎完全不像他了！变成一个又老又黑又干巴的小老头儿。他还不到六十岁呀，十八年前那英俊、潇洒、豪迈的美男子，到哪儿去了呢？我爹露出残缺不全的牙齿。

“爹爹，你的牙，怎么搞的？”

我爹遮掩着嘴巴：“打的，几乎掉光了。说话总漏风，不好听。这回要是演糟老头子，真省事儿了，不用化妆啦！”

我问：“在监狱里他们待你怎么样？”

我爹的目光暗淡下来，阴沉沉的，似乎不愿提起。我心疼地追问：“受刑了吗？”

他迟疑着，吞吞吐吐漏了一句：“和新疆监狱里受过的差不多。”

我顿时明白了。我想起从前他说过的，在新疆监狱里被火钳烫、坐老虎凳、灌辣椒水，吊起来挨皮鞭抽打……我不忍心再问了。也知道有纪律，我爹不敢说。

我安慰地说：“活过来了，没被整死就是我们全家最大的幸福！”

父女双双含泪的眼，久久地相望着。

坐定下来后，我有一团多年的疑云，急于搞清：“爹爹，到处传说你跟江青‘有一腿儿’，所以江青才整你。到底是怎么回事儿？”

我爹神情严肃，沉思良久：“阿囡，爹爹对你从来没隐瞒过任何事情！我跟她，确实没发生过关系。三十年代，你妈咪是一流演员，又温柔又漂亮，众所周知，我对你妈咪最专一了。江青一个三四流演员！”

我爹愤愤地点燃一支“生产牌”烟卷，仰头喷了一大口说：“当年她死乞白赖猛追我倒是真的……”他沉吟半晌，咳嗽一声，下了决心似地说：“阿囡，有一件事，爹爹当年害怕，没敢告诉任何人。一九六〇年我为拍《鲁迅传》去杭州，正巧她也在杭州宾馆，一定要见我！就在宾馆大门口，她突然紧紧地拥抱我，亲我。我躲也躲不及，又尴尬，又害怕。

“接见后，她还约我夜里再来宾馆找她。那天我紧张坏了，晚上我没去。心想：她已不是三十年代的蓝苹了！犯上就是作乱，人命关天哪！可了不得，天一亮，我就坐火车离开了杭州。估计这件事又触犯了她。

“后来就是人民大会堂的事，你都知道了。她对我直发脾气，为什么不听上海柯庆施的话，而要听周总理的话？我跟她真是什么也没有，只是对她在三十年代的情况知道得多一点儿。这个人是很记仇的，要把我们一个个全害死，顾而已、郑君里全被害死了！后来我在监狱里也差点被害死。”

我神经马上紧张起来：“爹爹，快讲！”

我爹给我讲起事情的来由：“当时我还蒙在鼓里，还是过后听别人给我讲的。有一次是由上海市革委会专案办、工作组召开一次秘密会议。在一间小小会场内，挤满了三四十人。主席台上有王洪文、徐景贤和工宣队一办的负责人。出席会议的大多是文化电影系统工宣队、造反派头头和搞专案的工作人员。会议开始徐景贤讲话，接着王洪文讲话，他恶狠狠地说‘我看哪，赵丹可以杀，如果不宜公开枪毙的话，就在关押中把他搞死算了’。这时会场上突然冒出一个人来，提出不同的意见‘嗳，这可不行啊，在关押中搞死，由谁负责呀？’王洪文脸色突变，忙问：‘这个人是哪儿的？’这人无所顾忌，起身自我介绍‘我是上海人艺的籍耿龙’。岂不知籍耿龙这么一说，他们怕暴露，不敢在关押中搞死我，让我死里逃生。可籍耿龙自己却从此遭到飞来的横祸，不明不白被逮捕入狱。今后我可要好好感谢他，救了我一命的恩人哪！”

听了以上爹爹的解释，我解开了心中疑团，这才真正放下了心。

我敏感地又问：“爹爹，宗英妈妈对你怎么样？”

中国电影史上引人注目的一场婚礼。赵丹（右一）和叶露茜（右二）、顾而已（右七）和杜小鹃（右六）、唐纳（右五）和蓝苹（右三）三对夫妻“六和塔畔结良缘”。中立者为证婚人沈钧儒。

爹爹似有话而无法说出口。我将他出来前，宗英妈妈正式向我和冲叔叔提出离婚一事告诉了他，让我爹好有个精神准备。但我提出了我的主意：“在目前情况下，主动权在宗英妈妈那边。但你要忍着，为了弟妹们，尽量挽回关系，保持下去！”我爹点了点头。我心想我爹真是太可怜啦！

我爹又跟我讲起在运动中帮助过他和整治过他的人。只有在患难之中才能真正分辨人啊！在危难时刻出现的真情，我爹真是记一辈子啊！

他又讲到上影厂的情况。他万万没想到，他平时对他们这么好，总在一起合作的几位演员，有学生，有同辈的，会对他批斗这么狠啊！叫我爹好不伤心啊！“人怎么会变成这样，太过分了！”我直劝我爹，莫伤心，在那种情况下应该理解和谅解他们。看来我爹心中对他们已结下了疙瘩。

我爹又说：“奇怪得很，平时和我交往不多的几位老演员，对我可真好啊！白穆、张伐、舒适，在干校对我特别关心照顾，令我十分感动，尤其白穆经常到家看望我，人间自有真情在啊！”

我爹对他们的情谊一直记在心间，由此我也对他们更尊敬三分。在我爹去世后，我的舞剧电影《剑》就是舒适主动提出担任导演的。他定是看在我父亲生前的情谊上。

一九七六年十月，“四人帮”终于倒台了！人民熬尽了十年的煎苦，终于迎来了第二个春天！

“四人帮”虽被粉碎了，可被“四人帮”迫害最深的“阶下囚”赵丹，却迟迟不能“解放”。甚至恶语中谣言四起，说赵青是“赵丹跟江青所生，从两人姓名中各取一字”，还有鼻有眼说是美国女记者威特克所写《红都女皇》一书中有此记载。我没看过这本书，可在大街上油印的该书一节，我亲眼看到了，书中记载着赵丹与江青一起去敌后方，结果江青去了延安，赵丹去了新疆，在途中他们生下了赵青。

真是天大笑话！竟连我们团内和我同事多年的个别老演员，也血口喷人！“赵青长得多像江青！”真把我肺快气炸了。为什么“四人帮”得势时不这样讲，而“四人帮”倒台后却要造这谣？而且有人深知我身世，这要做什么？无非让我永无抬头之日啊！

我的亲生母亲叶露茜、我刚出生接我出院的金山伯伯，都是最有力的证人。何况我出生时，江青还没这个名字，她当时叫蓝苹，江青是到延安后才改的名字。简直牛头不对马嘴，只是一个可耻的笑料而已，真是让人恶心！

一九七七年初，我爹虽还未落实政策，却被允许开始工作，给电影《八一风暴》当导演。刚去江西体验生活回来，他像小孩一样高高兴兴地来到北京，见到了我，兴奋地把上海当时粉碎“四人帮”时欢腾的气氛给我描述了一番。他又告诉我，宗英妈妈和他和好如初，再也不提离婚的事啦！

连日来父女俩又是说不完的话；父女

俩一起畅想着未来，要把受“四人帮”迫害损失的时间夺回来，多演戏，多拍戏！

他说中国三大名著《红楼梦》、《三国演义》、《水浒传》一定要拍成电影，这是中华民族的精髓。有的他当演员，有的他当导演。拍出来一定是一部划时代的佳作。他说他还要出演《鲁迅传》、《阿Q正传》、《李白与杜甫》等等。

可是，不知道为什么，《八一风暴》竟没拍成。我爹唉声叹气，没有办法。

年底，爹爹终于“解放”了。虽然听宗英妈妈说，在我爹落实政策的书面文件上还没签字，但他确实可以和大家一样，过正常人的生活了！

五年零三个月的牢狱生活，吃尽“四人帮”的苦头，压在头上的一块重石终于搬开了。他又重见了天日，他又可以有重上银幕的机会了。

很快他接到了通知，要他与白杨一起在两天之内，赶排出一个朗诵节目，在上海文化广场向群众亮相。我爹和白杨阿姨两人在电影界是最后“解放”的。他俩是多么惊喜，他们以惊人的记忆力，很快就背熟了朗诵词《中南海的明灯》，并即刻进入排练。

那晚上，上场前我爹十分紧张。当报幕员报出了赵丹、白杨的名字时，上海文化广场一万多名观众顿时报以浪潮般的掌声，久久回荡！

过些日子，张瑞芳阿姨告诉我爹一个好消息：“阿丹，我们推荐你在《大河奔流》里扮演周总理！这下子可让你过瘾了吧！”

赵丹扮演周恩来的试妆照

我爹眉开眼笑，像个孩子一样蹦跳起来。

我爹耐心等待了很长时间。北京电影制片厂准备拍摄《大河奔流》的正式邀请书来了，郑重通知他在该片中扮演周恩来。

我爹简直高兴坏了：“把周总理的形象搬上银幕，全国就数我最有条件。和周总理经常接触，我太熟悉他了。我演周总理，不仅会形似，更重要的是能神似！因为我和周总理是老朋友了，我最有资格演他！”

整整一个月，我爹关在北影招待所，终日认真研究周总理的文献资料，仔细揣摩周总理生前的大量纪录片。一言一笑一举一动地琢磨周总理的神态表情和心理活动，我爹好用功，好用功！

个把月，我爹又来看我啦，带来两张他扮演周总理的试装照片。真是太像啦！我爹说全摄制组都拍案叫绝，连瑞芳阿姨

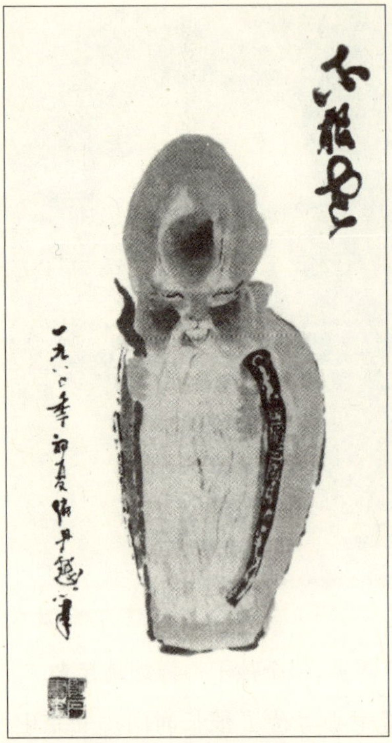

赵丹最后的一幅画:《不服老》

也大叫大嚷:"周总理复活了!"我真为我爹试成功叫好!

我爹告诉我,要感谢口腔医院的刘东亮大夫,是他一双巧手,将我爹的脸腮托宽托方了。周总理的脸是方脸方腮,而我爹的脸是鹅蛋脸,圆下巴。刘大夫为我爹精心设计,努力实践做了一副塑料腮托,住口内一叠,果然把脸绷了起来,变成周总理那样丰满宽厚的方脸方腮了。

到了秋天,我爹怒发冲冠来到我家,说不让他演周总理了。说什么某位将军认为:"赵丹太有名了,再演也是赵丹,观众不会相信他是周总理,会影响影片的政治效果。"更有位官员认为,赵丹历史上跟江青的关系究竟怎样,还没彻底搞清楚,因此赵丹演周总理不合适。

我问是哪两位领导讲的?我爹自己也没搞清,总之不让演了!

我爹气极了:"莫名其妙!我怎么不像?只有我最有能力、最有条件演周总理!政治上我已经彻底平反啦!我是被冤枉的!我有什么问题?"

我爹告诉我,谢铁骊、张瑞芳他们拼命为他说情,也无济于事。

我爹跟北影厂厂长汪洋都吵翻脸了。我爹还亲自找到了文化部长黄镇,责问他为什么:"过去旧社会我和老板订了合同还不作兴撕毁合同的,今天新社会,为什么作兴撕毁合同?"听得我也目瞪口呆,无言对答。

我爹为此事百思不得其解!他痛苦!他烦恼!这回打击可非同小可。从此我爹再也不提此段伤心事,白天变得沉默寡言,傍晚一个人蒙在被子里偷偷痛哭……

周恩来总理的电影形象演不成了。我爹虽很伤心,但他还在顽强地奋斗,立志再上银幕。

一九七八年,我爹来北京。见了我又发牢骚:"白桦不讲信义!'文革'前答应将剧本《李白与杜甫》交我,让我演李白,谢添演杜甫,这是珠联璧合的搭档。在监狱中我一直构思这部片子,连分镜头都想好了。可这家伙现在却又答应给另一演员来演李白,根本不是演这戏路子的人!"

我说:"那你拍《鲁迅传》吧!"我爹说导演陈鲤庭手里有戏,又不能很快地抽出来。

我爹又想演《阿Q正传》。田汉和陈白

尘都曾经把这部不朽作品改写成剧本，多次搬上话剧舞台。当年在重庆的时候，我爹还亲自导演过这部戏呢。怎奈改写电影剧本的大编剧陈白尘身体不好，剧本一时半会儿出不来。

“现在只好和你妈合作写电影《闻一多》。”

谁知真是天不从人愿！等过一段时间，我爹又告诉我，《闻一多》又拍不成了，说这片中有反美情绪，因为中美马上要建交了，又不让演。我说：“这是历史！”我爹说：“中国戏剧、电影总与政治有关！”他非常懊恼，无非又是一次打击。

为重新上银幕，为拍出好电影，我爹四处奔走，八方呼吁，磨破了鞋底，磨破了嘴皮。上访、个别谈话、写信、打报告，大声疾呼：“各位领导同志！赶紧让我拍电影吧！我快要饥不择食了！可怜可怜我这饿煞鬼！”

不久，日本电影界提出：希望中日双方共同拍摄电影《一盘没有下完的棋》，由我爹主演“中国棋王”。我爹高兴地说：“哈哈，总该时来运转了吧！”

但是，一九八〇年初上海来信说：我爹在春节时不思饮食，也不能喝酒，胃总疼痛，怀疑胃出了毛病。四月我爹住进上海华东医院，一直误当胃病治疗，吃药打针，总不见好转。

我爹的身体，一天不如一天。面容枯槁，嘴唇发黑，说话已经很困难，后来就长久地昏睡不醒。他为人们付出那么多，但他又得到了什么呢？

赵丹晚年生活照

他得到了一场梦。我爹一辈子做的尽是电影的梦，他一生拍过四十部电影，参演过五十多台话剧，但他最好、最美、最催人泪下的杰作，是他“未完成的杰作”。一旦自由，总该了却心愿了吧！但是……

这可怕的“但是”，可悲悯的“但是”，可诅咒的“但是”！

八月一日，当时的国家领导人华国锋来医院探望他。这件事表明北京医院已经向中央打了“赵丹病危”的报告。我爹却在病榻上向华国锋说：“‘文革’以来十四年了，粉碎‘四人帮’也已经三年多了，但是我还没有拍成一部电影！不好向老百姓交待！”

一九八〇年九月三日上午十一时，我爹在北京医院动了外科手术。医生们打开了腹腔，直观之下，病变比想象的还要严重。

十月八日《人民日报》发表了爹爹最后一篇呼吁书，爹爹在文章结尾说：“文艺创作是最有个性的，文艺创作不能搞举手通过！可以讨论，可以批评，可以鼓励，可以叫好。但从一个历史年代来说，文艺是不受限制，也限制不了的。习惯，不是真理，更不能尊为铁板钉钉的制度。……每有争议，我都犯瘾要发言。有时也想管住自己不说。对我，已经没有什么可怕的了。只觉得絮叨得够了，究竟有多少作用……”

这篇临终遗言，很快引起强烈反响。巴金、冰心、夏衍、曹禺、阳翰笙、白杨、张瑞芳、陈荒煤等文化名流，纷纷表示衷心的支持和钦佩。

一九八〇年十月四日下午，跟每天一样，我从中国歌剧舞剧院排练场赶到北京医院。这次，见到宗英妈妈拿着一个笔记本在那里正等着我。

“阿囡，你爹他今天早晨比较清醒，他留下了遗言，我应该告诉你。”

说罢，打开笔记本念起来：

“听，你爹他是这样说的——宗英，你辛苦了，我们夫妻关系是和睦的，家庭子女是快乐的……

“人活着或者是死了，都不要给别人增添忧愁。艺术家在任何时候，要给人以美、以真、以幸福……

“遗体捐赠给国家，由医院解剖分析，对医学作最后一点贡献；

“不开追悼会，不要奏哀乐，我喜欢贝多芬、柴可夫斯基……

“骨灰，一半埋葬在日本聂耳墓旁，另一半撒在柳州柑橘树下……”

静默之中，女儿理解了爹爹的心意……这篇遗言是我爹生命交响曲的最后乐章。十月十日凌晨二时四十分，我爹的心脏停止了跳动。

爹爹去世后，按他的遗愿，将他的骨灰分为两个骨灰盒，一份准备送往柳州，一份准备送往日本。

宗英妈妈是我爹主要合法继承人，这后事的妥善处理，主要应由她承担。爹爹去世后她一再表示她要尽心整理爹爹的遗著，并撰写《赵丹传》，为爹爹树碑立传，以继承爹爹的遗愿！她说，为了安排骨灰安葬事宜，要有一筹备阶段，故将我爹的两个骨灰盒暂寄北京八宝山公墓存放。我表示服从。

冬去春来，每年清明和父亲的祭日，都由身在北京的女儿——我，前往八宝山去祭奠父亲的亡灵。

一九八三年春，宗英妈妈在北京给我来电话，约我第二天同往八宝山取回我爹的骨灰盒。第二天我走到我爹骨灰盒安放处，却不见我爹的骨灰盒。左打听右打听，才知已挪放到另一间靠边高处的旮旯地。取下时满是灰尘，连骨灰盒上名字也更换成随便写的错别字“赵舟”。我们内心十分气愤，为什么出现这样反常的变化？

从宗英妈妈口中才得知是因为又在搞运动引起的。但总也想不通，为什么连安放死人骨灰处也要卷入这场斗争？

怀着沉重的心情，手捧着爹爹的骨灰盒离开了八宝山公墓。宗英妈妈说，她护送一份回上海老家，另一份骨灰盒就放在

赵青出资为爹爹立碑，塑了第一座赵丹铜像。

北京我的小家。这样我们就分手了。

我在爹爹骨灰盒上面覆盖着金山伯伯送我的孙维世阿姨生前的一块美丽的大纱巾，骨灰盒前放了一些祭物，供奉在我家客厅大玻璃柜中。每逢祭日总要取出，按祖辈留下的规矩，烧香叩拜以寄哀思。

宗英妈妈并没有亲自将我爹骨灰盒带回上海老家。托人捧我爹骨灰盒送到上海。按约定时间，上海家中却无一人相接，吃了闭门羹，不得已送到周民家安放。我听后自然很不高兴，回上海后是我亲自捧回我爹骨灰盒，放到冲叔叔家安置。后又放回我爹生前住处。这样才最后转回上海我爹自己的家中。

以后我曾去过上海复兴中路花园公寓我爹家，看我爹骨灰盒却在客厅一茶几下，上盖一块大布，不知者根本不知茶几下还存放着我爹骨灰盒！我看后心中很不是滋味，但我也不便多嘴。心想：我爹命真苦，连死后也不能安身！

爹爹骨灰安葬一事，总是听不到音讯。爹爹去世后，据说柳州两派意见不一致，故无法安葬在柳州。宗英妈妈参加拍摄中日合拍电影《一盘没有下完的棋》曾先后两次前往日本，但从她口中得知，若双方政府不出面的话，无法实现我爹临终的遗愿。

后又听说宗英妈妈曾前往南通老家，通过当时文联主席帮助，谈判想将父亲骨灰安葬在老家，也没谈成。又过了几年，我又再次问起此事，宗英妈妈说：“你爸的戏总也唱不完，就让他唱不完吧！”看来她早已灰心了，可女儿的心却总也不死。

爹爹离开人世已近十二个年头。可父亲的骨灰总不能分开两地，父亲的灵魂总不能到处漂泊。爹爹生前这么坎坷，死后总不该再承受这么多的磨难了，他该安息了！

女儿决心把爹爹的骨灰安葬在他自幼成长的故乡南通市，我想在九泉下的爹爹会同意女儿这个举措，会感到欣慰的。

在南通市政协热情支持下，得到南通市政府批准，将我爹爹生前在南通的母校崇敬中学校园划出一块地，作为安葬我爹骨灰的墓地，并决定立碑，塑一尊半身铜像。这尊铜像和碑，由我个人出资，作为女儿对父亲敬献的一片孝心。

临近十月二日，我只身飞往南通，进行我父亲骨灰安葬仪式。

林彪重上井冈山

◎吕学文

一九六九年四月，在中国共产党的“九大”上，林彪作为毛泽东的“接班人”被写进了《党章》。同年九月，林彪和叶群、黄永胜、吴法宪等人重游井冈山。林彪要重游井冈山，其目的如何，外人不得而知。中国文史出版社出版的《风雨历程》收录了当时担任林彪警卫员的吕学文所写的《随卫林彪重上井冈山》，记录了这次重游的情况，现摘录如下，以供参考。

我是一九六五年入伍的，一九六七年四月被分配到八三四一部队二大队六中队。六中队是时任中央军委副主席、国防部长林彪的警卫部队。一九六八年九月被任命为六中队一分队队长，是林彪的“随卫”警卫员。林彪出行时，其前卫和后卫车(林的车在中间)都由我管理，并同时跟随警卫。我除了跟随做警卫工作外，还是“林办”主任叶群的唯一游泳教练，并负责她的游泳安全。几乎是每个夜晚，都由我单独陪她在室内游泳池游泳。

一九六九年九月上旬，我们警卫人员就接到通知，说首长最近要外出，让我们做好一切准备。果然，中旬的一天上午，林彪、叶群、吴法宪、林立果以及秘书、保健医生、机要人员和我们这些工作人员等，共一百多人，分乘两架“子爵”和一架“伊—18”型飞机，从北京起飞，几个小时后，降落在了江西省樟树机场。大队人马走下飞机，乘上汽车奔向下榻处。下午，时任人民解放军总参谋长的黄永胜等人也赶到了。

这天晚上，林、叶与解放军总参谋长黄永胜、空军司令员吴法宪、江西省党政军“一把手”及全体随行人员等共进晚餐，其政治主题是忆苦思甜，吃红军当年吃的传统饭，即：红米饭、南瓜汤。就餐前，叶群根据林彪的安排首先讲话，她简要介绍了当年红军在井冈山战斗的英勇事迹和艰苦奋斗的生活作风，接着，由她指挥，与就餐人员一起，唱起了当年红军的革命歌曲：“红米饭，南瓜汤，哟咳！秋茄子，(那个)味道香，咳哟咳！毛委员和我们在一起，咳哟咳！天天打胜仗，打胜仗，咳哟咳！”

因为这是外出，事前准备又不够充分，所以到了晚上，林的所有工作人员和我们这些警卫人员，人人严阵以待，坚持岗位，一夜未合眼。按照原先的计划，首长一行在樟树机场下飞机后，改乘小飞机到吉安县城住一宿。首长的生活习惯是：住房必须宽敞，要有几十平方米才行；室内空气要新鲜，温度必须保持在摄氏二十一度左右。这一条可难坏了我们这些先行官和地方大员。此时虽是秋季，但这里气温高达三十七八度。这里不是北京，无空调设备，气温降不下来怎么办？正在我们一筹莫展之时，不知谁来了个急中生智，提出了用冰块堵住室内所有门窗的建议。结果证明，虽然达不到预定要求，但室内温度总算降了许多，清凉了许多。

一切准备齐全，只等首长了。可是，耿秘书打来电话说：首长、主任今晚过夜的地点在樟树。这一突变，真让人们万分惊讶和不安，以前的准备工作，都前功尽弃了。

第二天早饭后，我们随卫林彪从樟树乘飞机去吉安后，立即乘汽车赶往井冈山。林彪、叶群乘坐的是美国“卡达莱克”牌高级轿车，这辆防弹车，既别致、豪华，又特别宽大。数十辆不同类型的汽车，在山区公路飞驰。公路两旁戒备森严，三步一岗，五步一哨。

车队缓缓行驶，在一个山巅之上，林彪的车突然停下。他下车小便之后，指点着鬼斧神工的悬崖峭壁，对随身警卫的人员说：“创立井冈山根据地几十年了，没有这块立足之地，就没有今天。当年红军在这些天险要塞上面，修筑了哨卡、工事。蒋介石倾巢出动，坐镇南昌，亲自指挥重兵，层层包围了井冈山。如果不是因为这里的天时地利条件好，就很难保住这块弹丸之地。有了它，才保住了红军，最后打下了整个江山。应该说，井冈山是中国革命和人民解放军的发祥之地。”平时少言寡语的林彪，今天特别激动，心情也特别好，一口气对下属说这么多话，这真是破天荒了。

“首长，井冈山很大吧？”不知谁插问了一句。林彪说：“大得很哪！方圆四五百里。当地人不叫它井冈山，叫大小五井，因为四周山上有五口水井，现在不知还在不在？”

江西省接待方面给林彪在井冈山安排的下榻处是茨坪，这里有最好的两栋别墅。可是，林彪一下车，环顾一周后，下达了不住别墅，要住离街不远的井冈山宾馆的指示。这一下可忙坏了接待人员，也吓坏了我们这些随卫人员。井冈山宾馆现在还住着客人，又邻近街道，事前没有准备，在接待和安全方面万一出一点疏忽，可是重大的政治事故呀！但这是首长的指令，没有一丝商讨余地。于是，接待人员和有关工作、警卫人员立即紧急行动。经过一阵突击，三层大楼全部腾了出来，林彪住宽敞的二楼会议室，叶群和有关人员住一层和三层。

夜幕降临了，井冈山宾馆内外静悄悄的，但警卫人员在宾馆四周戒备森严。为了让副统帅能安静地休息，宾馆内外的所有广播喇叭，全部"扳闸"，变成了哑巴。宾馆内部的收音机，也不准任何人收听（当时无电视）。可是，大约十一点来钟，突然从叶群的房间里传出了大声喊叫声："我一不在家，你们就成了霸王啦？你擅离职守，干什么去了？"原来叶群打电话找留守北京的耿秘书。恰巧耿秘书不在。等耿秘书回来接电话时，她大发雷霆。她大声训斥道："你可以当外交部长了？究竟章某人重要，还是首长重要？首长坐飞机、坐汽车出远门，你不担心出什么事吗？这次是首长有重大政治意义的行动，你知道不？你对首长的安全不放在心上，你对首长是什么感情，什么态度？今后给你规定一条纪律：只要首长外出，你不能离开电话机一步。这是一条纪律，你知道吗？"叶群的喊叫，整个楼道的人都能听到。叶群说的"这次是首长有重大政治意义的行动"，到底有什么政治意义呢？当时我们这些工作人员和警卫人员是琢磨不透的。

第二天，林彪继续在井冈山视察。这一天，在山区行走时，他奋力登上一块巨型岩石，使我们这些警卫人员万分惊讶。平时，他走几十步路，都要气喘吁吁，而今天却精神抖擞。他举目远眺时，数百里起伏的群山尽收眼底。这儿就是闻名全国的黄洋界，林彪信步向西慢行，突然在一棵大树前站住。这是一棵参天大树，树叶特别茂盛。林彪兴致大发，用手指指树干，无限深情地说："我认识它，这棵树起码有百年树龄了？想当年，毛主席领着红军战士挑粮上山，常常在这棵树下歇脚，这棵树也算是革命功臣了。"林彪几乎流出眼泪，流露出了抚今追昔的情怀。林彪又走上黄洋界的制高点，指着一栋木制结构的小阁楼，说："当年红军在这儿设了瞭望哨，你们看，小楼附近还残留下了一处工事的废墟。"我想起了以前看过的资料记载，一九二八年八月，著名的黄洋界保卫战，就是在这里打的。林彪反剪着双手，沉默不语，徜徉良久。随即，他诗兴大发，即兴挥毫，写道："四十年前故地，万千往事涌怀；无数先烈没蒿莱……"

第三天，林彪在井冈山休息了一天。次日，我们又"随卫"来到七溪岭。这七溪岭位于井冈山西北，它是井冈山的门户，也是军事要塞。在车不能行的岭下，所有人员都下了汽车。崎岖不平的山路，林彪走了不大一会儿，就大口大口地喘着粗气。"首长，山很陡，是不是不要上了？"一位秘书劝他。"不！"他摇摇头十分肯定地说，“一定要上去看看。”他三住两歇、气喘吁吁地指了指山上说：“红军在这座山上，凭借着天险，用麻雀战术，一举打垮了敌人两个师五个团的进攻。这七溪岭也是我出生入死的地方。”

下午回到宾馆，他休息一阵子后，在黄永胜、吴法宪等人陪同下又看望了老赤卫队员，并与他们一起合影留念。在此期间一位老赤卫队员向林彪赠送了一块井冈山产的、十分罕见的精美玉石，宽约20公分，长约25公分。（此石带回北京后林彪让人刻成一方砚台，送给了叶群，并在砚台上刻下诗句：“发不同青心同热，生少同衾死同穴”。诗后一行小字：赠爱妻叶群。落款，林彪。）

大队人马在井冈山住了四天，林彪想看的地方都看了，决定翌日下山回京。对此，还闹出了一场笑话。事情是这样的：在临别的宴会上，江西省的程世清望着林彪说：“上次主席到井冈山时，去了我们南昌，这次首长来井冈山，政治意义重大，恳请首长也能光顾，江西的党政军领导，都盼望聆听林副主席的指示。”这是盛情难却，林彪点头应允了。叶群当面不好替林彪挡驾，回绝程世清的请求，但林彪一行到机场下汽车后，叶群对程世清说：“这飞机太小，坐不了这么多人，您是不是先行一步，我和首长随后就到。”对方自然按她的指示行事，提前走了。可是，林彪一行的飞机起飞后，好长时间不见下降趋势，不仅随行人员，就连林彪也蒙在鼓里。原来，这一诡秘行动，只有叶群一人知道。“宜敬（叶群的字）”，林彪迷惑不解地问叶群，“飞了这么久，怎么还没到南昌？”叶群扑哧一笑说：“不去了，直接回北京。”林彪有些不满，说：“你这不是拿地方官开玩笑吗？”叶群说：“我这是为你好。你现在去干什么？让你作‘文化大革命’的指示，谁能说清楚！还是少说为佳……”如此一来，林彪等人直飞北京，而在南昌机场等候的人，只有白等了。

补白

周恩来不让林彪超过毛泽东

一九六六年八月十八日，毛泽东第一次接见来京大串联的红卫兵，天安门广场集结了一百万人。毛泽东穿着军装，走过金水桥，同周围的人握手，并向全场招手致意。得知毛泽东穿军装，林彪也临时换上军装。毛泽东登上天安门城楼，步伐缓慢，跟在后面的林彪步伐急促，马上要超过毛泽东了，周恩来用力拉住林彪的军装，林彪冷不防踉跄一下。等到毛泽东又走出一步，周恩来才松手，林彪自觉与毛泽东保持一步之遥。周恩来则等到毛、林走出七八步，才领着大家缓缓跟上。

末代皇帝和外国老师

◎王　恺

末代皇帝溥仪的帝师中有一位外国人，这就是担任过香港总督秘书和威海卫行政长官的庄士敦。他一九一九年三月进入故宫，其后对溥仪产生过很大的影响。《三联生活周刊》刊登的《利益宫廷：溥仪和他身边的人》一文对此作了介绍，现摘录如下：

在溥仪的众多师傅中，只有曾担任过香港总督秘书和威海卫行政长官的庄士敦能看到，并且使溥仪认识到，他重登以前的皇位不可能了，必须寻找新的出路。庄士敦启发溥仪对外界产生强烈的向往之心，在溥仪周围的人里，只有他把溥仪当一个人，一个孩子，而不是一个万岁爷。

庄士敦的笔记详细记载了他一九一九年三月三日见到溥仪的场景，溥仪先是在大群人簇拥下，身穿朝服，按照欧洲式的礼节和庄士敦见面的，随即，两人坐在书房里，皇帝的面前放着庄士敦为他挑选的书籍，师生关系出现了，完全不再拘泥于礼节。庄记载道："他看上去并不虚伪，或者对有关中国的政治地位和重要性并不言过其实，他身体强壮，发育良好，他是个聪明，活泼，富有同情心的孩子，而且有幽默感。"

庄士敦还觉得，溥仪并没有傲慢之气，他深居宫中，从没有跨出紫禁城一步，除了偶尔允许他的弟弟和两三个皇族的年轻人陪伴他一下，他没有机会和其他孩子接触，甚至他每天去书房都有隆重的礼仪。在他看来，溥仪是坐在金色轿子里面的孤独孩子，他当时想到拯救溥仪身心健康的最好的办法，就是让他去颐和园里居住，少受拘束。

不过，这对于师徒二人都是梦想，很快庄士敦就发现，他给溥仪上课的时候，身边一定有太监监视，此外还有中国师傅陪伴，据说是因为害怕皇帝会紧张和拘束，尽管师傅在上课的时候经常会睡觉，可是这种被监视上课的行为一直没有改变。

其实这种监视真的不需要。据和溥仪

一起上课的溥佳回忆，庄士敦是在李经迈和载涛商量后被引荐的，李经迈是李鸿章的儿子，很早接触洋务，他觉得，张勋复辟失败后，形势对清廷很不利，溥仪很可能不能久留宫中，应该趁此苟安之机，让溥仪学习英文和接触新知，日后流亡海外也有准备。载涛和载沣，包括陈宝琛经过商量后都同意了。担任过香港总督秘书和威海卫行政长官的庄士敦成为人选，关键原因还是他从年轻时候就崇拜中国的古典文学和佛家释典，感觉东方文化比基督教文化高深，非常向往中国文化。

在载涛看来，家里有五六千卷书，不娶老婆，别号“志道”的庄士敦，就是一个书呆子。溥杰印象很深的是庄士敦与哈同夫妇见面的时候，因为哈同夫妇的傲慢，以及粗俗的管事人手上的满是珠宝，而使庄士敦大怒，用尖刻语言嘲笑了哈同，并且再不来往。

溥佳还记得刚上课的时候非常难受，因为溥仪没有一丝笑容，是庄士敦强迫两人互相开玩笑，他们才慢慢熟悉起来。开始在上课的时候画漫画，溥仪的速写非常不错，庄士敦觉得，他可以成为一个艺术家。

他对溥仪有太多期待，他在给李经迈的信件中写道，皇上过着极其不自然的生活，他周围的气氛和环境亟待改变。他觉得，既然不可能重登皇位，不如保护他的身心健康。当时世界上各地的君主制度的黄金时代都过去了，溥仪唯一有可能效仿的，是英国的威尔士亲王，所以，他极力反对溥仪被作为与一般人根本不同的人对待，“当他恢复王位的最后一线希望也消失的时候，就很难指望他会有能力在世界上发挥一个人的作用。”

1906年，庄士敦在威海卫。

他给溥仪讲述英国王室生活和世界各地的风光，大战后的列强实力，中国的白话文运动和不可靠的军阀的态度，并且极力鼓动溥仪去英太子上学的牛津大学去读书，还将溥仪引荐给各国驻华公使和泰戈尔等人。《泰晤士报》当时报道说：“这对皇家青年夫妇的态度让人愉快。”

庄士敦不仅仅教英文，还教导溥仪成为一个“英国绅士那样的人”，溥仪自己说，在毓庆宫的最后一年，庄士敦已经是“我的灵魂的重要部分”。

有了庄士敦的教诲，溥仪一天比一天觉得自己受着环境的拘束，他开始对祖宗旧制感到厌恶，并且自行其意，出现了一系列让遗老们惊骇的“越轨行为”。先是“为了骑自行车方便，我把祖宗在几百年没觉得不方便的宫门的门槛统统锯掉，这些举动还算好，王公大臣们的神经还能应付，最让他们受不了的是我一会儿要励精图治，一会儿要整顿宫廷内部，清查财务，一会儿我又扬言要出洋留学”。

打高尔夫球的溥仪

十五岁那年，他配眼镜，太妃们和大臣们听说有洋人要接近皇帝的眼珠子，群情激荡。一九二二年，他又剪了辫子，现在史学者发现众多民国与清廷交涉的史料，民国警察厅曾经要求皇宫当差者剪辫易服，但是溥仪不在受要求之列，他之有此举动，还在于深受庄士敦所代表的西方文明的影响。

电话的安装，使溥仪有了更广阔的与外界联系的方式。“你是胡博士吗？好极了，你猜我是谁？”胡适接到电话后开始不敢相信，然后真费了一番努力，到了宫中见到了溥仪。因为他和庄士敦事前打听好了，溥仪“近来颇能独立，自行其意，不再受一帮老太婆的牵制”。胡适日记里记载，清秀的皇上很能认识自己的错，觉得现在还要花民国的钱，心里很不安，他想出洋留学，并且拜托胡适帮他找一些新书。

也因为这次会见，使胡适对溥仪有了不一样的认识。一九二四年溥仪被逐出宫廷后，胡适发表文章，说这行为是“民国的耻辱”，违反了当时定下的优待条约。

庄士敦和溥仪的亲近关系，可以从溥仪的侍从李国雄的一段回忆中看出。当时十三岁的李国雄心目中，皇帝是至高无上的，可是和庄士敦在一起，两人关系轻松而自然，当时庄士敦受命管理颐和园，就住在万寿山的后山，溥仪专门出宫去颐和园看望他，庄士敦坐上了一条又尖又窄、两头狭长的小船，半米多宽，坐上去后，他飞快地划了起来，并且动员溥仪也上来划。皇帝哈哈笑着摇头，表示不敢。李国雄写道：“我们那时候觉得庄士敦也太大不敬了。”

不过公开出国留学的梦想迅速被小朝廷扑灭，而私自潜逃准备了好久，借赏画给溥杰之机筹措了大量的金钱，可是在最后关头，紫禁城走漏了消息，王爷传令，叫各宫门一律关闭，进入戒严状态，溥仪和溥杰傻坐在紫禁城里发呆。深深的宫墙还是“锁住了一个少年的心”。

事实上，即使他能逃跑出紫禁城，能不能进一步出走还是很成问题，庄士敦去和英国公使馆接触过，公使表示，除非皇帝出了人身安全的问题，他才可以接纳。否则会招致国内反对，英国政府不愿意此时卷入这一行动，因为前后有太多纠缠的利益关系，英国政府此时打交道的重点是民国而不是废掉的清廷。

被遗忘的武训

◎艾绍强

武训，这是一个几乎被遗忘的名字。中华人民共和国成立伊始，毛泽东发动的对电影《武训传》的批判，曾使许多知识分子晕头转向，尽管至今人们还不太明白这场批判是为了什么，但从那开始，知识分子渐渐懂得，在毛泽东的领导下，他们再也不会平静。

《绝版中国》（中国工人出版社出版）一书，提及了有关情况，现摘录如下——

实际上我现在仍没有弄明白一九五一年为什么要批判电影《武训传》，也不知道为什么连死去五六十年的一个乞丐也要批判，联系一九七四年批判死去两千多年的孔夫子，估计答案大体差不了多少。

孔子和武训，一个教学、一个办学，两人都出自山东，都受到一些毫无干系的人的批判，不知是历史的巧合还是时代的笑话。

武训七岁丧父，随母乞讨，长大后又当了几年长工，在受了几次欺侮、吃了几次不识字的亏之后，武训大睡三日、狂奔三日，唱着“扛活被人欺，不如讨饭随自己，别看我要饭，早晚修个义学院”的歌谣，开始行乞兴学，一脚踏下去，走了将近四十年，直到死在义学的庑廊之下。

武训剃了一个奇怪的发式，手拿铜勺，口中唱着歌谣，奔走在运河岸，走街串巷四处乞讨，他唱着：“不嫌多不嫌少，舍些金钱修义学；又有名又行好，文昌帝君知道了，准叫你子子孙孙坐八抬大轿。”武训面对各色人等，唱歌行乞兼做短工，抱着“又当骡子又当牛，修个义学不犯愁”的信念，将乞讨来的钱积到一定数量后放出生息，置地出租。光绪十三年(1887)春，武训把乞讨积钱所置二百三十余亩土地和历年所积二千八百吊钱交给当地士绅杨树坊等人，地做学田，钱作建义塾之资，在堂邑县柳林镇兴建柳森崇贤义塾。第二年初义塾开学，武训做牛做马三十年终于将

生前乞讨一辈子的武训，死后风云几番，现在又被人立在高台，这大概是他当初万万想不到的。

梦想变为现实。

武训不杂私念一心兴办义学，终生鳏居，他唱道："不娶妻不生子，修个义学才无私。"怕的是妻子妨碍自己的义行。武训兴义学的行为引起官府注意，逐级上报，光绪十四年(1888)九月，清廷"准堂邑县民武七自行建坊，给予乐善好施字样以示旌奖"，但由于种种原因坊未建起，只制了"乐善好施"匾，挂于崇贤义塾。

义塾办起之后，武训继续行乞打短工，一生行乞创办兴学的武训死于他创办的御史巷义塾大房檐下，年仅五十八岁。

武训死后，山东地方政府逐级上报为其请奖。一九〇九年，山东省巡抚上书朝廷："请宣付史馆立传"，国史馆将其正式列入孝义传内。此前的光绪二十二年(1896)，梁启超就为武训作传，收入其《饮冰室文集》；而清末的另一个改良派代表人物张謇则称武训是"中国世界极光明极伟大之叫化子"，"是则六州万国之教育者，皆当崇奉者也"。

在柳林镇随便问一个人都知道武训小学校，问武训墓、武训祠堂人们也会指向武训小学。但是那所由崇贤义塾而来的小学，现在已搬出了武训所创的崇贤义塾旧址，武训"修个义学万年不能动"的理想，在百年之后就被人动了。到了武训小学校的校门前我发现，大门上面"义学第一处"几字已不太清楚，铁栅栏的大门紧锁，门两侧的房子都是商店，从铁栅栏大门望进去，除了中间闪着白光的水泥路，两侧荒草高可没人，看不见一间教室，更无学校特有的琅琅书声，这难道就是武训小学吗？

几经打听才知道武训小学已搬到了别的地方，里面现在是纪念馆，钥匙在乡政府。到了乡政府，几个才上班的大学生正围着电脑看大片。杨国雨说他的小学就是在武训小学上的，纪念馆的钥匙在他手里，随即便推了自行车要带我去，走了几步他却转身悄悄地对我说："等一下，我带你看个东西。"于是我随他走进了一间似库房的小屋。杨国雨对我说："看你来一趟也不容易，我给你看一点真东西。到那边纪念馆也看不到。"他从一堆东西里取出一个卷轴，展开一看是一张装裱好的武训画像，杨说武训的画像原作是一八七五年由临清民间彩塑艺人李松亭画的，他手中的这一张是一九八五年由中央美术学院教授伍必端临摹的，而现在纪念馆里挂的则是彩色喷绘；随后他又翻出了任继愈和臧克家等人题词的装裱件，看上去都是原件，但由于保存不好，都已破损受潮。杨国雨说自己学的是美术和书法，乡领导让他看管这些东西，看到这些珍贵的文物污损成如此样子自己觉得可惜，但没有办法。他送了我几张郁达夫、梁漱溟、梁实秋和蔡元培等人题词的复印件，说这些东西的真迹都不知在哪儿。

进了武训小学的大门之后，杨国雨指着两边长的老高的荒草说，以前都是教室，拆了之后也不知要修什么。路两边立了许多新刻的石碑，有于右任的，也有冯玉祥的。

民国时期，对武训的彰扬一直持续。民国山东省主席韩复榘曾说："鲁西一带民性强悍，土匪如毛，历代都没有肃清，若是穷人个个都像武训，治鲁西也就不难了。"一九三四年，由沙明远、张自忠、韩复榘等十八名临清武训小学校校董发起纪念武训九十七诞辰征文活动，蒋介石亲书了《武训先生传赞》，汪精卫、胡汉民、林森等政府要员也题词，蔡元培、冯玉祥、张学良、郁达夫、刘建家、梁实秋等纷纷参加，连段祺瑞、吴佩孚等遗老们也出手了；他们题词、写诗、作文一起颂扬武训。当年十二月在临清召开纪念大会，并在临清公园建武公纪念堂，立了一座一米多高的武训汉白玉塑像，另还建"武训纪念亭"，由于右任书写了亭额，亭内的石碑上亦刻有武训的线描画像。一九三八年三月二十八日，国民政府命令褒扬武训先生。一九四〇年代，民国政府几乎年年举行纪念武训的活动。一九四〇年夏，国民政府主席林森倡仪将武训先生诞辰纪念日十二月五日定为兴学节日；一九四三年十一月，中国共产党冀南区党委、行署命令将堂邑县更名为武训县，柳林镇更名为武训镇；而毛泽东在延安时也曾在一些讲话中赞扬"武训精神"。一大批教育家如陶行知、梁漱溟、晏阳初，不仅推崇武训办义学精神，而且提倡通过办教育来救国；冯玉祥先生不仅颂扬武训，一九三一年还在山西汾阳峪道河自费办学，专收贫苦农民子弟，后又在泰山办学，亦以穷孩子为对象。整个民国时期，全国各地出现了多所武训学校。以至于一九五一年《中央人民教育部通知各地以武训命名的学校应即更改校名》中说："以武训命名的学校，更所在皆是"，可见武训影响遍及大地。

杨国雨带我到了院子里唯一的大房子前，说那便是武训祠。看着高台之上的大屋，我想武训如果在世的话，大概不会同意用钱给自己修如此大的屋子的——他是每一枚钱都用于兴学的。杨国雨给我的资料里介绍，一九〇三年，临清、馆陶、堂邑三县联合在武训墓前建起正房三间的武训祠，一九三七年扩建。一九九七年希望集团老板刘永行在参观时看到武训祠破败不堪，捐款四十万修建了现在的建筑。里面除了几张彩色喷绘画像及介绍外，别无他物。

杨国雨说院子那边的荒草里有几块断碑，过去一看，碑石横躺，字迹不清，也

武训的墓就在新修的大堂后面，但是这其实是一座空坟。

不知何年月的。转到大屋后面，有一水泥墓丘，杨国雨说这便是武训墓，但他有所不知的是，这是一座没有遗骸的空墓。

一九五一年电影《武训传》受到批判，当年夏天由《人民日报》和文化部发起，组织了一个由李进（江青）等十三人组成的武训历史调查团，赴山东调查了二十多天，最后由《人民日报》连续六天刊发了《武训历史调查记》，结论是："武训是一个以'兴义学'为手段，被当时赋予特权而为整个地主和反动政府服务的大流氓、大债主和大地主"。"文化大革命"开始后，武训不仅再受批判，祠堂被毁，而且连坟墓也被扒开，挖出几根未朽骨头装进粪筐游街，后来竟不知何人将几根遗骨偷走，至今下落不明。

尽管院子里还有季羡林书写亭名的"武训魂"八角亭和武训乞讨石像的高歌台，但是站在高高的台阶上，望着空旷院子里半人高的荒草，我感觉满目凄荒，我不明白当地政府为什么将学校迁走，让莘莘学子在武训的祠堂前、墓前、碑石前读书唱歌嬉戏难道不是最好的纪念吗？

补白

有些同异是不可无的

抗战时期，重庆国民党教育部设了一个学术评议会，讨论国家教育、学术方面的重要事情，冯友兰被指定为成员。在开幕会上，一个面相如富翁的人讲话说："现在教育界有些不同的意见，议论纷纷，很不好。"冯友兰悄悄地问坐在他旁边的傅斯年："这个人是谁？"傅斯年说："这就是孔祥熙，骂到你们头上了，你得发言批评他。"孔祥熙发言完了，冯友兰就接着发言说："方才孔院长（行政院院长）说有不同的意见，不同的意见是有的，但要看是一些什么意见。中国的哲学史上，有程朱与陆王的两派之争，当时有人说，程朱、陆王之同异，是不可和之同异，亦不可无之同异。有些同异，就是不可无的。"散会时，孔祥熙特地跑过来和冯友兰拉拉手，表示歉意。

“皇姑屯事件”的真相

◎托　托

一九二八年发生的“皇姑屯事件”，在我们的教科书上一直被认为是日本人的一个大阴谋。最新出版的《辞海》也写道：这是“日本关东军谋杀张作霖的事件”。

然而，真相究竟如何呢？随着历史档案的解密，作者托托从大量的俄文原始史料及其俄国和欧美历史学家的研究成果中获悉，“皇姑屯事件”其实是苏俄特工的一件杰作。这为我们提供了这一历史事件的新的解说。由远方出版社出版的《皇姑屯真相》一书介绍有有关情况，现将部分内容摘录如下，以供参改。

一九二六年八月初的一天。苏联红军军事情报总局局长办公室内，别尔金将军反复默念着刚刚收到的命令：根据斯大林同志的意见，联共(布)政治局命令苏联红军军事情报局“除掉”中国满洲地区的独裁者、反苏反共的北洋政府大元帅张作霖。

张作霖(1875~1928)

必须刻不容缓地执行此命令。问题是派谁去呢？军事情报局并不乏行刺好手，但是由于中国情况复杂，环境特殊，所以不易得手。别尔金将军经过与三处(亚洲处)处长研究后，决定派境外工作经验丰富且通晓中国事务的特工站站长萨尔嫩去组织并实施暗杀张作霖的绝密任务。

萨尔嫩，拉脱维亚人，早年曾在英国、德国、美国及保加利亚等国从事地下情报活动，二十世纪二十年代初被调到苏联红军军事情报局三处(亚洲处)，一九二六年初被派到中国，以苏联军事顾问的身份为掩护，从事间谍工作。

一九二六年初至一九二九年底，萨尔嫩在中国任苏联特工站站长期间，曾经秘密组织反对张作霖控制中东铁路路权的斗争，领导在奉系内部实施策反、颠覆及破坏等工作。

接到莫斯科的调令后，当时在保加利亚执行任务的萨尔嫩迅速返回总部。在局长办公室里，他见到了别尔金将军。

“萨尔嫩同志，我们的党中央及斯大林同志都认为，中国的大军阀张作霖是我们在远东、在中国，乃至在整个东北亚开展苏维埃革命遇到的最大障碍，也是共产主义运动最危险的敌人。所以，总部决定派你去中国，组织并实施暗杀张作霖的绝密计划。”

别尔金将军又说：“满洲地区的形势很复杂，张作霖的贴身侍卫队又很厉害，听说每个队员都身怀绝技。所以，你们实施方案时，要格外小心，尽量把困难想得充分一些。你过去后，担任情报站站长工作，其掩护身份为驻卡尔甘（现河北张家口市）苏军顾问团成员。你的秘密代号为‘格里斯卡’。为了尽快圆满地完成此任务，我已密令满洲地区所有的特工配合你们的工作。请记住：执行完任务后，要迅速离开案发地，当地的情报组织会巧妙地把作案嫌疑栽陷到他人头上。你准备一下，明天就出发，两周内拿出行动人员名单及行动方案。”

半个月后，别尔金将军果然收到了由远东地区发来的密电：除掉“目标”行动人员名单及行动方案。

行动方案：

一九二六年九月底，应大帅张作霖之邀，“中东铁路俱乐部交响乐队”将到其官邸的“帅府苑”举办音乐会，据说张作霖的目的是为了取悦于舞女出身的宠妾——五姨太。届时，萨尔嫩将安排布尔拉科夫提前把在远东地区特制的遥控炸弹带到中国境内，再由对铁路系统既熟悉情况又活动方便的梅德维杰夫、费拉先科转交给已到沈阳的该乐队“线人”。然后，由“线人”按萨尔嫩提供的方位图，把遥控炸弹藏匿到张作霖的座位下。而一身轻松的布尔拉科夫则以乐队聘用的电工身份，混入“帅府苑”，并寻机实施遥控爆炸。

莫斯科的将军们在收到密件的当天，就进行了认真的研究和讨论，最后批示：认同行动人员资格，同意实施行动方案。行动时要慎之又慎。

接到莫斯科总部的批复密令后，萨尔嫩便指示下属迅速行动。他自己也于一九二六年九月初，以苏联驻奉天领事馆随员的掩护身份，亲自到大帅府送交例行的外交公文。萨尔嫩此行的目的，主要是观察大帅府及“帅府苑”的地形环境，以便为“线人”提供准确的炸弹放置点。

几天之后，即一九二六年九月二十四日，化了装的布尔拉科夫出现在由苏联海参崴驶往中国哈尔滨的“东方快车”上。当列车驶到中国边境小站绥芬河车站时，意想不到的事情发生了：奉系的侦缉队突然冲进了布尔拉科夫乘坐的高级软卧车厢，随后在该车厢的行李中搜出了苏制的遥控炸弹、数量众多的高级手表，及美元、日元等大量现钞。

原来，由于布尔拉科夫的“线人”过分关注交响乐队在大帅府演出的具体时间

在皇姑屯被炸毁的专列

等事宜，引起了奉天警宪的注意。最后在有关人员的逼问下，“线人”只好招供：布尔拉科夫指使自己参与炸死张作霖的行动。不过，他只供出了布尔拉科夫一人。其实，他也仅仅知道布尔拉科夫一人。

在哈尔滨的宪兵司令部里，先后被捕的布尔拉科夫与“接货人”梅德维杰夫、费拉先科，接受了奉系警宪的审讯。

在大量的人证物证面前，虽然三人都表示认罪，但都一口咬定：暗杀张作霖只是他们的个人行为，没有受任何人指使。

当问到其暗杀动机时，他们异口同声地回答：他们的父亲都是在俄日战争中惨死在日本人手里的。所以，他们憎恨日本人，憎恨一贯勾结日本人的张作霖。他们还谎称：按计划，在杀死张作霖后，还要去旅顺暗杀日本关东军司令官和关东行政长官。奉系警宪似乎相信了他们的口供，没有再深追下去，只是将布尔拉科夫三人分别判了三至五年有期徒刑。

这样，布尔拉科夫三人保住了此次行动的实际指挥与领导者——萨尔嫩。

由于他们守口如瓶，没有出卖组织与领导人，所以在其被关押期间，他们的家属得到了苏联政府的特别关照。例如，苏联的相关部门每个月分别向三人的家属提供一百五十至二百美元的生活补助费。

虽然此次暗杀未遂事件对萨尔嫩及军情局是个沉重打击，但是他们决意要“除掉”张作霖的决心并没有改变。

事情败露后，他们一方面以苏联地方政府的名义公开发表声明，称布尔拉科夫等人是受“俄日战争”讨命组织的指派暗杀张作霖的，与新生的苏维埃政权毫无关系。另一方面则全面深刻地总结此次暗杀失败的经验教训，准备再次行动。

在汲取了第一次暗杀未遂的经验教训后，他们把“选才”放到了首位。

经过一段慎密的考核，他们决定仍让有着丰富的对华情报工作经验的萨尔嫩担任此次行动的负责人，而具体执行的人为有“冷面杀手”之称的功勋特工埃廷贡。

后来，为确保此次暗杀行动的成功，总部又增派了一名兵器专家型特工——苏联红军军事情报局三局的维纳罗夫。

埃廷贡首先以一名商人的身份乘船

从海参崴来到上海，然后与苏联驻上海商贸处人员打个招呼，便乘火车来到张作霖控制的北京。在这里，他仍以商人的身份拜访了苏联驻华商务代表，一个月后又乘火车直奔哈尔滨。当埃廷贡从北京来到哈尔滨时，这里的安全情报工作的领导人已经换成了萨尔嫩。

在哈尔滨期间，埃廷贡秘密结识了“清除”张作霖行动小组的另一位成员——维纳罗夫。

维纳罗夫来到中国后，以商人为掩护身份，先是负责苏联武器在中国境内的秘密调配工作，后被总部选派到由萨尔嫩任负责人、埃廷贡任执行人的“清除”张作霖行动小组。与维纳罗夫同时到达中国的，还有他的妻子、军事情报局密码报务员列别捷娃。在执行“清除”张作霖的任务中，许多绝密电报的收发都由她完成。

一九二八年春季，“清除”张作霖特别行动小组成员，陆续地从莫斯科、北京、沈阳等地聚集到了哈尔滨。

解密的档案材料证实：考虑到张作霖经常乘火车回奉天的习惯特点，特别行动小组决定把“清除”行动锁定在沈阳，采取中途起爆的方式。炸弹由兵器专家维纳罗夫备制，而地点、线路选择则由埃廷贡负责。萨尔嫩负责挑选亚裔特工，做协助及外围工作。

潜入沈阳后，他们聚集到苏联驻奉天领事馆“安乐窝”小楼，举行了秘密的宣誓仪式。

宣誓仪式结束后，他们向莫斯科总部发去密电：一切准备就绪，可随时实施“清除”行动。

莫斯科总部领导人明白：萨尔嫩与埃廷贡等人正在等待暗杀张作霖的最佳时机。于是，他们命令在张作霖身边工作的“线人”，要不失时机地密报张作霖的行踪，以配合萨尔嫩等人的行动。

不久，报务员列别捷娃收到来自莫斯科的密电，上面写道：

由于北伐军步步逼进，张作霖正准备撤出北京，返回老家沈阳，并拟实施“满洲独立密约”计划。

张作霖将于近期返回沈阳，这样就可以尽快实施中途起爆方案。埃廷贡不免为此而喜形于色。

“请总部说出张作霖返沈的具体日期及所乘的具体交通工具。”萨尔嫩对列别捷娃命令道。

五月三十日夜，莫斯科总部发来密电：

张作霖拟在六月三日从北京站出发，所乘交通工具为火车。你们要缜密行事。

在该密电中，莫斯科又指出：

再次提醒你们，在实施“清除”行动时，一定要把人们的视线引导到日本人或南方的蒋介石集团身上，最好能引导到日本人身上。已指示在华的相关媒体，做好宣传引导工作。

按照莫斯科总部的要求，特别行动小组紧张而有序地工作起来。

维纳罗夫负责准备炸药。在很短时期内，他就备妥了一百二十公斤黄色炸药。为便于携带和隐藏，他把这一百二十公斤炸药分解成四十个小袋，每个小袋仅重三公斤。小袋的外面标上了“洋灰粉”或“涂料粉”的字样。兵器专家出身的特工，干起这种事来，可谓得心应手。

埃廷贡负责选择行动的地点和线路。经过几天的化装踩点，他最终选择了京奉列车必经之路的京奉路（即京沈线）与南满路（即长大线）交叉处的老道口。其优点是：

1.它距皇姑屯车站很近，而且还有一个便于隐蔽放置炸药的三洞桥，由于两侧的路基凸凹不平，更便于遥控引爆并迅速撤退；

2.最关键的是，该地段处于日本人管辖区，但平时又不太引起日本人的注意。这样，就很容易把爆炸嫌疑引到日本人身上；

3.老道口两侧属于居民区，居住人员成分复杂，便于实施人乔装进出。

六月二日晚间，萨尔嫩又收到一份密电：

确认此前密电内容，并告：张作霖所乘之列车将于六月三日凌晨（时间待定）从北京站出发，走京奉路，约在六月四日凌晨（时间待定）到达奉天新站。该列车共二十二节车厢，张所乘坐的车厢为第十节，其明显标志为蓝色的花车。

就在苏联特工秘密筹划谋杀张作霖之际，五月三十日，张作霖召集身边的重要将领，举行了一个紧急秘密会议。参加人员有：张作相、孙传芳、杨宇霆、张学良等。会上决定，即日下达总退却令。除个别留守人员外，奉系所有军队都将陆续退出北京，返回东北。

六月一日，张作霖在北京中南海怀仁堂接见各国公使，随后又接见当地绅商及商团代表，宣布他本人即将离开北京，一切政务将交由国务院代行。

一时间，从中南海到大帅府，上上下下一片惊恐，各部、厅、办公室的大小官员都在手忙脚乱地收拾档案，焚烧文件，为返奉做准备。

六月二日下午，张作霖发表“出关通电”，称：撤出京津，退回东北。

六月二日傍晚，奉方要人向新闻界发布消息：张大帅将于今日夜晚离京。

六月二日晚八时，留守人员为张作霖举行告别晚宴。

六月三日凌晨，张作霖在国务总理潘复、各阁员及侍从武官等人的陪同下，从中南海西门分乘四辆汽车驶往前门火车站。

六月三日凌晨二时三十分，列车启动。

埃廷贡带着两名亚裔特工，于三日子夜前将维纳罗夫准备好的四十袋炸药秘

张氏帅府内1918年建成的小青楼，张作霖被炸后在此咽气。

密地摆放到老道口三洞桥下，然后在夜色掩护下躲藏到十米外的路基下隐蔽起来，只等几个小时后京奉线列车开过时，按动手中的引爆器。

按照埃廷贡事后的说法，当时他已做好了为革命事业英勇献身的准备，如果炸车不成功，他也会挺身冲向张作霖。

六月四日晨，专车抵达皇姑屯车站时，奉天站的官员张景惠、刘尚清等都到车站来迎侯。而张作霖乘坐的那节特征明显的蓝色花车里，有张作霖本人，还有奉天留守司令吴俊升、保卫处长温守善，以及正从前节车厢里走过来的日本高级顾问嵯峨诚也。

据幸存的温守善著文回忆说：

早晨五六点钟，张和吴望着窗外熹微的晨光和春绿的庄稼，边看边谈。正当这节花车穿过老道口交叉点时，轰隆一声巨响，烟尘滚滚，砂石纷飞，正好把这节车厢炸碎。吴俊升脑袋上被扎进一颗铁钉，当时就死了，躺在车厢一角。张作霖被炸出约三丈远。我也受了伤，被尘土和碎板压在下面。我急忙挣扎着爬起来，走到张的跟前。张作霖当时没死，内伤看不清，只见咽喉处有很深的一个窟窿，流了很多血，污染衣襟，我用一个大绸子手绢给堵上了。然后由我和张学曾把张作霖抱到赶来的齐思铭的汽车上。看样子，张非常难受，已神志模糊。当时他还能说话，头一句就问我："逮住了吗？"我诓他说："逮住了。"张问："哪儿的？"我说："正在审问呢。"张说："我到家看看小五。"接着又说："我尿一泡尿，尿完了尿我就要走啦。"很显然，由于他受伤后严重的脑震荡，神志不清，说的都是呓语。

当人们把浑身是血的张作霖抬进大帅府时，他已奄奄一息，之后，胡乱说了几句无关紧要的话，便气绝身亡了。此时是六月四日上午九时三十分。

事后统计，这个由苏联特工一手策划、埃廷贡亲自实施的"皇姑屯炸车事件"，共炸死五十三人。除张作霖外，还有随车的亲属、文武官员。另外，爆炸还使同车厢的保卫处长温守善、卫队团长于恩贵及日本高级顾问嵯峨诚也等人受了不同程度的伤。

成功地"清除"张作霖后，苏联鼓动中西方媒体，借中国人对日本人，尤其是日本关东军的积怨，推波助澜地把"凶手"引到案发地管辖人——南满铁路路段监护人日本关东军身上。

在世人一片斥责日本的痛骂声中，莫斯科总部悄悄地把真正的凶手萨尔嫩、埃廷贡、维纳罗夫等调回国内，并企图永远封锁其中的内幕。

几年后，当"皇姑屯事件"的实施者已经被确认为日本人后，苏联党政高层又秘密重奖了自己的特工英雄。

虽然参与暗杀张作霖的埃廷贡等人被苏联最高当局一再告诫不得吐露任何有关消息，但是，若干年后，当这些功勋特工退休赋闲，就不愿永远保持沉默了。有时，他们会有所暗示地谈论一下自己过去辉煌的功绩。

美国计划袭击中国核基地始末

◎孙力舟

根据美国国务院公布的解密文件，在二十世纪六十年代的初期美国曾谋划袭击中国的核基地。收录在《复活的档案》(福建教育出版社出版)的《美国计划袭击中国核基地始末》一文,对此作了介绍,现摘登如下——

二十世纪九十年代以后,美国解密了大量的对外政策档案,美国国务院把超过保密期限(一般是三十年)的政府涉外档案,逐步整理出版,汇编成《美国对外关系文件》。该文件的部分内容已在美国国务院的网站上公布。

此外,大卫·沃尔夫主编的《最新解密的关于美国政府对于中国原子武器发展的政策的文件选编(1961~1965)》,也有助于我们了解该问题。

对此,很多读者可能会问,美国是如何得知中国的核武器计划的？美国为袭击制订了哪些计划？为什么美国最终放弃了袭击计划？

早在二十世纪五十年代末,美国就在跟踪中国的核武器计划。根据美国情报部门一九六〇年的估计,中国将在一九六一年建成核反应堆,一九六二年生产出可以用于裂变的轴。

一九六一年一月，美国总统肯尼迪指示国家安全委员会协调研究中国核武器的威胁,以及对东南亚的影响。从一九六一年起，美国开始使用U—2高空侦察机，深入兰州到包头一线的中国领空，进行间谍拍摄。同时,当时刚刚兴起的卫星摄像技术也迅速被用于对华侦察中。美国在一九六一年十二月,得到了第一张新疆罗布泊核试验场的卫星照片,并于一九六三年八月认定中国的核原料工厂位于兰州。

根据这些情报,美国对中国第一次核试验的时间作出了种种估计,其中最准确的一种是一九六四年下半年或一九六五年。

在二十一世纪的今天,美国间谍卫星

的照相技术和二十世纪六十年代已经不可同日而语。例如,二〇〇六年四月十六日美国科学和国际安全研究所公布的伊朗纳坦兹铀浓缩工厂的卫星照片,就达到了很高的清晰度,甚至指出了地下车间的可能位置。也就是说,美国如果要对伊朗核设施进行核打击,其技术难度要比当年小得多。

随着相关情报的增多,美国政府中的官员们越来越紧张。当时美国官员认为,中国掌握核武器将严重威胁美国安全。二十世纪六十年代初,中苏已露出分裂端倪,肯尼迪政府在一九六二年底检讨了美国对华政策。政府中的主流看法是,中国和苏联都对美国和西方国家保持敌对态度,这一点并没有因为中苏分裂而发生根本变化。相比较而言,中国甚至更为"激进"和"好战"。美国的决策者深信,中国是对美国更直接和更危险的威胁。

这种担忧集中体现在肯尼迪的谈话中,他对《纽约时报》专栏记者克罗克说,"中国就要有原子弹了,而一旦中国有了原子弹,整个东南亚都会落入中共手中。"因此,美国必须阻止中国成为核国家。

美国最先考虑的是,用非武力方式扼杀中国的核武器计划。美国打算通过与苏联签订禁止核试验的条约,让苏联压制中国终止核计划。

一九六三年七月,与苏联进行核禁试谈判的美国代表——助理国务卿哈里曼在到达莫斯科的第二天,便接到肯尼迪的指示,要求他"尽力查明赫鲁晓夫对限制或阻止中共核计划的看法,以及他是想由苏联采取行动,还是让美国行动"。根据哈里曼在莫斯科向华盛顿拍回的电报,赫鲁晓夫的看法是,在法国也并没有签署核禁试条约的情况下,单独将中国挑出来作为威胁是难以接受的;而且一旦中国有了核武器,就不会像现在这样"大喊大叫"了。

在此后一年多的时间里,美国政府内部一直有关于用军事打击阻止中国核试验的设想。这些设想,早在档案解密之前就已陆续透露出来。例如,一位肯尼迪时期的高层官员透露,白宫曾考虑过美苏联手,先发制人地使用战术核武器打击中国核设施。联合作战方案包括美苏分别出动一架轰炸机,飞越中国西北的罗布泊地区,各抛下一枚炸弹,这一计划已告知苏联。

另外,据说蒋经国一九六三年九月访问美国时,曾和美情报系统负责人详细讨论了派遣空降部队袭击大陆核设施的可能性。肯尼迪也想知道派突击队打击中国大陆核设施是否可行。他曾询问:"空运三百至五百人至那么远的地方是否安全?飞机会不会被打下来?"

此时,反对打击的声音也逐渐大起来。美国国务院政策计划部一直在研究,中国的核武器计划是否真的会给美国造成不可容忍的伤害。一九六三年七月,该部门研究人员罗伯特·约翰逊完成了一份长达两百页的报告。报告称,"北京不会用它来作为侵略的保护伞",美国的绝对核优势也将继续对北京起到威慑作用。"中国的能力,在可预见的未来,不会改变亚洲大国之间的力量关系和平衡。由于中国在美国打击能力的范围内，中国一定会考虑美国核反击的危险。中国绝不会首先使用原子弹，而只会用它来威慑外部可能对中国的进攻。”

一九六三年十月，约翰逊将该报告压缩成一百页，开始在美国当局的各部门广泛传阅。国务卿腊斯克对他的报告非常欣赏。美国军界也普遍认为，中国即使得到原子弹技术，也没有什么值得大惊小怪的。泰勒将军在参议院听证会上也表示，他不相信中国人要打核大战，没有任何证据表明中国人喜欢战争。或许正是这些反对的声音，让肯尼迪直到一九六三年十一月被刺身亡前，也没有下决心把袭击的各种设想付诸行动。肯尼迪死后，副总统林登·约翰逊继任，他继续考虑对中国核基地进行打击的必要性和可行性。一九六三年十二月中旬，美参联会完成了一项空中打击中国核研究基地的行动方案。不过他在报告中持非常谨慎的态度，指出先发制人的军事行动并不可取，不仅因为没有苏联的合作行不通，而且美国可能会付出沉重的政治代价。

一九六四年九月十五日，约翰逊总统专门召集会议，再次讨论如何对付迫在眉睫的中国核试验。与会者排除了由美国单独采取先发制人军事打击的计划，但仍想争取与苏联采取联合行动，约翰逊对此表示同意。

一九六四年十月十六日，中国成功地爆炸了第一颗原子弹，成为世界第五个核国家。约翰逊在当天发表的声明中，极力贬低这一事件的影响，称中国的核试验并不“出乎意料”，美国和西方国家会“认识到这种爆炸的有限意义”，而且不必担心“立即导致发生战争的危险”。

补白

“相信我的前世一定是个中国人”

二〇一一年五月七日是印度诗人泰戈尔诞辰一百五十周年的纪念日。泰戈尔获诺贝尔文学奖后，中国的文化界开始关注印度的这位大诗人。他的翻译作品最早出现在一九一五年《青年杂志》第一卷第二号上，陈独秀用文言文翻译了《吉檀迦利》中的四首诗。从上世纪二十年代起，中国兴起了“泰戈尔热”，郑振铎、张闻天、冯友兰成为早期的有力译介者。当时一些小诗或新的作者大半都是直接或间接受泰戈尔的影响。一九二四年，泰戈尔应梁启超、蔡元培之邀决定访华。四月十二日，泰戈尔到达上海，一踏上中国的领土，大诗人就情不自禁地说：“朋友们，我不知道什么缘故，到中国便像回到故乡一样……”后来，他又深情地说过：“相信我的前世一定是个中国人。”

编辑同志：

上卷《悦读》刊登的《三门峡水库的教训》一文读后很有感触。三门峡水库建造时，清华大学教授黄万里提出了反对意见，可是未被采纳，事实证明真理在他这一边，但他却被打成“右派”。这篇文章提到：一九五七年六月十九日，黄万里在清华大学校刊上发表《花丛小语》一文，毛泽东看过后，遇见黄万里的父亲黄炎培，很不高兴地对他说：“你们家里也分左、中、右啊。《花丛小语》里把实行百花齐放政策和国内形势描绘成春寒料峭，雨声凄切，静悄悄，微言绝，这是什么话？”旋即，《人民日报》以“什么话”为标题展开了对黄万里的批判。读者很想知道《花丛小语》是篇什么样的文章，你们能否帮助读者找来读一读。

西安读者 潘 岷

潘 岷读者：

尽力满足读者阅读的需要，是我们的愿望，也是本书努力的一个目标。为此，设立“读者点题”这一栏目，根据读者的要求，刊登有关的文章。在述弢先生的帮助下，我们找到了《花丛小语》一文，现刊登如下。其他读者如有阅读上的需要，也请来信告知。

编 者

花丛小语

◎黄万里

这还是三月里桃花含苞未放的时节，田方生编写了一章讲义，推开房门，背着手在小花园里闲步。他低着头，轻轻吟着他昨夜刚填好的词——《贺新郎·百花齐放颂》：

绿尽枝头蘖，
怎当他，春寒料峭，雨声凄切？
记得梅花开独早，珠蕾偏曾迸裂！
盼处士，杳无消息。
桃李临风连影摆，怯轻寒，羞把嫩芽茁。
静悄悄，微言绝。
忽来司命护花节，
乘回风，拨开霾气，宇清如澈。
人世乌烟瘴气事，一霎熏销烬灭。
翻潋滟，芳香洋溢。
好鸟百花丛里舞，这当儿，鼓起笙簧舌。
心自在，任翔逸。

正在边走边吟之际，脚步声惊破了他后半段词句里的意境，抬头一看，前面来了老友甄无忌。只见他满头汗如珍珠泉那样涌出，气喘不止。方生迎前一步，惊问何故？只听得他满口抱怨地嚷着：“我老远特从城里来拜访，岂知三十一路车只开到石油学院为止，害我徒步十里路。这条西郊公路是哪位宝贝工程师修的？”

噢！原来如此。方生未及回答，前面又有人向他招手，连忙向前迎接，一齐过来。无忌一看是贾有道，把头似点未点地招呼了一下。三人商定，泡了一壶茶，就在园里坐下。

“这公路是修得有些奇怪，在原始的土路基上不铺大碎石的路床，却直接铺柏油碎石路面。今年春雪特别多，天暖融化后路面下的积水不及宣泄，因此路面受载重后就被压碎。”方生作了技术性的解释。

“这是一个土力学的理论问题吧？还是水力学、水文学的？”有道接口就问。

“这些科学对于这类问题都有解释，但路面下须先铺上为了排水和散布载重力的路床，则是工程习惯或常识，并不一定要懂土力学才能得出这种结论。”方生这样回答。

“照你说，这是工程设计的错误。王八蛋！市政府谁管这种事的？尽说美帝政治腐败，那里要真有这样事，纳税人民就要起来叫喊，局长总工程师就当不成，市长下度竞选就有困难！我国的人民总是最好说话的。你想！沿途到处翻浆，损失多么大，交通已停止了好久，倒霉的总是人民！王八蛋！也不知该骂哪位坐大汽车的官大爷。”无忌可真动了肝火，肆无忌惮地破口大骂。

“老兄走累了，喝些茶，擦把脸吧！这些我们可以反映到上级考虑的。”方生把湿毛巾投给无忌，安慰了几句。

“刚才你一个人低着头叽里咕噜些什么？那张纸给我们看看。”两人接过方生的词摇头念了一遍。

“很好，很好，方生兄潇洒一如往昔。”有道恭维了两句。

“不通不通，献丑献丑！”

“我看前半段还能反映实际，后半段，简直是歌德派诗意，反映文人的无耻！”无忌把刚才的怒气转移到主人身上。

“老兄知道我是不大看小说的，我连歌德的《少年维特之烦恼》也没看过，怎会受到他的影响？未免太抬举我了！”

“我说你这书呆子太迂，思想不开朗。

所谓歌德派是指专事歌功颂德的那派'学者'。你看!怎见得护花使节就会到来?即使他来后,怎见得能使'宇清如澈,人世乌烟瘴气事,一霎熏销烬灭'?什么'心自在,任翔逸',还不是为了歌德而填词?"无忌接着又发挥了一通。

"这是我的信心,至少有这样的愿望。至于你说的歌德派诗人实未敢攀援!"方生答辩了几句。

"对我们自己的政府歌德一番亦无不可,怎见得就算无耻?"有道正襟危坐,说得很正经的模样。

"歌德原是该的,专门歌德,样样歌德,就有问题了。还有一种'但丁'诗人,但知盯住领导党员,随声附和,就算立场坚定,其目的就更有问题了。歌德-但丁派学者最为无耻,当然不是指你老田。"无忌说。

"老甄此话倒有道理的。对的地方我们应该竭力拥护,错的地方就该提出意见。一味歌德-但丁固然不可,一味谩骂企图否定一切亦非所当。"方生说。

"话虽如此说,不过我们国内的学者和人民代表却独多歌德-但丁派诗人。你看,除掉去年的人民代表会还开始提些意见外,以往照例是以个人体会为歌德的内容,这真是世界议会制的奇迹。我就不信一个政府会绝无缺点与错误,竟不需人民的监督而企图掩盖一切。但求表面统一,就是现政治的特点。"无忌说。

"这就是为什么现在党提出揭发人民内部矛盾呀!以前阶级对立为主要矛盾,现在人民内部矛盾为主要了。"有道插嘴说。

"不错!但是以前的内部矛盾不由人民来揭发,单靠领导来处理,也未必合理。例如东安市场的避孕套,据统计解放以来曾经过无-有-无-特多等反复步骤,实际上反映了领导对于人口问题的认识的改变,我看不出客观条件有什么改变。尽管马寅老懂得这些,他也不可能起作用。十分之九以上的人被当作阿斗,十分之一以下的人的脑袋被认为是灵的,而应起主宰的作用。这就是现政治的特点。我夫妇生了六个孩子,个个自小健康,从未住过医院。我妻被公认为一个善于抚育子女的好母亲。子女多,为社会多尽一些责,脸上很光彩。但从目前提倡节育的观点看来,子女多为社会添了困难,还是国家的罪人呢!"方生说。

"这真叫作'假作真时真亦假,有还无……,"无忌诵起《红楼梦》里的诗句来了。

"我想领导的本意是在激发起群众的智慧,鼓励起他们的积极性,使人尽其才,决不是只叫人听了话埋头去做。"方生说。

"尽管说得好听,目前只有歌德-但丁派学者是红的,因为只有他们能舍弃了自己认识到的真理,竭力靠拢组织,说得样样都好,才被称为政治性强。论这些学者的真实内容,则不是奴才便是棺材(官才)。你看!老蔡当年闷声不响,虔诚地学习孟德尔遗传学,一当什么所长,不免在上任以前先批判一番。等到李森科学说不大时髦,于是又发表了《我的认识的三部曲》。近来赫鲁晓夫又把李森科称道了一番，且看他又怎样说法。”无忌说。

“文人多无骨，原不足为奇，主要还是因为我国学者的政治性特别强。你看，章某原来有他自己的一套治理黄河的意见，等到三门峡计划一出来，他立刻敏捷地放弃己见，大大歌德一番，并且附和着说，‘圣人出而黄河清’，从此下游河治。他竟放弃水流必然趋向挟带一定泥沙的原理，而厚颜地说黄水真会清，下游真会一下就治好，以讨好党和政府。试想，这样做，对于人民和政府究竟是有利还是有害？他的动机是爱护政府还是爱护他自己的饭碗？这些人也就是我们的党和政府最喜爱的人才。”方生也激动了。

“这方面大家渐渐地都会看清楚的，我们的党和政府是在不断地纠正缺点和错误中进步的。”有道说。

“很好！让我们先帮助政府纠正修这条马路中的错误吧。我们把意见提给区人民代表请转达罢。他们也该睡醒了呢！”无忌说。

三人同意，当场起了一稿，提交代表。大意有三点：(1) 这次马路损坏究竟是必然的结果还是偶然的无法预计的灾祸？(2)重修花了人民多少冤枉钱？断绝交通多少天？人民损失估计多少？公共汽车损失多少？(3)谁应负责？应怎样处理？请求逐条解答，切勿无意或有意遗漏。请把解答在《北京日报》上发表。

补白

“三军可夺帅也，匹夫不可夺志！”

一九七三年十月，全国掀起“批林批孔”运动，在全国政协学习会上，人们逼着梁漱溟对“批林批孔”表态。于是八十一岁高龄的梁漱溟就像当年在北京大学讲坛上授课那样侃侃而谈。他从阐述中国文化入手，肯定孔子在中国文化史上的历史地位和学术上的成就，并说：“林彪是不是要走孔子之路、行孔孟之道？我却不敢相信。我不认为林彪是受害于孔子。”所以，“我的态度是：不批孔，但批林。”于是，全国政协的“批林批孔”发展成了“批梁”。从一九七四年三月至九月，大小批判会开了一百多次。梁漱溟每会必到，认真倾听。更难能可贵的他处之泰然，会议的间隙居然还打太极拳。到了九月底，政协开了一次总结性的批梁大会。主持人再三要求梁漱溟谈谈对批判会的感想，他只说了一句话：“三军可夺帅也，匹夫不可夺志！”让主持人和与会者目瞪口呆。

洛阳盗墓魅影

◎上官敫铭

这些年来，一些利欲熏心的人盗窃破坏文物，已到了令人发指的地步！盗墓的人愈来愈多，手法愈来愈高明，盗墓利益链延伸所至的保护伞，令人吃惊。《新世纪》刊登的《洛阳盗墓魅影》反映了其中若干内情，现摘录如下——

十三朝古都洛阳城，是华夏文明的重要发祥地，被誉为“最早的中国”。定鼎于此的百余位帝王，与其朝臣们魂归西天之后，多数埋骨于被视为千年龙脉风水宝地的邙山。

邙山，层层叠叠的墓葬，也使延续至今的盗墓行为几乎演变为一个行业。以盗掘文物为主要动机的盗墓活动，在洛阳可谓风起云涌。盗墓者惯用的“洛阳铲”甚至伸向了世界文化遗产龙门石窟保护区，二〇一〇年底前后，这里的西山东坡也被盗掘。近年来洛阳盗墓现象之疯狂有增无减。仅二〇一一年初即发生多起因盗墓引发的命案，多处古墓葬被洗劫。

二〇一〇年十一月二日拂晓。洛阳龙门山上，巡山的护林员听到柏树林窸窸窣窣作响。循声而去，几个人夺路而逃，黑影消失于密林之中。护林员看到，一块“石门”已被运到路边，钢索、小轮车及铁铲等作案工具被丢弃一旁。

“龙门山又被盗墓贼挖了！”这是不到两年时间内，龙门山第二次被盗挖。

一九八二年，龙门山成为中国第一批国家级风景名胜区。二〇〇〇年十一月，联合国教科文组织将龙门石窟列入《世界遗产名录》，并划定了保护区域。在石窟雕刻中，西山石窟奉先寺“卢舍那大佛”是石雕典范。大佛身后西北边约八百米处，是严禁游客进入的保护区域，前述被盗掘出土的石门就出自于此。

当日，保护区的工作人员将石门运至山脚的龙门石窟研究院后，向辖区内的派出所报案。“十一·二”特大盗挖古墓葬案专案组由此成立。

经洛阳市文物专家鉴定，该石门系国家一级文物——唐代“辅兽衔环”。在一块高一点五米、长一点二米、厚约三十厘米的石板上，两只长角兽类各嘴衔圆环，莲花形状的高浮雕遍布四周。

北京一位文物专家鉴别后，说这是他看过的最精美的石门。鉴于事件的敏感性，此案一直秘不外宣。

作案现场遗留有矿泉水瓶、烟头等物以及作案工具。警方确定了“以物找人”的思路，以盗挖现场为中心，半径五公里的排查行动由此展开。案件的突破口，最终确定为遗留在盗挖现场的小轮车。专案组通过对该品牌轮胎销售点和附近小加工厂、建材租赁站的排查，获得关键线索。随后顺藤摸瓜，发现龙门村村民李全立、冯松卫有重大嫌疑。案发后，两人突然不知所踪。警方决定对二人采取抓捕行动。

二〇一〇年十一月十四日凌晨，李全立在回家时被捕。经审讯，李全立交代了伙同冯松卫、张俊杰、李学立等十二人盗挖龙门西山古墓葬的经过。

二〇一〇年十月，张俊杰等人经过两次踩点，找到了一年前已被盗挖的古墓位置，确认石门仍埋在地下半米深处。十月三十日，他们将石门挖出并拖离古墓葬。由于保护区砌起砖墙与外界隔绝，张俊杰等人趁黑摸到古墓葬后，将石门抬上了准备好的小轮车。十余名盗墓人分成多组，有人负责放风，有人推小轮车，其余的则将钢索绑在林间的柏树上，试图将石门一步步拖上山顶平地。

石门太重，张俊杰等人每次只能拖出二三十米。或是遵循了盗墓行业“鸡鸣灯灭不摸金”的古训，次日拂晓时分，张等人掩藏好石门及作案工具后便悄然退去。

如此深夜作业，凌晨撤离，十一月二日，当张俊杰等盗墓人第三次拖运时，被护林员发现，弃石门逃离。

李全立被捕后，截至二〇一〇年十二月二十四日，警方先后在关林、伊川、汝阳及商丘等地，将犯罪嫌疑人张俊杰、冯松卫、李学立、翟国栋等十一人抓捕归案。另有三人在逃。

据专案组透露的信息，犯罪嫌疑人的相关口供资料显示，上述十余人分属三个盗墓团伙，多年来流窜于陕西和河南多个地区盗掘古墓葬。已被抓捕的犯罪嫌疑人明确供认盗挖古墓十余起，形成了一个现场盗掘、当场收购、再转手倒卖的盗墓及贩卖文物犯罪体系。

“我们现在抓的这些，其实都是干苦力的，是盗墓体系的最底层。”龙门派出所的民警李志说，“如果继续追查下去，盗墓团伙涉及的人将像滚雪球一样越来越多。”

洛阳地处河南省西部，黄河南岸，中国历史上近三分之一的皇帝埋葬于此。

中国自古有厚葬之风，盗墓亦成为延续千年的行业。据“十一·二”专案组相关民警介绍，张俊杰、李全立等盗挖古墓犯罪嫌疑人虽出身农家，却长年以盗墓为营生。盗墓面临着严厉的法律制裁威慑，据《刑法》规定，盗掘具有历史、艺术、科学价值的古文化遗址、古墓葬，或者走私国家禁止出口的文物的，最高可处无期徒刑，并伴随罚金、没收财产等处罚。

然而，由于利益驱使，盗墓及倒卖文物等行为在洛阳从未绝迹。改革开放以来，随着文物收藏风潮兴起，盗墓现象死灰复燃。

警方在盗墓及倒卖文物的同时，内部人与盗墓者勾结亦不乏其例。一九九四年，原洛龙区公安分局缉私队队长郭勇就因此被处以极刑。

“十一·二”特大盗挖古墓葬案仅是近年来洛阳市盗挖古墓案之冰山一角。洛阳警界民警坦承，如今盗墓已呈猖獗之势。

二〇一一年一月十三日，一群盗墓者在洛阳宜阳县盗墓时，墓坑发生坍塌，三人当场毙命于古墓穴。

二〇一一年一月十六日，九名盗墓者在洛阳孟津县平乐镇左寨沟村盗挖一汉代古墓。当天深夜，村民被盗墓者掏土的咚咚声惊醒后报警。直到警车逼近时，盗墓人才开始逃窜。有三名盗墓者坠入不远处的深沟，造成一死两伤。

二〇一一年二月十四日夜，洛阳邙山镇发生命案，五名盗墓者因分脏不均发生口角，一人被当场杀死。

除了因盗墓引发的命案，一些盗墓者索性放弃了“鸡鸣不摸金”的行规，明目张胆于白天盗掘古墓。

在厘河区小李村，村口不远处一块约四百亩的土地上，百余个盗洞散布田间。这里原是马坡村的一部分，享誉海内外的“洛阳铲”正是发源于此。清末民初，马坡村李鸭子首创的半圆筒形铁铲，后来成为最著名的盗墓工具。

据附近的村民称，前述地块已被征收，将用于厂房建设。盗挖古墓的人大白天便在该地块挖掘。一般情况下，白天盗掘古墓要在青纱帐掩护之下，如今，这块暂时“无主”的土地，则成了盗墓人公开“探宝”之地。除了烟头和手套等物，古人的遗骨也散落于盗洞周边。

一位专业人士判断称，从厂矿的瓦罐瓷片及遗落的铜币可知，这些墓葬多是汉墓和唐墓。

不但挖掘古墓，明目张胆抢文物的现象也不鲜见。二〇〇九年四月十二日夜间，距白马寺东北方向约四公里处，位于孟津县平乐镇金村的金龙寺，一伙人将多位寺院管理人员控制后，将一尊北魏时期的石佛抢走。如今，该尊石佛仍不知所踪。

洛阳盗墓界的老鬼（化名）说，“前些年还收敛点，这几年‘工程’（指盗挖古墓）就没有停止过。两条规矩，只要不动皇陵，不出人命，其他地方随便挖。”

如今，洛阳打击盗墓及文物保护面临的局面，除了在在逃嫌犯，曾被法办的盗墓团伙成员多数已获自由。有警方人士称，这些人在洛阳盗墓及文物界若隐若现，再次控制了地下文物江湖。

二〇〇二年十一月底，公安部接到了一封举报信。一位自称文物爱好者的人士称，在多年与文物交道的过程中，发现洛阳市倒卖文物现象猖獗，这些文物经广州过香港而流失海外。其所见之文物，无论数量和价值，就连洛阳市博物馆展示馆藏也难以匹敌。举报所称之文物，几乎无一例外均从古墓盗挖得来。

当年十二月四日，公安部副部长白景富作出批示："组织专门力量，精心设计指挥，尽快一网打尽。"

十二月十日，公安部责令刑侦局召集河南、广东两省公安厅领导召开专门会议，要求以河南警方为主，两地侦查部门组织侦破、查清涉案犯罪事实，彻底斩断"河南—广州—香港"的文物走私通道。"十二·十"专案由此得名。

前述呈上公安部领导案头的举报信称，洛阳市的文物从盗挖到收购、运输，基本由"宋氏兄弟"——主要系宋彦彬和宋彦庆控制。宋氏兄弟的家庭及社会关系扎根于孟津县及洛阳市两地，他们直接参与了盗挖古墓及倒卖文物。

宋彦彬是宋家长子，宋彦庆则排行第三。宋家其他两位兄弟，老二和老四均是洛阳市现职警察，洛阳坊间称"两红两黑"。宋氏其他家庭成员和亲戚亦不乏当地政界中人。

经"十二·十"专案组查证，自上个世纪九十年代初，宋彦彬、宋彦庆兄弟开始涉足倒卖文物活动，随着与倒卖文物分子频繁接触，逐步形成了自己的生意圈。专案组相关材料称，宋氏兄弟以威胁和收买的方法，将部分活跃文物贩子收拢门下，营建以他们为首的倒卖、走私文物和盗掘古墓犯罪集团，形成了盗掘古墓、倒卖、走私文物"一条龙"犯罪网络，逐步控制洛阳地下文物流通渠道，垄断了洛阳倒卖文物黑市。

据专案组相关材料显示，经过前期秘密侦查，该案涉及人员达二百余名，案件涉及陕西、山西、河南、广东及港澳等地，大批国家珍贵文物流失国外。此外，专案组亦掌握了该团伙涉及刑事犯罪案件一百六十四起，犯罪事实清楚、证据确实充分，已达到起诉条件的四十三起；缴获各类文物五百六十五件，其中国家三级以上文物一百四十四件。

二〇〇三年一月十三日晚，专案组采取首次抓捕行动。但是，宋氏两兄弟当天并未落网。一月二十八日，"老三"宋彦庆才被抓捕归案，"老大"宋彦彬潜逃至今。

大抓捕行动随后只能草草收网。在确定线索的二百多名犯罪嫌疑人中，依据当时掌握的证据，警方仅拘捕了九十一名涉案疑犯。如今已被释放的盗墓团伙成员老庄（化名）在接受本刊记者采访时佐证，专案组在采取抓捕行动时，洛阳警方的"内鬼"已向犯罪嫌疑人进行了通报。

据专案组掌握的证据表明，盗墓及倒卖文物团伙主要分为四个层级。相关专案组成员描绘了盗墓利益链条的组织架构图——

第一层是直接盗掘古墓葬的人。这是风险最大、收益最小的盗墓者，他们以洛阳郊区、孟津、偃师等地的农民为主要成分。

盗墓利益链的第二层级，以"识文物、懂交易"的倒卖文物惯犯为主。他们有相对固定的下线，负责组织盗墓或收购文物。

核心是第三层人员，控制整个盗墓及文物倒卖链条的关键环节。这一层级的人物，除了坐拥雄厚财力为第二层人员提供活动经费，更重要的是能够疏通文物通道，在盗墓及文物倒卖文物活动中确保安全。

第四层级的人员，则是能沟通海外买家的文物贩子。正是这一层级的人员，打开了致使中国大量文物流失海外的通道。

二〇〇四年三月，在“十二·十”终审前，被告人蔡武堂为将功赎罪，要求面见时任洛阳市公安局局长、“十二·十”专案领导小组主要负责人张太学。据张太学回忆，当年张太学带领办案人员提审了蔡武堂。

“他检举了盗墓团伙在纪检部门的后台。”张说，原以为仅是洛阳警界有“内鬼”，但背后涉及官阶更高的人员。

同年四月十七日，蔡武堂的妻子赶往焦作试图探视时得知，蔡已被秘密转移到栾川县关押。“那天，公安厅的一个人到栾川见了蔡武堂。”张太学回忆说，这一天是“十二·十”专案最为关键的一天。

一切看似巧合。随后的四月十八日，河南省纪委调查组宣布，对“十二·十”专案组具体工作负责人张建岳和主要领导李小选进行“双规”。原洛阳市公安局刑警支队一大队副大队长、“十二·十”专案组材料内勤尤益民也被要求到纪委接受调查。不久，原刑警支队政委王宗文也被“双规”。

后来得知，河南省纪委调查组是以涉嫌私设“小金库”为由，对洛阳刑警支队进行调查。

在被省纪委调查后，“十二·十”专案的侦查工作中断。据张建岳介绍，在“双规”期间，他凭借多年刑侦经验，从滞留多日的某宾馆顺利“出逃”，与李小选等人会合后辗转赴京，到公安部说明情况。他们除了反映专案在侦办过程中出现的反常情况及重大线索，也解释了“小金库”的问题。此后的调查结果表明，“小金库”系因警方办案经费紧张，经向洛阳市相关主要领导汇报后设立，属于“体制遗留问题”。该账户收支明细管理规范，警察个人在经费使用上均未出现违规，所有费用都开销在办案上。

自二〇〇四年五月起，洛阳市警方疾风骤雨式的人事调整展开。时任洛阳市公安局局长张太学被调任河南省人民防空办公室副主任。“我当时明确表示了三点意见，”张太学对本刊记者说，“第一是想不通。公安部正在组织学习洛阳公安的先进经验，为什么这时将我调离？第二是不满意。从事公安是我的长项，将我调到其他岗位我不满意。第三条意见是作为党员，我只能服从组织决定。”

纪委调查组对“小金库”问题调查结束后，“十二·十”专案组的成员也相继被调离原岗位。

随着专案组成员解散，公安部二〇〇三年挂牌督办的“十二·十”专案搁浅至今。

二〇〇三年九月，焦作市人民检察院指控宋彦庆涉嫌倒卖文物罪及非法拘禁罪，宋最终被判处有期徒刑五年六个月。收监两个月后，宋彦庆被保外就医。“‘三哥'又回来了！"有盗墓者如是说。

部督大案搁浅后，被调离专案组的办案人员一时有些灰头土脸。曾举报相关高层官员涉嫌违法违纪情况的蔡武堂等人，重获自由后则不再承认昔日检举供述的内容。在洛阳坊间，"警察斗不过盗墓团伙"在民间流传。

"十二·二"专案只是伤了盗墓团伙点皮毛。专案组成员"翻船"，证实了盗墓团伙背后的力量。

"现在盗墓警察都不一定敢抓，抓了也没用，除非是大案。"老庄说，"三哥(指宋彦庆)出来后，我们又开始干活了。"如今，蔡武堂、"福顺"等人均已重获自由，并重操"古玩"行当。据老庄和老鬼等人称，二〇一〇年秋天，盗墓人员在驻马店盗掘了多座墓葬，"光支付给挖墓人员的钱都好几百万。现在，洛阳周边的一些地方也都在挖。"

二〇〇九年十二月四日，在河南郑州召开的全国文物安全与执法督查工作会议上，再度证实了中国文物安全保护面临的严峻形势。据公安部刑侦局的数据，盗掘古墓葬呈上升态势，二〇〇八年至二〇〇九年九月，文物犯罪立案一千七百六十八起，其中盗掘古墓葬八百四十四起，占文物犯罪案件的百分之四十七。

几乎与当年的"十二·十"专案一样，"十一·二"专案实际也已原地搁浅。四名办案干警，如今一人已被调离。在第一次向洛龙区检察院移交案件时，检方退回案卷要求继续深入侦查。而据本刊记者了解，剩下三名办案成员，被要求只巩固现有证据，其他线索不再追究。

补 白

@的由来

"@"恐怕是人们使用最多的符号之一。亿万人要发邮件也离不开它。@是一个人造的小玩意，它出生于四十年前的一九七一年。当时，与美国国防部关系密切的BBN电脑公司有个工程师汤姆·林森，奉命寻找一种电子邮箱地址的表现格式，他需要一个标识，以此把个人的名字同他所用的主机分开。汤姆·林森一眼就选中了"@"这个在人名之中绝不会出现的符号。

据专家考证，@这个字符最早出现在中世纪的佛罗伦萨，当时被用作标识酒的容积量，大意相当于一罐酒。当时一个@的酒，大致等于今天的一百十四加仑。后来，在英文书写中，由于介词"at"使用频率很高，其英文手写体(连笔)同@形似而读音又与@相同，久而久之，很多人便用@来替代"at"，@的曝光率也就越来越高了。

曾经有国外的文物专家访问中国时，听说中国政府正进行抢救流失海外文物的工作，表示难以理解。他们说："文物放在西方的博物馆里，能得到更好的保护，能传播中国的文化，这不是更好吗？"我国的有些专家也认为："去中国的西部，看到壁画被残忍地切割下来，墓葬被炸开，还能说这是保护文物吗？"

《中华遗产》刊登的《文物属于谁？》一文，对中国和我国博物馆的情况作了介绍，现摘登如下——

文物属于谁

◎关山

几乎所有的纽约导游手册上都写着这样的话："去大都会艺术博物馆参观，你最好先有个计划。"因为其馆藏有三百多万件艺术珍品，如同一个浩瀚的艺术瑰宝的海洋。

而更令人难以置信的是，在这三百多万件文物中，百分之九十来自于社会捐赠，为此有许多展厅或展室都以捐赠者的名字命名。

不仅大都会如此，放眼世界上比较大的博物馆，无论是日常运营维护，还是增加藏品，都离不开个人的捐赠。以全世界规模最大的博物馆之一的大英博物馆为例，为其最初建馆打下重要基础的，就是一位名为汉斯·斯隆的爵士捐赠的一千七百余件个人藏品。

而在国内，比如故宫博物馆一百八十万件藏品中，百分之八十五以上为清宫旧藏文物和遗存，此外还有来自文物局和博物馆划拨的，民间捐赠的总数不到百分之十；上海博物馆的藏品一百万件，只有近百分之十来自于民间的捐赠……

百分之九十和百分之十，这之间的差距在哪里？

民间捐赠，基本来自企业、社会团体或个人。

铭刻着文物捐赠者名字的故宫景仁榜，是按年份分栏的。一年一年地看过去，每一个木牌上都是人名，大多是一个名字，也有夫妻二人的，甚至有“某某等十人”字样的。然而在二〇〇五年的景仁榜上，却出现了一个企业的名称——“沃尔沃中国投资有限公司”。当年他们购买了一批瓷器，捐赠给故宫。

这是景仁榜上唯一的企业，而且是一家国外企业。

捐赠文物给企业带来的荣誉固然重要，但获得经济上的利益也许更加实际。沃尔沃的捐赠行为，有经济利益吗？我不得而知，但在国外是有的。

二〇〇五年，一百十一幅意大利文艺复兴时期和巴罗克时代的精美绘画在中国美术馆展出。作为中法文化年的重点项目之一，那次画展汇集了达·芬奇、米开朗琪罗、拉斐尔等大师的作品，包括《裸体男子》和《披纱男子》两幅法国“国宝”。这些作品是二〇〇四年法国政府在家乐福集团资助下以一千一百万欧元购得的。

根据法国对资助收集民族宝藏和有重要遗产意义作品的新税收政策，家乐福这一行动最终可抵扣约九百九十万欧元的应缴税（占其应缴税总额的百分之九十）。

同样，在美国，企业若向公益机构捐赠，会得到百分之三十左右的免税，可谓名利兼收，而且据说这一政策并不限制该公益机构的国别。

但查阅中国的《公益事业捐赠法》，其中虽然也有关于捐赠公益事业的奖励政策，但是条款较粗，缺乏明确规定，也没有完整的捐赠奖励制度，各收藏机构对捐赠者的奖励往往“视情况而定”，这使得实际操作时，极易引起争议。同时，由于对文物捐赠者的税收减免政策或者缺失，或者力度不够，从而使企业等社会力量捐赠文物的积极性受到很大影响。

企业如此，对个人而言又如何呢？

上个世纪五六十年代，有许多文物收藏家没有把收藏当成私产，慷慨捐赠，纵观他们的言行，都是将文物视为中华民族的文化财富，因此托付给博物馆，被视为这些文物的最好归宿。犹如把自己的宝贝女儿，嫁到可心人家，心便安了一样。

但随着上世纪九十年代文物拍卖市场的开放，文物进入以市场体现价值的时代。于是，把自己的藏品卖出去换成现钞或许更为实际。

捐赠甚至都变成了文物“变现”的途径之一——有不少博物馆一直在向社会征集文物，但多数收藏家，在经鉴定确认自己藏品的价值后，却是希望能卖给博物馆。南京博物院院长徐湖平说：“过去很多文物不值钱，齐白石一平方尺的画才八块钱，现在价值几十万了，在巨大市场利益的诱惑下，很少有人会再愿意捐赠给国有博物馆。”

无论是否愿意接受，这就是现实的情形——博物馆捐赠之路还能走下去吗？

我曾听到这样一个故事，上世纪五十年代，一位先生向故宫捐赠了两千多件文物，然而几十年后，他的后人又回来将文物追讨了回去。他的理由很简单，这些东西是我家的。这个理由是建立在这样一个基础上：我爷爷、我父亲的，就是我的。

这个观念，是中国人的观念，家族血缘的传承，使族人、家人被牢牢拴在一起，，父债子还，父财子承，天经地义。因此，即使父亲捐出去的东西，也不作数。这种行为，当然就无法用道德来要求。

除非这个子孙不在乎，不喜欢祖上的东西。有不少收藏家向博物馆捐赠时就说，“自己的后代没有同样收藏爱好”，不如捐了好。

由此我想到一个问题，文物究竟属于谁？是私产还是公产？

家、国已然是两难的选择了，但在西方国家，却还有另一种：文物属于全人类。

这让人联想到中国那些流失海外的文物。

二〇〇七年九月，澳门赌王何鸿燊以六千九百一十万港元的价格，购入圆明园十二生肖“水力钟”喷泉之马首铜像，并将铜像捐赠国家。国家文物局高度赞扬了他的爱国义举。其实早在二〇〇〇年，圆明园猪首铜像也由何鸿燊购得并捐赠保利博物馆。对此，何鸿燊说：“我很荣幸能参与抢救流失海外文物工作，继猪首铜像之后，将马首铜像捐赠国家。我希望能籍此带动更多人参与保护中国文物的工作，共同宣扬爱国爱民族意识。”

然而，同一事件在不同的人，不同的文化背景下，却有着截然不同的看法。曾经有国外的文物专家访问中国时，听说了中国政府抢救流失海外文物的工作，遂表示难以理解，“文物放在西方的博物馆里，能得到更好的保护，能传播中国的文化，这不是更好吗？”这就是“文物属于全人类”的观点的表现之一。

文物走私是中国文物大量外流的重要途径，为了堵住文物输出目的地以打击文物走私，近日，中美两国政府为达成“限制中国文物非法进口美国”的相关协议，进行了多次谈判。然而美国的一些大收藏家、博物馆馆长却联名反对，并跑到北京来做国家文物局局长的工作。他们的观点与上述专家如出一辙。

从终极意义上看，文物应该属于全人类。但从现实看，这个命题却有无数跨不过去的障碍。中国如此，外国也如此。文物属于谁，显然是个难题，我们是否可参照一些例行的办法，把它留给我们的子孙去回答，都说：子孙比我们聪明。

我们究竟交了多少税

◎张禤心

我们每个人都是“纳税人”，我们究竟交纳了多少税？许多人并不明了。《博客天下》刊登的《我们究竟交了多少税》(张禤心)一文，对此作了介绍，文中的草儿(化名)是一位中产阶级，是一家大公司的中层管理人员，她的收入已为很多人羡慕，可是仍有不少忧虑和担心。现摘录如下，以供参考。

“纳税人”这个词早年只在香港警匪片里出现过，谁要是在生活中依葫芦画瓢，说的人和听的人都感觉一阵别扭。现在不一样了，草儿在某个夜晚经过灯火辉煌的长安街，也会不由自主地嘟囔一句：“这要花掉多少电费，都是我们辛辛苦苦赚的钱……”

草儿在思考：“在我的生活中，到底什么要交税，什么不交税，还是所有东西都要交税？交了税，为什么没有‘完税凭证’？我这辈子究竟交了多少税？都用到哪里去了？在哪里可以查到？我一无所知。”为了明明白白活一回，草儿拿出笔来，想要好好算算这本“糊涂账”。她急于想知道维持一个三口之家的正常生活，在中国需要多少与税收相关的成本。

草儿每月税前工资15000元，扣除1335元“三险一金”，缴纳个税为1958元。丈夫每月税前工资28000元，扣除2223元“三险一金”，缴纳个税为4569.25元。一年算下来，草儿夫妻俩的总收入为516000元，缴纳个税78327元，占比超过15%。

只要有消费，就要缴纳增值税。不仅如此，在我们这个实行流转税的国家，企业所交的税以及以费的名目和形式征收的“变相税”，如消费税、营业税、城建税、教育附加费、印花税、关税……最终也都会通过市场价格传递到每一个身上。草儿以吃、穿、用、住、行、理财几大类，分别统计。

1. 吃

“每天早晨基本是面包(每只3.5元)+

牛奶(每包1.5元),再给孩子多加一个煮鸡蛋(每只3元)”。夫妻俩的午餐、晚餐一般在公司附近解决,每人一餐平均花15元。加上周末全家聚餐时购买食材或下馆子的开销,以及用在红茶和果汁上的花费(每月500元),一家人每月吃掉3000多元。

“面包、纯牛奶、食醋、绵白糖适用的增值税率为17%,鲜牛奶、蔬菜肉蛋、酱油、食用油、食盐适用的增值税率为13%。餐饮业的营业税是5%,如果不幸使用了木制一次性筷子,还要多交一点消费税(按筷子价格的5%征收)。而且我发现,只要缴纳过增值税、消费税、营业税其中之一,都要同时在税额总数上再增加7%的城建税和3%的教育附加费,这两项一般是雷打不动的。”草儿说,她以前从来没有意识到,哪怕她买一根针,都为城市建设和教育掏了钱包。

“逐项算下来,我们这一家三口,一个月仅早饭就为国家缴了近100元税费,一个月在吃上的税费大约有400多元。”

2. 穿

草儿一家人在穿上讲究舒适随意,并不追求大品牌。“我大概估算了一下,去年我给自己买了6800元的衣服鞋袜,老公是2250元,宝宝是1200元。衣服的增值税是17%,加上城建税和教育附加费,一年缴税大约为1916元。”

3. 用

在算“用”这一项的时候,草儿不由一阵惭愧。“我在化妆品和护肤品上一直特别敢花钱,追求高档品牌,一年花了6000多元。查最新的消费税率,才知道高档化妆品的消费税居然高达30%,还要加上10%的关税、17%的增值税。仅化妆品,我一年就要缴税3420元。”

香水:年消费500元,税率等同高档化妆品,缴税约300元。

理发:年消费1000元,5%的营业税+城建税+教育附加费,缴税约55元。

小孩玩具:年消费是2000元,17%的增值税+城建税+教育附加费,缴税约374元。

其余杂费:年消费1200元,税率等同玩具,缴税约225元。

草儿翻出了2月份公共事业缴费单,电费300元,自来水费176元,燃气费47.15元,电话费+网络220元,手机费300元。“电费的增值税率是17%,水和煤气是13%,国家为了支持邮电通信行业的发展,将电信营业税率定为较低的3%。我们一年在这上面的缴税大约为1257元。”

一次性大宗支出:高档手表里含有20%的消费税和11%的关税,一块1.5万元的手表,税款就占到9150元,非税价只有5850元。金银首饰、钻戒共13960元,包含5%消费税、17%增值税以及附加税,缴税4065元。

“减掉一次性的大宗支出,我们一年仅吃、穿、用,就为国家缴了近1.3万元的税。我都有点不敢算那个天价奢侈品——房子了。”

4. 住

几年前,草儿在东四环安了家,一套

两居的房子,总价176万。与房地产行业相关的各种税费纷繁复杂。全国人大代表、重庆市政协副主席陈万志曾表示,目前涉及房地产的税种有12项之多,涉及房地产的收费多达50项,两者共计62项。分别为营业税、企业所得税、契税、个人所得税、城建税、耕地占用税、房产税、城市房地产税、印花税、土地使用税(城镇土地使用税)、土地增值税、资源税、教育费附加等。在大城市,房价中大约40%为土地出让金,各项税费占到15%。而陈万志抽样调查了部分项目的税费,发现竟然占到房地产价格的了30%—40%。仅以15%算,草儿这套房子的税费就高达26.4万。

装修花了7万多,按3%的营业税计算,税费约为2163元。家具、电器、餐桌、床上用品,总价共58300元,按17%的增值税率计算,税费约为9911元。

"为了有一个像样的家,我光税就至少缴了27.6万元,相当于我两年不吃不喝所有的工资收入。"草儿顿时觉得分外肉疼起来。

5. 行

二〇〇六年,草儿丈夫买了一辆马自达M3,花了16.98万。

"购置税花了14512元。在北京、车船使用税是480元/年。1.6排量,适用的消费税为5%。每月汽油开支1000元,按照17%增值税、无铅汽油每升消费税0.2元、7%城建税、3%教育费计算,占了油价的20.4%,一年缴税2448元。5年来,我们为这部爱车,一共缴了28274元的税。"

如果按照新的《车船税法》这辆车的车船使用税,还将提到每年660元至960元。

6. 理财

目前国家免征利息税,草儿家的银行存款,暂时躲过一劫。股票按1%印花税单边征收。"没有仔细算过,估计一年下来怎么也有2000多元,5年大约1万元。"

十年来,如果将小幅波动忽略不计,草儿一家共收入516万元,缴纳个税78万元,吃、穿、用、住、行等几大类缴税共计46万,赋税总额124万,占到总收入的24%。

根据财政部税政司去年2月公布的我国《2009年税收收入增长的结构分析》报告,2009年我国税收总收入为59514.72亿元,个税收入占税收总收入的比重为6.64%。工薪所得个税收入为2483.09亿元,占个税收入的比重约为63%。"现阶段工薪阶层成为个税缴纳的主体,贫富差距有不断拉大的趋势。"广东的全国政协委员彭磷基认为。

善于理财的草儿,开始寻找减税之道。

"我打电话向美国的朋友了解了一下,慈善捐助、买房子贷的款、医疗开销、大人小孩的充电教育费用甚至是搬家费、股票损失、个人丢了东西,都可以申请减免税。还可以根据自己家的情况,以单身、夫妻、丧偶等分别申报。"

她立刻找到《中华人民共和国个人所得税法》,逐字逐句品味"减免税政策",最终沮丧地发现,除了中点小彩票能够免税外,并没有一条适用于自己—— 一名公司的中层管理人员。

"我查阅资料时注意到,享受国务院特殊津贴的专家、海外归国学者、高科技精英,或者一些带项目的海外留学生这样的人才,有资格享受到个税减免。这种感觉,就像听到深圳还为身价近300亿的马化腾发放'住房补贴'一样,心情很复杂。国家对人才的鼓励无可厚非,但是不是可以换种更减少争议的方式?我有时候会想,究竟是他们,还是我们,对减税的需求最迫切?"

草儿夫妇奋斗十年,如今拥有一套住房,一部车,扣掉各种税款和开销,存款尚有100多万。在当今中国,老百姓已经错过一夜暴富的转轨时代,也没有一个叫李刚的老爸可以"拼爹"。草儿这样的中产生活,足以令升斗小民羡慕嫉恨。

但这位"榜样"似乎并不认可自己的中产者身份。"物价涨得太快了,我们对未来都很担忧。目前的生活,是不是还能一直安安稳稳这么下去,会不会稍有风吹雨打,就不堪一击?朋友的母亲,一个胆结石手术,主治医生就让她至少要准备十几万,并举例说某著名人物做同样的手术,花了100多万。我家有四位老人要赡养,将来很有可能因病致贫。中产就是一块痛苦的夹心饼干。低保、公租房、廉租房、经适房、限价房等等都不会有你的份儿。今天还为自己有几百万存款庆幸,明天极有可能一夜之间打回原形。"

"我有个同学,在美国买了套200平方米的公寓,总共才花了35万美元,折合一平方米1万人民币!我立刻让他帮我留意移民政策……"

一说赋税过重,"砖家"就会出来举例,高税国家,比如瑞典,税收占GDP的51%,也有低税国家,比如美国,税收占GDP的27%。而中国的税收只占GDP的20%。但为什么20%的怨声载道,51%的却老老实实排队纳税?难道又是国民劣根性作祟?

在瑞典,孩子上学不交一分钱,因为大家都缴了税。丹麦也是个高税率国家,税收占到收入的50%—70%。但政府包揽了所有国民的医疗和教育费用。甚至参加唱歌、跳舞、模特培训等俱乐部的费用,都由政府掏。以至于在给自己的快乐指数打分时,连一个捡垃圾的都给自己打出了8分,不少丹麦人甚至给出了满分。

在美国,大学前教育的公立学校学费、课后辅导、绝大部分学生的午餐、基本学习用品均为免费,救护车是免费的。

"我有一位亲戚,移民到了温哥华。她生了孩子之后,每到就餐时间,就会有送奶工按响门铃,送来的小筐里面,按照营养标准配好了婴儿一天所需的牛奶和果泥。这笔费用由加拿大政府'慷慨解囊'。能够享受到"牛奶金"的唯一方法,是在申报前一年个人所得税的时候填妥'补贴申请'。看来缴税是不是让人肉疼,并不是缴多少的问题，而是缴了之后，有多少能真正用在我们身上。”

缴了税能不能享受到还是后话，草儿现在的困惑是，“连这些税怎么用的都不知道。”

加州圣玛利学院英文系教授徐贲在博客中介绍说，他收到税单后，上网即能找到税款用途清单。一共有几项类别，每项数额多少，都详细到小数点后两位。

我们缴的税用在了什么地方？

草儿认为，“即使减少了这点个税，也不会真正对我们的幸福指数有根本性的影响。真正让我感到压力的，不仅是高昂的医疗、教育、住房费用，还有是不是能吃到放心的食物、得到正规的治疗，有机会让孩子接受好的教育。”

二〇〇九年，我国财政收入约6.85万亿元，医疗、教育、社保就业三项支出占比仅14.9%。清华大学政治经济学研究中心主任蔡继明教授提供的数据显示，在美国，同样这三项的开支已相当于联邦政府总开支的61%。

剩下的钱跑到哪里去了？草儿想到了热火朝天的高铁、机场建设。“如果从高铁、机场削减几千亿投入到医疗教育、减税里去，会不会让老百姓‘快乐指数’真正提高呢？”此外，还有公车消费、公款吃喝、公费出国、公务会议、修建豪华办公楼和政绩工程、各种运动会、晚会，还要为各种行政错误埋单……

“这些疑问不解决，每当我看到完税证明上那句‘感谢您为祖国繁荣昌盛作出的贡献’，心情会久久难以平静。”

补白

我们真的“豪”得起来吗？

二〇一〇年十月二十八日，梁从诫离开了人间。他曾自嘲说，他们一家三代都是失败的英雄；是屡战屡败，屡败屡战。还说：自己如果说从祖父(梁启超)和父母(梁思成、林徽因)身上继承了点什么的话，那就是信念：一个人要有社会责任感。

梁从诫多次对中国字“豪”作过解释：新中国成立初期，“豪”字是个贬义词。因为，“土豪劣绅”、“巧取豪夺”等，使“豪”字成了坏字眼。今天则倒过来了：豪宅、豪车、豪饮、豪宴、豪华装修，什么都是“豪”，好像一用那个“豪”字，你就真“豪”了。梁从诫说，这种追求、这种心态对我们的威胁是非常大的。我国人均资源本来就处在世界排名一百多位以后，比如水、耕地、森林、草原、矿产和日用能源等排名非常落后。在这种情况下，我们十三亿人都要过豪华生活，真的“豪”得起来吗？

收入到底涨没涨

◎勾红洋

这些年,GDP这三个字，成为中国人经常挂在嘴边的三个外文字。有关GDP的种种说法也使人有些摸不清头脑。这三个字关系着中国的经济发展,关系着国计民生。云南人民出版社出版的《算算中国家底》一书联系普通人的生活,对此作了分析介绍。现将其中的一节摘登如下——

二〇一〇年五月十二日，中华全国总工会集体合同部部长张建国在接受中工网采访时表示,中国劳动报酬占GDP的比重已经持续下降了二十二年。

张部长的话似乎一语道破了天机：GDP狂涨的背后,老百姓的收入却越来越捉襟见肘,关键性的问题还是分配比例问题——经济大饼越摊越大,但劳动者分得的份额却越来越少,你说中国的劳动者收入能长上去吗?

工资及税收现在被看成是一个大企业重要的营运成本,实际上企业发的员工工资及上交的利税应该被看成是对企业利润的分配，员工及政府拿走相应部分后,剩余的才归企业主自己所有。对企业来说,员工、政府与企业主是三支力量,共同分配该企业创造的利润。对于国家来说,整个社会创造的财富同样有三股力量在分账。

因此,我们可以想象在整个社会中有这么一个大账本——社会创造出来的利润,最终由政府部门、工薪阶层和企业部门来瓜分的,对应的收入分别称为生产税净额(这时是要扣除政府给企业的补助)、劳动报酬和企业盈利,这就是社会财富的初次分配。

然而，大家平常极少注意到这个账本，对整个社会的财富分配并不太在意，只盯着自己手里的和自己付出的劳动。张部长一席话不仅让人如梦初醒，原来社会的分配这么不公平。

根据张建国列举的数据，我国居民劳动报酬占GDP的比重，在一九八三年达到56.5%的峰值后，就持续下降，二〇〇五年已经下降到36.7%，二十二间年下降了近20个百分点。

而从一九七八年到二〇〇五年，与劳动报酬比重的持续下降形成了鲜明对比的，是资本报酬占GDP的比重上升了20个百分点。

二十二年前，劳动者、政府与企业主在GDP土地上三足鼎立，二十二年后，劳动者的地盘越来越小，被蚕食得差不多了，日子自然不会觉得越来越好。劳动者一边显然输了，而且输得很彻底，大赢家自然是企业主，劳动者失去的地盘正好被企业主攻占了。

政府呢，仍气定神闲地站在那里，他的地盘基本上没怎么变。

和国际上其他国家比较起来，似乎我国劳动者报酬占GDP的比例总是比较低，国民收入分配向国家和资本所有者倾斜了，世界上似乎没有比中国的劳动者更吃亏的了。

全国总工会在二〇一〇年初的一项调查显示，有23.4%的职工五年未增加工资，这也意味着全国有四分之一左右的人根本不可能享受到经济发展带来的好处，另外75.2%的职工认为当前社会收入分配不公平，61%的职工认为普通劳动者收入偏低是最大的不公平。

我们通过电视等媒体总看到中国GDP增长了多少多少，谁是最大的受益者呢，这个结果也非常明显了。

在激烈的劳动力市场竞争中，打工者似乎总处于弱势地位，老板开了工资，你想干就干，不干还有大把人准备接替呢。打工者获得的少，老板赚的自然多了。

中国经济增长较大程度是由于充足的廉价劳动力，国外很多企业来中国开厂，就是冲这个来的，和本国工人工资比起来，中国人力成本仅相当于本国的二十分之一或者更低。

但自二〇〇八年以来，珠三角和长三角地区开始闹“民工荒”，真正原因是缺人吗？答案显然是否定的。“民工荒”的本质是企业工资的吸引力不够高，企业利润在经营者和劳动者之间的分配不合理、不公平。

由于社会上形成一种畸形社会财富分配方式，普通职工在收入分配上严重缺乏话语权，劳动者最后只有用脚投票了。

中国人的勤劳在世界上都是有目共睹的，再也没有哪个民族像中国人这样任劳任怨，但中国人的勤劳似乎并没有得到好的报酬。

在中国的工厂中，加班已成为普遍现象，特别是有些外贸订单类企业，在生产旺季，普通职工一天要工作十至十二个小时，每月加班超过法定的三十六个小时的现象也比较多。

根据国家统计局此前发布的《二〇〇九年农民工监测调查报告》，以受雇形式从业的外出农民工平均每个月工作二十六天,每周工作五十八点四小时。其中,每周工作时间多于《劳动法》规定的四十四小时的占89.8%。

这也意味着我们辛勤的劳动者把大部分的时间都奉献给工厂的车间、饭堂和集体宿舍了,天天和机器、饭碗和床板作伴,爱厂甚过爱家,为减少交通拥堵作出了卓越的贡献。

而收入方面呢?

二〇〇五年广东省总工会调查显示,珠三角地区农民工月工资十二年来只提高了六十八元，超过一半的进城务工人员只能靠加班加点获取更多一点的工资收入。

中国低廉的劳动成本也让企业主乐开了花。有数据显示,在发达国家,工资一般会占企业运营成本50%左右,而在中国则不到10%。发达国家劳动报酬在国民收入中所占的比重一般在55%以上,在中国则不到42%,并呈逐年下降趋势。

劳动成本越来越低,老板赚的钱自然越来越多,无怪乎全世界的老板都喜欢把工厂搬到中国来，中国的劳动者既听话,对工资的要求又低,天底下哪里还有这种好事啊。

不但如此,人们还发现,试图通过付出更多劳动来提高收入,似乎变得越来越难。这也导致社会财富分配严重失衡,贫富差距大到你无法想象的地步。

根据联合国开发计划署的统计数字,中国目前占总人口20%的最贫困人口占收入或消费的份额只有4.7%,而占总人口20%的最富裕人口占收入或消费的份额高达50%。

中国收入差距不断拉大突出表现在收入份额差距和城乡居民收入差距进一步拉大、东中西部地区居民收入差距过大、高低收入群体差距悬殊等方面。

世界银行的报告同时显示,最高收入的20%人口的平均收入和最低收入20%人口的平均收入，这两个数字比在中国是10.7倍,而美国是8.4倍,俄罗斯是4.3倍,印度是4.9倍,最低的是日本,只有3.4倍。

这也就意味着,改革开放以来,我国由世界上居民收入最平均的国家之一,变成世界上居民收入差距较大的国家之一,城乡、区域、行业、群体之间的收入差距持续扩大。

较大的收入差距使社会矛盾在一定程度上出现激化。

据二〇〇八年至二〇〇九年的不完全统计,因收入分配和保险福利问题引发的劳动纠纷占劳动纠纷的65%以上,已经成为影响社会和谐稳定的重要因素。

瑞士银行有多少秘密

◎林　思　等

瑞士的银行，闻名全世界。人们对其的稳定性，以及能为客户保密，深信不疑。以至被人称作“贪官保险箱”。其实，外界所传的保密性，都不是百分之百的绝对保密。《看天下》综合一些报刊资料写成的《瑞士银行有多少秘密》一文对此作了介绍，现摘登如下——

瑞士宣布冻结在瑞士金融体系里与突尼斯前总统本·阿里和埃及的穆巴拉克相关的所有账户和资产，这是二〇一一年初突尼斯和埃及的人民革命浪潮中，一则或许会让世人有些疑惑的消息。

瑞士银行不是一贯以严格保守客户账户信息著称吗？经过数百年的变迁，瑞士银行引以为傲的保密制度，确实早已开始发生改变。

在瑞士这个永久中立国中有数百家银行，所谓“瑞士银行”并不是某一家银行的名字，而是指“瑞士的银行”。

正是在最古老的私人银行里，产生了最初的瑞士银行保密制度。

十六世纪，随着基督教加尔文教派的兴起，大量受迫害的新教徒从法国和意大利逃到瑞士日内瓦，这些新教徒也带来了大量金钱，交由日内瓦银行家打理。为了避免泄漏这批新教徒的财政状况，银行家们逐步建立起保密制度。

一七一三年，日内瓦议会制定了银行法，规定了银行人员有责任记录客户信息，但是禁止将客户的信息透露给其他人。一七八九年，欧洲大陆爆发了急剧的社会变革和革命，拥有保密法的瑞士遂成为政治改革受害者政治和金融的避难所。

到了二十世纪，这个传统的制度遭到了一次决定性的挑战，令此前的保密制度上升到了整个国家的法律的高度。

一九三〇年，纳粹上台后，加紧迫害

犹太人，造成德国资金纷纷外逃，瑞士正是主要的去向之一。为此，一九三三年，德国纳粹政府颁布了一系列法令，要求德国公民必须交代自己在外国的所有资产，如果被发现作假或是拒绝交代，就会被处以死刑。

在瑞士，负责追查德国公民在外财产的盖世太保常常伪装成普通客户，进入银行后拿出钱来，告知银行职员，将这笔钱存入某某的账户，而这些账户的主人都是遭到纳粹怀疑的人。如果钱能够存入，则说明该人在瑞士银行拥有账号。随后，盖世太保回国后对储户施压，令他们将财产从瑞士转回德国。一年之内，就有三个德国人因在瑞士拥有银行账号而被处死。所幸那些使用匿名账户的客户逃过此劫。

三条人命给了瑞士充分的理由来加强银行保密法。一九三四年，这个仅在银行界流传的职业守则最终成为了瑞士的法律。

这一银行保密法著名的四十七条明确规定：任何银行职员，都必须严格保守其与客户往来情况及客户财产状况等有关机密。上述人员一旦泄密，包括引诱银行职员泄漏客户和银行信息的第三人，都将面临监禁和最高五万法郎的罚款。即使是因为疏忽而泄密，也将被处以不超过三万法郎的罚款。而且，无论银行职员是离职、退休还是被解雇，这样的保密协议是终身生效的。

为了替储户严格管理保密，在苏黎世和日内瓦有一百十六家专门办理秘密存储业务的银行——这还不算各大银行内设的私人储存窗口。在这些银行里，不准拍照，不讲姓名，有些甚至不设招牌，只标有经营者的名字。

更重要的是，根据该法，任何储户都可选择自己认为妥当安全的方式在瑞士的银行开户存款。储户被允许使用化名、代号或数字来代替真名实姓。不但开户存款时可以委托代理人办理，而且取款或转账时银行也完全按照与客户事先约定的章程办理，财产的真正拥有者可以做到永不露面。

另一个似乎有些悖论的规定是，任何外国人和外国政府，甚至包括瑞士的国家元首、政府首脑以及法院等，都无权干涉、调查和处理任何个人在瑞士银行的存款，除非有证据证明该存款人有犯罪行为——而银行账户信息常常是用来作为定罪的证据的。

这样，在法律的保护下，当你踏入瑞士某一家银行的那刻起，你与银行发生的一切行为都是你的秘密，哪怕你最终没有开户。如果你取消了在这里的账户，你的一切信息仍然是个谜。

可正是这种在纳粹横行欧洲伊始最终定格的保密制度下，瑞士银行还做着一些其他的“秘密交易”。

先是在二战结束之际，盟军发现，瑞士帮助纳粹进行转运黄金等秘密交易：如某些瑞士公司向纳粹购买其掠夺的黄金和债券、由德国的银行向瑞士银行转移纳粹党以私人名义持有的股票和债券、将纳粹和党卫军领导人的二百多万瑞士法郎和四千五百万德国马克存入隐蔽的瑞士银行账户等等，也都是得益于瑞士银行保密法的“不问出身”、“不问出处”。

犹太人对瑞士银行的愤怒还有一个原因：除了战争中掠夺而来的黄金，还有许多犹太人的现金存款被银行隐瞒了。

由于许多犹太人不幸在战争期间惨遭杀戮，他们的继承人也就不知道或不确切知道死者存在瑞士银行资金的信息，更何况还有瑞士银行严格的保密措施。苏黎世一位为十五个犹太继承人做代理的律师说：“他们通常既不知道银行的名称，也不知道账号。一些人只知道他们的父亲有财产并且常到瑞士去。”

而在战后的几十年里，瑞士银行确实也一直以银行保密法为挡箭牌，不主动采取任何措施向犹太人幸存者及其继承人归还财产。有些银行还以纳粹集中营没有提供死亡证为理由，拒绝向有关受害人的亲属交还资产。

到了一九九〇年，这件事终于爆发。不少以色列犹太人社团和美国国会议员纷纷抨击瑞士银行企图发不义之财。

一九九七年七月二十八日，瑞士公布了二战以来第一个在瑞士各银行的无主存款名单，共一千八百人。而这首批无主存款者名单，共收到查询电话、传真、信函三万余个。瑞士银行家协会在巴塞尔专门委托了一家信用公司负责接收和解答查询事宜。瑞士电信公司的查询台号码为111，舆论把银行家协会新设的这家查询台称为将永载史册的“特别111”。七部电话昼夜响个不停，两天之内便回答了五千个询问。与此同时，银行家协会还在纽约、特拉维夫、布达佩斯、悉尼等城市专设了查询站。

十天之内，瑞士银行家协会收到一点六吨邮件，发出三吨邮件。

一九九八年，瑞士几家主要银行与国际犹太人组织达成一项协议，由瑞士银行一次性出资十二亿五千万美元建立一个基金，用于赔付早已死去的犹太人存款账户户主的亲属和后裔，条件是后者放弃对瑞士银行的一切司法追究。

进入二十一世纪后，瑞士又相继公布了数万个无主账户的信息，并向犹太人幸存者或无主账户继承人作出了数亿美元的赔偿。

与犹太人长达几十年的恩怨，让瑞士坚如磐石的银行保密体系有了一丝松动，而实际上，更为根本性的变化早已发生。

一个关键性的改变发生在一九八七年。此后，匿名账户就消失了。

即便客户再敏感，瑞士银行也要求职员“了解你的客户”，即必须确认每个开户客人的身份及经济上的“合法性”——这一时期开始，世界范围内如菲律宾的马科斯、罗马尼亚的齐奥塞斯库、扎伊尔的蒙博托等独裁者的贪腐统治被推翻后，总是能看到背后瑞士银行保管着他们掠夺来的巨额财产，这类消息激发的愤怒和难堪，或许正是这一变革的导火索。

按照现任瑞士银行家协会发言人介

绍，在这个"了解你的客户"制度下，如果申请开户者是在外国担任公职的"政治公众人物"，银行会对他可能带来的法律或者声誉风险做出评估。

一旦接受开户申请，银行就会核实身份，这需要申请人提供身份证明文件。银行将核实申请人存入银行的资产是否属于其本人。按规定，银行还需要清楚存入资产的获益人是谁。

而如果申请人要通过中间人处理相关开户事宜，他们还得签署一份特殊的清单声明谁是受益人。

"了解你的客户"制度实施二十年后，联合国毒品和犯罪问题办公室和世界银行联合发起了一项新倡议，即《追回被窃资产倡议：挑战、机会和行动计划》，旨在帮助发展中国家追回被腐败的领导人和官员所窃取的国家资产，并将这些资产用于发展项目投资。

倡议面世的第二天，瑞士就马上发表声明表示愿意与联合国和世界银行合作，共同帮助发展中国家追回被腐败官员所窃取的国家资产。

在银行主动对客户"擦亮双眼"之外，二〇〇一年"九一一"事件以后，美国要求各国提供司法协助，以帮助其追查恐怖分子之间的金钱往来。虽然瑞士同美国进行了积极的合作，冻结了多个可疑账户，但美国仍然视瑞士的银行保密制度为"眼中钉"，认为这项制度阻碍了其进一步调查的开展。在瑞士与欧盟进行双边谈判的过程中，欧盟也曾多次要求瑞士废除银行保密制度，实现金融信息共享，以防止欧盟国家居民逃税。

相关链接

这些贪官，独裁者在瑞士银行存了多少钱

马科斯：134亿美元

一九九九年八月二十四日，菲律宾前总统马科斯的夫人伊梅尔达在接受采访时说，马科斯家族在瑞士银行的一个秘密账户上存有134亿美元。这个秘密账户是以他们小女儿的名字设立的。

自从马科斯被迫下台并逃亡美国夏威夷，结束独裁统治菲律宾二十年后，他之后的菲律宾历届政府都在追查马科斯家族巨额财产的下落，以收归国有。

然而，菲律宾政府除了在瑞士银行查到以马科斯本人名义存的5.9亿美元的财产外，其他财产一直下落不明。

齐奥塞斯库:10 多亿美元

齐奥塞斯库是前罗马尼亚共产党的领导人。在执政后期实行个人专制,压制民主,引起社会上的不满。一九八九年,罗国内爆发革命,齐奥塞斯库的统治被推翻,后被枪决。

随后不久,齐奥塞斯库夫妇在瑞士银行有高达十多亿美元存款的黑幕曝光。

密特朗之子:180 万美元

二〇〇一年一月,法国司法部门要求瑞士银行冻结前法国总统密特朗之子让·克里斯托夫在瑞士银行的非法存款。

据巴黎警方披露,让·克里斯托夫在出任密特朗总统非洲事务顾问期间,曾协助军火走私集团头目法尔科内向非洲走私军火,并接受法尔科内一百八十万美元“酬金”。

阿巴查:7 亿美元

军人出身的阿巴查于一九九三年至一九九八年统治尼日利亚期间,大肆搜刮国家财富,侵吞数十亿美元(据估计在 20 至 40 亿之间),并将赃款秘密转入海外。

一九九八年六月,阿巴查突发心脏病身亡。阿布巴卡尔组建的过渡政府和以奥巴桑乔为总统的民选政府上台后,开始在全球范围内启动追回被阿巴查窃取的巨额国家财产。

自一九九九年以来,瑞士已将冻结的阿巴查账户上七亿美元的二亿多美元归还给了尼日利亚。

贝·布托:1380 万美元

贝·布托于一九七六年从牛津大学毕业回国后,继承父志,进入了政界。两次出任政府总理,又两次因腐败问题遭解职。

一九九八年,瑞士司法机关称,调查人员在贝·布托和她家族的瑞士银行账户中发现二千万瑞士法郎(当时约合 1380 万美元)存款。这笔钱后来在巴政府要求下被瑞士方面冻结。

陈水扁:2100 万美元

台湾卸任领导人陈水扁,在八年“总统”生涯中利用职权之便,通过家族成员不断进行洗钱活动,海外人头账户不计其数,并在瑞士银行设立秘密账户。二〇〇八年底,卸任后的他失去权力的庇护,家族贪腐案东窗事发。

陈水扁及其家族通过洗钱活动,在瑞士银行存有约二千一百万美元,合新台币约七亿,被舆论揶揄为“海角七亿”。由于款项进出有异,被瑞士检方察觉并通报台湾检方,“海角七亿”才进入公众视野。至今,“海角七亿”中的绝大多数款项已汇回台湾。

戈尔巴乔夫是如何养活自己的

◎苏　方

今年三月，是戈尔巴乔夫的八十诞辰。这个在东西方评价呈两极倾向的苏联原最高领导人，自退位之后，一直为生计四处奔波，他说：我从来都是靠自己的劳动养活自己。令人意外的是，他今年的诞辰，引起了许多国家的重视，几乎成了一个全球性的节日。

戈尔巴乔夫退休后的情况究竟如何，《延河》刊登的《戈尔巴乔夫靠劳动养活自己》作了介绍，现摘登如下——

戈尔巴乔夫的八十寿辰似乎成了一个全球性的节日。

俄罗斯一改往常的冷淡。在戈尔巴乔夫生日的当天，总统梅德韦杰夫为他颁发了象征国家最高荣誉的圣安德烈勋章，并称赞他“领导国家渡过了最艰难的一段时期”。总理普京也以一封贺信表达了对昔日领导人的生日祝福：“您是俄罗斯以至世界上最知名的国家领导人之一，您的工作改变了世界历史的轨迹，并使俄罗斯在世界上的声誉大大提高。”

在西方，戈尔巴乔夫更是受到媒体追捧，报刊上充满了对他的溢美之词。

下台二十年之后，这位苏联第一位也是最后一位总统似乎并没有被世人遗忘，实际上，他一直活跃在国际舞台上，从未停止脚步。

一九九一年十二月，叶利钦在权力斗争中占了上风，戈尔巴乔夫下台成为定局。

戈尔巴乔夫、叶利钦和雅科夫列夫在讨论苏联总统下台的条件时商定：一九九二年一月七日至八日，戈尔巴乔夫要腾出办公室、公用住宅和别墅。作为回报，叶利钦允诺给戈尔巴乔夫发放退休金，并提供一辆吉尔牌轿车等。

戈尔巴乔夫在辞职书上签了字，几天后，他接到了夫人赖莎从别墅打来的电话，说叶利钦的卫队长科尔扎科夫带领一帮人，要求她立刻打开房门，清点物品，并在二十四小时内搬出公用别墅。

在戈尔巴乔夫宣布辞职的第二天，按照原计划，他作为总统还有最后一次外事活动——会见一个日本代表团。当他乘车去克里姆林宫时，却接到助手打来的电话，说叶利钦等正坐在总统办公室里喝酒，建议他最好不要过去打搅。戈尔巴乔夫让助手再给他找一个房间以便如约会见日本客人，最后，他在三楼工作人员的房间里完成了这次接见任务，然后永远离开了克里姆林宫。

戈尔巴乔夫在接受采访时提到，“美国的前总统有国家资助，但在俄国没有。”他不能获得政府的任何资助。

戈尔巴乔夫每月领取的养老金只有四千卢布，约合一千美金，连他外孙女的工资都不如。与此形成鲜明对比的是，叶利钦卸任后每年可以享有约二百万美元的退休待遇。

一九九八年，戈尔巴乔夫还遭遇破产。因为金融危机，存款的银行倒闭，他仅有的八万美元存款付之东流。

戈尔巴乔夫离开克里姆林宫之后，建立了“国际社会经济政治理论研究基金会”。也许是出于对老领导的“怜悯”，或者是迫于舆论压力，叶利钦把原莫斯科财政学院的一幢楼房划给戈尔巴乔夫基金会使用。但这不是无偿使用，基金会要按照市场价格交纳租金，实际上没有沾到半点便宜。

尽管都曾是超级大国的掌舵者，戈尔巴乔夫和叶利钦的晚景差别很大。在戈尔巴乔夫七十五岁生日前的一周，俄社会舆论基金会公布过一项民意测验：超过半数的俄民众认为，戈尔巴乔夫作为苏联领导

戈尔巴乔夫的商业潜力还被奢侈品牌路易·威登看中。2007年，戈尔巴乔夫出现在该品牌新一季的全球广告中，他身着细条纹西服和大衣，坐在老式黑色汽车的后排，身旁放着一个路易，威登的行李包。透过车窗，戈尔巴乔夫看到的是破败的柏林墙。从商业角度来讲，这次合作被认为是广告界最成功的案例之一。据路易·威登市场总监皮尔特罗·贝卡里透露，“柏林墙的创意是戈尔巴乔夫自己的主意。”最初戈尔巴乔夫并不愿意拍这广告，后来，路易·威登承诺为他的环保慈善组织捐款，他才答应。

人“过大于功”，仅有百分之十四的人对他表示好感，反感的人则为百分之二十八，大多数民众对他“漠不关心”。

同样是七十五岁生日宴会，戈尔巴乔夫的排场就远远比不上叶利钦。生日当天，戈尔巴乔夫只与不多的亲朋好友在莫斯科一家饭店简单地举行了一个生日宴会。而叶利钦此前一个月过七十五岁大寿时则是另一番场景：普京不但亲自过问叶利钦的生日宴会情况，还特批宴会在总统府克里姆林宫进行。

戈尔巴乔夫的失意，似乎绕不开叶利钦。他在接受采访时曾经被问道，如果再有机会在苏联进行改革，会改变在位时的哪些做法？他笑着说，其中的一条，是“把叶利钦派出远远的，让他当个外交官”。

从一九九一年苏联解体后，戈尔巴乔夫的地位就一落千丈，他也知道，“在所有的价值衡量表上，丧失权力的统治者都是失败者。”

但是他“从不后悔自己没有仅仅为了利用总书记的职务在数年的时间里‘称王称霸’”，他认为“那是不负责和不道德的”。

正因为此，戈尔巴乔夫并没有为自己留下政治遗产，但这并不意味着他甘愿被彻底推出政治舞台。

自一九九二年，戈尔巴乔夫创建的“国际社会经济政治理论研究基金会”就一直致力于政治、经济、社会问题研究。他经常以基金会主席的身份发表观点，参与社会活动。

与此同时，戈尔巴乔夫在政坛常有“主动出击”之举。

二十世纪九十年代上半期，叶利钦的“休眠疗法”并没有拯救俄罗斯，百姓对政府颇有怨言，戈尔巴乔夫寻机东山再起。一九九六年，他出马竞选俄罗斯总统，却只获得了百分之零点五的选票。这次败北并没有让戈尔巴乔夫就此收手，相反，他认为自己还处于政治家的“中年时期”。

二〇〇〇年，戈尔巴乔夫又组建了俄罗斯统一社会民主党，一年后，该党被并入俄罗斯社会民主党，戈尔巴乔夫担任党魁。但在政党林立的俄罗斯，这个党没有形成影响力，也没有在议会大选中取得过任何席位。二〇〇七年七月，该党还被俄罗斯最高法院取缔。

一年后，戈尔巴乔夫又卷土重来，与五十岁的亿万富翁列别杰夫合作组建独立民主党，期望能够参加二〇一一年的杜马选举。但是受普京政府出台的《政党法》的限制，这个政党并没有通过政府的认证。

戈尔巴乔夫在政党选举中，已经很难再有作为。在政坛频繁动作的同时，戈尔巴乔夫还不时发表演说，针砭时弊。从“普京的政策”、到“俄乌天然气争端”，再到“哈马斯获胜”，几乎所有的热点问题他都会说上几句。显然，戈尔巴乔夫仍希望对政治发挥一些影响，他说：“我曾是一国元首，万人簇拥。如今我虽然只能从侧面观望，但仍然能够发挥影响、阐明观点。”

在全球政要中，戈尔巴乔夫的生活相对“清贫”。微薄的退休金不足以养家糊口，这让他无法享受退休生活，而是像一个明星一样四处“走穴”捞钱。

戈尔巴乔夫需要“花自己赚的钱”，他不像人们想象的那么富有，他说俄罗斯的一些新富一夜花销顶他一年的收入。

一九九八年俄罗斯金融危机，戈尔巴乔夫破产，他创办的基金会，曾经很长一段时间无法给雇员发工资。

第二年，妻子赖莎不幸患上白血病，需要到德国接受化疗，这笔费用让戈尔巴乔夫的财政状况雪上加霜，他在接受采访时说，“砸锅卖铁也要医好妻子的绝症”。

赖莎在一九九九年去世，戈尔巴乔夫随后为妻子成立了白血病基金会。二〇〇九年与妻子结婚四十六周年时，戈尔巴乔夫为了纪念妻子，并为她名义下的白血病基金会募款，专门录制了一张CD，里面的七首歌全是妻子生前最爱的音乐。

为了筹得善款，七十八岁的戈尔巴乔夫还在伦敦义卖会上献唱。这张CD最后由一名英国慈善家以十六万五千美元买下。戈尔巴乔夫还嫌少，他说：“的确是一笔不小的数目，但白血病的医药费很高，一个幼儿就可能要花上十几万美元。”

一直以来，著书立传都是戈尔巴乔夫赚钱的主要方式。他至少已出版了十本回忆录形式的书籍，其中最畅销的《真相与自白：戈尔巴乔夫回忆录》，为他赚到数百万美元的版税。

此外，演讲也让他进账不少。戈尔巴乔夫经常“现身说法”，到各国讲述苏联解体的种种内幕，当然，回报也很丰厚。刚下台的头几年，他的出场费在二万美元至十万美元之间，现在基本是一万美元一场。他自己还透露：他在美国大学的讲课费比其他讲课人都要优厚。

戈尔巴乔夫很具商业头脑，这也是让现实给逼的。

因为名声在外，他的名字和肖像未经允许，经常被印在商品的外包装上。二〇〇三年，戈尔巴乔夫干脆把自己的名字、昵称注册成商标，凡使用者必须获得授权。第一家被授权使用“戈尔巴乔夫”商标的是俄罗斯一家伏特加酒厂，戈尔巴乔夫因此获得了不少经济报酬。

戈尔巴乔夫的经济头脑还不仅限于此。二十世纪九十年代初，他的基金会入不敷出时，他曾带着外孙女一起上镜，为必胜客拍了电视广告，赚了十六万美元。之后，他还为美国苹果电脑等产品拍了电视广告，获得了相当高的商业酬劳。

之后，戈尔巴乔夫的商业潜力又被奢侈品牌路易·威登看中。二〇〇七年，戈尔巴乔夫出现在该品牌新一季的全球广告中，这个广告曾被俄罗斯媒体讥讽为“阴暗的天空、破败的柏林墙、黑色的老式轿车，还有一个过时的前苏联总统戈尔巴乔夫”，但是，从商业角度来讲，这次合作被认为是广告界最成功的案例之一。

如今的戈尔巴乔夫无需再为生计奔波，他的基金会有了一些积蓄，并从旧址搬到了新址。

日本对中国语言文字的巨大影响

◎赵无眠

以往我们一直强调中国文化对日本的影响，其实，近现代以来，中国的文化也深受日本的影响。花城出版社出版的《赵无眠辣说历史》一书提到了一些事例，现将书中论及日本对中国近现代语言文字的影响的有关内容摘登如下——

长期以来，我们强调日本受中国文化影响甚巨，而忽略了另一面：中国文化，尤其是近现代以来的中国文化，深受日本的影响。中日两国的文化交融，是相互的而不是单向的，是积极主动的而不是被动的。这当然不是指中国人从抗日战争题材的电影中，模仿了几句“大大的”、“统统的”、“米西米西”、“死了死了的”之类洋泾浜鬼子话。绝非那样简单可笑。中国近现代的语言文字、政治军事、改革革命、科学教育……乃至风俗礼仪，无一不受日本的巨大影响。一个多世纪以来，世界上还没有任何一个国家，对中国文化的影响能超过日本。

早在一九一五年，一位署名“将来小律师”的作者在一本《盲人瞎马之新名词》的书中说，自“戊戌变法”以后，日文行于中土，列举流行的新名词五十九个。有少数除了历史题材的作品中还能见到，如支那、哀啼每吞书（哀地美敦书）之类，现在已不大使用。但绝大部分我们至今还广泛地使用着，并且早已成为现代汉语中不可分割的一部分：

取缔、取消、引渡、样、手续、的、积极的、消极的、具体的、抽象的、目的、宗旨、权力、义务、当事者、所为、意思表示、强制执行、第三者、场合、又、若、打消、动员令、无某某之必要、律、大律师、代价、让渡、亲属、继承、债权人、债务人、原素、要素、偶素、常素、损害、赔偿、各各、法人、重婚罪、经济、条件付之契约、从而如何如何、卫生、文凭、盲从、同化。

试想，如果我们像“抵制日货”那样，拒绝使用这些日本词语，中文将会是一种什么样子？这还是民国初年的粗略统计，实际远不止五十九个。如果现在再来做这项工作，结果会更令我们惊叹。如：干部、代表、压力、排外、野蛮、公敌、发起、旨趣、什么什么族、派出所、警察、宪兵、检察官、写真……简直俯拾皆是。“经济学”、“哲学”和“社会学”，中国以前叫“资生学”、“智学”和“群学”——听起来这倒是像“日文”，但它们却是地地道道的中文。这些“日”常用语，有些其实是中国古代既有的名词，日本人将之赋予新意使用，遂成规范。而中国拿来，也易如反掌。孙中山发动反清起义，初始自称“造反”，陈少白拿了一份日本报纸给他看，云“支那革命党孙文”，孙抚掌曰：“好，好！自今以后，但言‘革命’，勿言‘造反’。”还有“经济”一词，原意为治理国家；如今谁还用“经济”来“治理国家”呢？早就专门用“政治”了！

小学读书时，孩子们就被教导不要生造名词、形容词，要保持中国语言文字的纯洁与规范。可想“新词”的产生，不允许随心所欲和草率从事。词汇是一种概念工具，如此多的新名词，带来的绝不仅仅是语言表述方面的新意，而必然伴随着对社会结构、思想观念、文化形态的巨大冲击和革新。

当年大量新名词涌入中国，一度引起一些人的不安，即使相当新派的人物也不能安之若素。大办洋务、以思想开明著称的张之洞，曾在一份文件上批云不要使用新名词，当时他的幕僚辜鸿铭却告诉他：“不要使用新名词”中的“名词”二字便是一个新名词，来自日本。辜鸿铭是一位学贯中西、享誉世界的大学者，爱中国爱到病态和盲目自大的地步。他也认为，继承了真正的中国文明之精华的是日本人而非中国人。汉唐以来形成的中华文明，被元朝及后来游牧民族的入侵给打断，给蹂躏糟蹋了，因而大部分失传了。日本则成功地抵抗了忽必烈的进攻，在海外保留了中华文化的真传。他甚至断言：“应该说日本人是真正的中国人，是唐代的中国人。”（见《辜鸿铭文集·中国文明的复兴与日本》，原文发表于 1924 年。）

补 白

江西有三只虎

罗隆基在“五四”运动中，当先锋，打头阵，到处演讲作报告，鼓动同学们上街游行，积极支援其他学校的斗争，坚决打倒卖国贼，收回山东主权。罗隆基不仅成了清华学校的运动闯将，还被选为“北京中等以上学生联合会”的执行委员兼宣传干事长。五月五日下午，罗隆基等人在西单街头演讲，被北京警察总监吴炳湘带领警察追捕。罗隆基在与警察的打斗中，躲到一座桥下，机灵地逃走了。不料次日在声援北大时被警察逮捕，关进了一所临时监狱。段祺瑞在一次紧急会议上说：“北京此次闹事的学生中，江西有三只虎，不打不得了，要翻天。”他所说的江西三只虎，是指北大的张国焘、段锡朋与清华的罗隆基。

可口可乐配方绝密档案

◎路　比

可口可乐的配方是绝密的。年初，《美国生活》节目声称自己获悉了这个配方，一时该节目的网站因访问量过大而崩溃。这究竟是怎么回事？现将《博客天下》刊登的《可口可乐配方绝密档案》一文摘录如下——

《美国生活》是美国的一个公共广播节目，最近该节目的网站第一次因为访问量过大而崩溃。原因是一种饮料的配方。

在今年年初的一期节目中，主持人艾拉·格拉斯声称其找到了可口可乐原配方。他说他之前翻阅《亚特兰大宪章报》的档案文件，在一篇不起眼的文章中发现了它（一九七九年的某期报纸刊发了一张照片，照片中有一本打开的书，展示着可口可乐发明者潘伯顿手写的配方）。

这个配方在网上传开了，而且上到CNN，下至半岛电视台，各种媒体都做了报道。澳大利亚一个电视节目直播了自制可乐的过程。美国的饮料制造商也相互交换信息，寻找香菜精油和柠檬酸等关键成分的最好供应源。

而可口可乐公司一如既往地坚称，真正的配方仍保存在亚特兰大一家银行的保险库里，格拉斯披露的配方是不准确的。

对于自己最钟爱的那些食品，人们总是满怀热忱地期待破解其秘密配方。这是人类的好奇心使然。食品公司也一样，它们一直把秘方紧紧抓在手心里，并对其善加利用。肯德基著名的"十一种香草和香料"以及麦当劳的"秘制酱汁"都为公司带来了亿万财富。秘方的魔力会让忠诚的顾客更为投入。

十九世纪末，二十世纪初，工厂加工出来的食物逐渐成为美国人日常饮食的一部分，那时候，其卖点是干净卫生，不含添加剂，味道跟家里做的不相上下。后来，事情有了变化，做市场推广的人开始大力宣传其产品的便利性、风味的独特性以及配方的私密性，而美国人也越来越沉迷其中。

食品公司的头头儿们显然不会让好奇者轻易得逞，他们得像保护自己的眼睛一样保护好秘方。不过,还没有哪家公司的保密工作做得像可口可乐这样好,一个多世纪过去了,它的秘方还没有被破解。该公司称,只有一小部分高管知道怎样把汽水做出所谓的“Merchandise 7x”(可口可乐配方代号)的味道。

一九六〇年,作家小 E. J.卡恩曾在其作品《大牌饮料》中列出许多可口可乐原配方的成分;接着便是一九七九年发表在《亚特兰大宪章报》上的文章,也就是被《美国生活》重新发现的那篇;到上世纪九十年代,历史学家马克·彭德格拉斯特在可口可乐公司内部档案中发现了一张由可口可乐的研发者写的配方。但可口可乐公司否认了上述所有配方的真实性。

“一百二十五年来,没有人能够复制可口可乐的风味,这对我们的产品是种极大的赞美。”可口可乐公司的档案管理员菲尔·穆尼说道。

可口可乐公司从未对山寨厂商提起侵犯商标权的诉讼,因为那样做的话,它将不得不在法庭上公开真正的配方。彭德格拉斯特认为,只要该公司否定那些山寨者,许多人还是会继续相信只有它的产品才是正宗的。

菲尔·穆尼说,按照其他配方生产出来的汽水,只会让可口可乐在对比之下显得更好喝。“山寨厂商会按照新发现的配方去生产,但其产品的口味最后会向可口可乐慢慢靠拢”。他告诉《美国生活》的主持人格拉斯:“其实,真正的可乐本来没那么好喝。”悦

补 白

可口可乐秘方

《美国生活》节目所披露的一九七九年出现在《亚特兰大宪章报》上的疑似可口可乐配方,据说由下述各种成分混合而成的糖浆加适量苏打水,即可制成可口可乐:

1. 液体古柯叶提取物:3 打兰(约5.3 克)
2. 柠檬酸:3 盎司
3. 咖啡因:1 盎司
4. 糖:30 (字迹不清,具体单位不明)
5. 水:2.5 加仑
6. 青柠汁:2 品脱
7. 香 草:1 盎司
8. 焦 糖:1.5 盎司或更多(着色用)

(每 5 加仑上述八种成分的混合物需加 2 盎司“Merchandize 7X”)

9. 核心机密“Merchandize 7X”

① 酒 精:8 盎司
② 橙子精油:20 滴
③ 柠檬精油:30 滴
④ 肉豆蔻精油:10 滴
⑤ 香菜精油:5 滴
⑥ 橙花精油:10 滴
⑦ 肉桂精油:10 滴

不时收到读者来电来信，反映无法购得《悦读》，经联系，以下书店为《悦读》的部分代销点，读者可就近选购。

1	北京三联韬奋图书中心	北京市东城区美术馆东街 22 号
2	长春联合图书城	长春市芙蓉路 1 号
3	哈尔滨市学府书店	哈尔滨市南岗区学府路 74 号
4	南昌市青苑书店	南昌市金域名都 1-21 号
5	成都市求知书店	成都市商业街 50 号
6	大连市图书城博林书社	大连市沙河口区路西安路 107 号图书城 A 区 2 号
7	山东东营万叶书城	东营区济南路供销商场对面
8	上海季风书园	地铁陕西南路站站厅
9	江苏大众书局	南京市热河路 50 号阅江广场四楼
10	辽宁文史书店	沈阳市和平区文化路 44 号书刊市场 2-91 号
11	青岛现代青少年书店	青岛市峄县路 3 号(文化市场 520 号)
12	厦门对外图书交流中心	厦门市湖滨南路 809 号外图厦门书城
13	漳州博文书店	漳州市水仙大道华港花园 2225 号
14	济南东方学林书店	济南市马鞍山路 46 号文化市场 305 号-248 号
15	福建省越洋图书文化城	福州市古田路 22 号(五一广场西北侧)
16	无锡三联书店	无锡市向阳路 32 号南禅寺书城 A1-1
17	珠海市文华书城	珠海市拱北粤华西路中珠大厦一楼
18	长沙市叶洋书社	长沙市定王台书市 1-16 号
19	深圳友谊书城	深圳市龙华人民北路 338 号
20	重庆夏山书店	重庆市菜园坎书刊市场 A 区 58 号
21	杭州翰香图书有限公司晓风书屋	杭州登云路文化商城 325 号

告读者

《悦读》要办好，关键在于作者和读者的关爱与支持，竭诚欢迎各位踊跃提供稿件与信息。来稿来信可寄：江西省南昌市子安路 75 号 二十一世纪出版社《悦读》编辑部 （邮编：330009）。

Email: yuedumook@126.com Blog: http://blog.sina.com.cn/yuedumook

《悦读》创办以来，不时有读者来电来信询问何处能购到此书。读者如在当地书店无法购到，可与本社邮购部联系，电话：0791-6512056，

地址：江西省南昌市子安路 75 号 二十一世纪出版社图书发行公司邮购部。(邮编：330009)